21世纪全国高等院校 **财经管理** 系列实用规划教材

会计学基础

主　编　程　勇

内 容 简 介

本书是作者二十多年会计教学经验的积累和总结，书中简明、准确地介绍了会计基本理论，对会计考试知识点介绍全面、明确。为了使读者对所学会计知识能够及时掌握，书中各章附有课后练习题；并结合各类考试内容，书后附有模拟试题。

全书共 12 章，包括总论、会计核算基础、复式记账理论、账户与复式记账的应用、账户的分类、会计凭证、账簿、财产清查、财务报告、会计核算组织程序、会计工作的组织与管理、会计电算化。

本书既可作为高等学校会计专业及经济管理类专业的教材，也可作为自学考试学员及经济管理从业人员的参考资料。

图书在版编目(CIP)数据

会计学基础/程勇主编. —北京：北京大学出版社，2015.9
（21 世纪全国高等院校财经管理系列实用规划教材）
ISBN 978-7-301-26291-7

Ⅰ.①会… Ⅱ.①程… Ⅲ.①会计学—高等学校—教材 Ⅳ.①F230

中国版本图书馆 CIP 数据核字（2015）第 210319 号

书　　　名	会计学基础
著作责任者	程　勇　主编
策划编辑	王显超
责任编辑	葛　方
标准书号	ISBN 978-7-301-26291-7
出版发行	北京大学出版社
地　　　址	北京市海淀区成府路 205 号　100871
网　　　址	http://www.pup.cn　新浪微博：@北京大学出版社
电子信箱	pup_6@163.com
电　　　话	邮购部 62752015　发行部 62750672　编辑部 62750667
印 刷 者	三河市博文印刷有限公司
经 销 者	新华书店
	787 毫米×1092 毫米　16 开本　14.75 印张　341 千字
	2015 年 9 月第 1 版　2015 年 9 月第 1 次印刷
定　　　价	33.00 元

未经许可，不得以任何方式复制或抄袭本书之部分或全部内容。

版权所有，侵权必究

举报电话：010-62752024　电子信箱：fd@pup.pku.edu.cn
图书如有印装质量问题，请与出版部联系，电话：010-62756370

21世纪全国高等院校财经管理系列实用规划教材

专家编审委员会

主 任 委 员 刘诗白

副主任委员 （按拼音排序）

　　　　　　韩传模　　　　李全喜　　　　王宗萍
　　　　　　颜爱民　　　　曾　旗　　　　朱廷珺

顾　　　问 （按拼音排序）

　　　　　　高俊山　　　　郭复初　　　　胡运权
　　　　　　万后芬　　　　张　强

委　　　员 （按拼音排序）

　　　　　　程春梅　　　　邓德胜　　　　范　徵
　　　　　　冯根尧　　　　冯雷鸣　　　　黄解宇
　　　　　　李柏生　　　　李定珍　　　　李相合
　　　　　　李小红　　　　刘志超　　　　沈爱华
　　　　　　王富华　　　　吴宝华　　　　张淑敏
　　　　　　赵邦宏　　　　赵　宏　　　　赵秀玲

法律顾问 杨士富

丛 书 序

我国越来越多的高等院校设置了经济管理类学科专业，这是一个包括理论经济学、应用经济学、管理科学与工程、工商管理、公共管理、农林经济管理、图书馆、情报与档案管理 7 个一级学科门类和 31 个专业的庞大学科体系。2006 年教育部的数据表明，在全国普通高校中，经济类专业布点 1518 个，管理类专业布点 4328 个。其中除少量院校设置的经济管理专业偏重理论教学外，绝大部分属于应用型专业。经济管理类应用型专业主要着眼于培养社会主义国民经济发展所需要的德智体全面发展的高素质专门人才，要求既具有比较扎实的理论功底和良好的发展后劲，又具有较强的职业技能，并且又要求具有较好的创新精神和实践能力。

在当前开拓新型工业化道路，推进全面小康社会建设的新时期，进一步加强经济管理人才的培养，注重经济理论的系统化学习，特别是现代财经管理理论的学习，提高学生的专业理论素质和应用实践能力，培养出一大批高水平、高素质的经济管理人才，越来越成为提升我国经济竞争力、保证国民经济持续健康发展的重要前提。这就要求高等财经教育要更加注重依据国内外社会经济条件的变化，适时变革和调整教育目标和教学内容；要求经济管理学科专业更加注重应用、注重实践、注重规范、注重国际交流；要求经济管理学科专业与其他学科专业相互交融与协调发展；要求高等财经教育培养的人才具有更加丰富的社会知识和较强的人文素质及创新精神。要完成上述任务，各所高等院校需要进行深入的教学改革和创新，特别是要搞好有较高质量的教材的编写和创新工作。

出版社的领导和编辑通过对国内大学经济管理学科教材实际情况的调研，在与众多专家学者讨论的基础上，决定编写和出版一套面向经济管理学科专业的应用型系列教材，这是一项有利于促进高校教学改革发展的重要措施。

本系列教材是按照高等学校经济类和管理类学科本科专业规范、培养方案，以及课程教学大纲的要求，合理定位，由长期在教学第一线从事教学工作的教师编写，立足于 21 世纪经济管理类学科发展的需要，深入分析经济管理类专业本科学生现状及存在的问题，探索经济管理类专业本科学生综合素质培养的途径，以科学性、先进性、系统性和实用性为目标，其编写的特色主要体现在以下几个方面：

（1）关注经济管理学科发展的大背景，拓宽理论基础和专业知识，着眼于增强教学内容与实际的联系和应用性，突出创造能力和创新意识。

（2）体系完整、严密。系列涵盖经济类、管理类相关专业以及与经管相关的部分法律类课程，并把握相关课程之间的关系，整个系列丛书形成一套完整、严密的知识结构体系。

（3）内容新颖。借鉴国外最新的教材，融会当前有关经济管理学科的最新理论和实践经验，用最新知识充实教材内容。

（4）合作交流的成果。本系列教材是由全国上百所高校教师共同编写而成，在相互进行学术交流、经验借鉴、取长补短、集思广益的基础上，形成编写大纲。最终融合了各地特点，具有较强的适应性。

（5）案例教学。教材融入了大量案例研究分析内容，让学生在学习过程中理论联系实际，特别列举了我国经济管理工作中的大量实际案例，这可大大增强学生的实际操作能力。

（6）注重能力培养。力求做到不断强化自我学习能力、思维能力、创造性解决问题的能力以及不断自我更新知识的能力，促进学生向着富有鲜明个性的方向发展。

作为高要求，经济管理类教材应在基本理论上做到以马克思主义为指导，结合我国财经工作的新实践，充分汲取中华民族优秀文化和西方科学管理思想，形成具有中国特色的创新教材。这一目标不可能一蹴而就，需要作者通过长期艰苦的学术劳动和不断地进行教材内容的更新才能达成。我希望这一系列教材的编写，将是我国拥有较高质量的高校财经管理学科应用型教材建设工程的新尝试和新起点。

我要感谢参加本系列教材编写和审稿的各位老师所付出的大量卓有成效的辛勤劳动。由于编写时间紧、相互协调难度大等原因，本系列教材肯定还存在一些不足和错漏。我相信，在各位老师的关心和帮助下，本系列教材一定能不断地改进和完善，并在我国大学经济管理类学科专业的教学改革和课程体系建设中起到应有的促进作用。

刘诗白

刘诗白 现任西南财经大学名誉校长、教授、博士生导师，四川省社会科学联合会主席，《经济学家》杂志主编，全国高等财经院校《资本论》研究会会长，学术团体"新知研究院"院长。

前　言

会计是经济管理的重要组成部分，随着社会主义市场经济的发展，会计制度也在不断调整与完善之中。会计信息是经济信息的主要来源渠道，做好会计工作，是保证经济信息真实可靠，更好地为国民经济和社会服务的基础。

会计学是一门系统性、逻辑性很强的学科，学习会计理论需要循序渐进，同时做大量练习，才能理解、掌握会计核算的原则和方法。为方便读者查阅会计法规政策，本书将《中华人民共和国会计法》和《企业会计准则》附于书后。

本书共 12 章，第 1 章总论，介绍了会计的发展历程、含义与特点；第 2 章会计核算基础，介绍了会计核算中遵循的原则和方法；第 3 章复式记账理论，介绍了会计科目的概念与分类等；第 4 章账户与复式记账的应用，介绍了企业生产经营过程中各阶段涉及的账户性质、用途、结构及使用方法；第 5 章账户的分类，介绍了账户的特点和账户之间的内在联系等；第 6 章会计凭证，介绍了会计凭证的概念、分类以及作用；第 7 章账簿，介绍了账簿的概念和各种分类；第 8 章财产清查，介绍了财产清查的概念、作用以及种类；第 9 章财务报告，介绍了财务报告的概念、作用和组成；第 10 章会计核算组织程序，介绍了会计核算组织程序的种类与设计原则；第 11 章会计工作的组织与管理，介绍了会计工作的含义、作用和组织形式；第 12 章会计电算化，介绍了会计电算化的概况以及发展趋势。本书第 1 章至第 7 章由沈阳大学程勇编写，第 8 章至第 12 章由沈阳大学朱久霞编写。

由于编者水平所限，书中疏漏之处在所难免，敬请广大读者批评指正。

编　者
2015 年 6 月

目　　录

第1章　总论 1
　第一节　会计的含义 2
　　一、会计的发展历程 2
　　二、会计的含义 3
　第二节　会计职能、目标与对象 4
　　一、会计职能 4
　　二、会计目标 5
　　三、会计对象 6
　第三节　会计要素 7
　　一、资产 7
　　二、负债 8
　　三、所有者权益 10
　　四、收入 11
　　五、费用 11
　　六、利润 12
　第四节　会计等式的恒等性 13
　　一、经济业务与会计等式 13
　　二、会计等式的恒等性 13
　第五节　会计核算方法与会计学科体系 15
　　一、会计方法 15
　　二、会计核算方法 16
　　三、会计学科体系 17
　课后练习题 17

第2章　会计核算基础 21
　第一节　会计假设与会计信息质量要求 22
　　一、会计假设 22
　　二、会计信息质量要求 23
　第二节　权责发生制与收付实现制 24
　　一、权责发生制 24
　　二、收付实现制 25
　课后练习题 25

第3章　复式记账理论 27
　第一节　会计科目与账户 28

　　一、会计科目 28
　　二、账户 31
　第二节　复式记账理论 32
　　一、复式记账原理 32
　　二、借贷记账法 33
　课后练习题 40

第4章　账户与复式记账的应用 43
　第一节　筹集资金业务的核算 44
　　一、投入资本的核算 44
　　二、短期借款的核算 45
　第二节　生产准备业务的核算 46
　　一、账户设置 46
　　二、核算实例 47
　第三节　产品生产业务的核算 49
　　一、账户设置 49
　　二、核算实例 50
　第四节　产品销售业务的核算 53
　　一、账户设置 53
　　二、核算实例 54
　第五节　利润形成与分配业务的核算 56
　　一、利润形成的核算 56
　　二、利润分配的核算 60
　课后练习题 61

第5章　账户的分类 65
　第一节　账户按经济内容分类 66
　　一、资产类账户 66
　　二、负债类账户 66
　　三、所有者权益类账户 66
　　四、收入类账户 66
　　五、费用类账户 66
　　六、利润类账户 67
　第二节　账户按用途结构分类 67

一、盘存账户 68
二、结算账户 69
三、资本账户 69
四、集合分配账户 69
五、成本计算账户 70
六、期间损益账户 70
七、财务成果账户 70
八、计价对比账户 70
九、调整账户 70
课后练习题 71

第6章 会计凭证 72

第一节 会计凭证概述 73
一、会计凭证的作用 73
二、会计凭证的种类 73
第二节 原始凭证的填制与审核 78
一、原始凭证的基本内容 78
二、原始凭证的填制要求 78
三、原始凭证的审核 79
第三节 记账凭证的填制与审核 80
一、记账凭证的基本内容 80
二、记账凭证的填制要求 80
三、记账凭证的审核 81
四、记账凭证填制实例 81
第四节 会计凭证的传递与保管 102
一、会计凭证的传递 102
二、会计凭证的保管 103
课后练习题 103

第7章 账簿 110

第一节 账簿概述 111
一、账簿的作用 111
二、账簿的种类 111
第二节 账簿的设置与登记 115
一、账簿的设置原则 115
二、账簿的基本内容 115
三、账簿的设置与登记 117

四、账簿登记实例 119
第三节 账簿的启用与登记规则 120
一、账簿的启用规则 120
二、账簿的登记规则 120
三、错账的更正方法 121
第四节 对账与结账 122
一、对账 122
二、结账 123
三、账簿的更换与保管 124
课后练习题 124

第8章 财产清查 129

第一节 财产清查概述 130
一、财产清查的作用 130
二、财产清查的种类 131
三、财产清查前的准备工作 132
第二节 财产清查的方法 133
一、实物资产的清查 133
二、债权债务的清查 135
三、货币资金的清查 135
第三节 财产清查结果的账务处理 . 137
一、财产清查结果的处理步骤 . 137
二、财产清查结果的账务处理 . 137
课后练习题 140

第9章 财务报告 142

第一节 财务报告概述 143
一、财务报告的作用 143
二、财务报告的组成 144
三、财务报表的种类 144
四、财务报表的编制要求 145
第二节 资产负债表 146
一、资产负债表的作用 146
二、资产负债表的结构和内容 . 147
三、资产负债表的资料来源和
编制原理 149
四、资产负债表主要项目的
填制方法 149

目　录

第三节　利润表 151
　　一、利润表的作用 151
　　二、利润表的结构和内容 151
　　三、利润表的资料来源和填制方法 ... 152
第四节　现金流量表的编制 153
　　一、现金流量表的作用 153
　　二、现金流量表的结构和内容 154
　　三、现金流量表的资料来源和
　　　　填制方法 155
第五节　财务评价指标及其计算 162
　　一、财务评价指标内容 162
　　二、财务评价指标的计算 162
课后练习题 164

第 10 章　会计核算组织程序 168

第一节　会计核算组织程序概述 169
　　一、会计核算组织程序的作用 169
　　二、设计会计核算组织程序的
　　　　原则 169
　　三、会计核算组织程序的种类 169
第二节　记账凭证核算组织程序 170
　　一、记账凭证核算组织程序的
　　　　特点 170
　　二、记账凭证核算组织程序的
　　　　步骤 170
　　三、记账凭证核算组织程序的优缺点与
　　　　适用范围 170
第三节　科目汇总表核算组织程序 ... 171
　　一、科目汇总表核算组织程序的
　　　　特点 171
　　二、科目汇总表核算组织程序的
　　　　步骤 171
　　三、科目汇总表核算组织程序的优缺点
　　　　与适用范围 171
　　四、科目汇总表的编制方法 172
第四节　汇总记账凭证核算组织程序 ... 179

　　一、汇总记账凭证核算组织程序的
　　　　特点 179
　　二、汇总记账凭证的编制方法 179
　　三、汇总记账凭证核算组织程序的
　　　　步骤 181
　　四、汇总记账凭证核算组织程序的
　　　　优缺点与适用范围 181
　　五、汇总记账凭证编制实例 181
课后练习题 183

第 11 章　会计工作的组织与管理 ... 186

第一节　会计工作组织的作用与要求 ... 187
　　一、会计工作组织的作用 187
　　二、组织管理会计工作的基本要求 ... 187
第二节　会计机构与会计人员 188
　　一、会计机构的设置 188
　　二、会计工作的组织形式 188
　　三、会计工作的岗位责任制 188
　　四、会计人员 189
第三节　会计法律规范 191
　　一、会计法 191
　　二、会计准则 192
　　三、企业会计制度 193
第四节　会计档案管理 193
　　一、会计档案的内容 193
　　二、会计档案的保管和销毁 193
课后练习题 194

第 12 章　会计电算化 195

第一节　会计电算化概况 196
　　一、会计电算化的作用 196
　　二、会计电算化系统的基本内容 ... 197
　　三、会计电算化系统与手工会计系
　　　　统的比较 198
第二节　会计电算化的现状与发展趋势 ... 199
　　一、会计电算化现状 199
　　二、会计电算化的发展趋势 200

课后练习题 200

附录 1 201

模拟试题一 201

模拟试题二 204

模拟试题三 209

附录 2　中华人民共和国会计法 215

附录 3　企业会计准则——基本准则 221

参考文献 226

第 1 章 总 论

学习目标与要求

通过本章学习，了解会计的发展历程；掌握会计的含义及会计的特点；掌握会计的基本职能和会计目标；了解会计一般对象和具体对象，掌握企业资金运动中的各种资金形态；重点掌握会计要素的具体内容、相关概念和记账项目内容；掌握会计等式的平衡原理；了解会计方法，掌握各种会计核算方法的内容。

第一节 会计的含义

一、会计的发展历程

会计从字面上解释,"会"字是从总体、宏观进行核算、计算的意思,"计"字是从具体、微观进行核算、计算的意思,两个字放在一起,就是全面核算、计算,会计的工作过程,就是核算、计算的过程。当然会计工作不只是这些内容,其范围远远超过核算、计算,只会算账的会计是不合格的。

会计的产生离不开经济发展,会计是社会经济发展到一定阶段的产物。人们在所进行的生产活动中,一方面制造出产品,创造价值;另一方面要付出代价,出现支出和耗费。产品生产者在产品的加工过程中,都是尽量以较少的支出和耗费,生产出更多的产品。因此,生产者不仅要改进生产技术,还要提高生产活动方方面面的管理水平。由于劳动耗费和劳动成果的计量、记录、计算和比较,便产生了会计。会计核算过程就是劳动成果和劳动消耗之间的比较过程。

最初的会计只是生产职能的附带部分,是生产者在生产的同时,进行一些简单的记录、计算和比较工作。当社会经济发展到一定水平,出现剩余产品以后,会计职能才从生产职能中分离出来,成为独立职能,由专职人员进行记录、计算的工作。

从历史资料的记载中能够反映出我国会计的发展历程。我国三千多年前的西周时期,随着手工业的发展,社会经济活动日益活跃,对记录核算工作的要求日益强烈,"会计"一词应运而生。据《周礼》记载,当时朝廷设立了专门掌管钱粮赋税的官员——司会,以及单独的会计部门。会计有官厅会计和民间会计之分。伴随着社会生产的发展,会计记录计算的方式方法也越来越复杂。到秦朝,开始用"入""出"作为记账符号,创立了记录会计事项的账簿。

随着社会经济的发展,会计核算的内容,从早期的只是对财产物资收支活动进行实物数量方面的记录和计算,发展到使用货币作为计量单位,综合反映经济活动情况。

唐、宋两代由于贸易和手工业快速发展,会计发展也较快,出现会计组织机构和核算方面的制度,账簿体系初步形成。宋朝创建运用了"四柱结算法"。所谓四柱,即旧管、新收、开除、实在四个方面。旧管相当于现代会计的期初结存,新收相当于现代会计的本期增加,开除相当于现代会计的本期减少,实在相当于现代会计的期末结存。四个方面的关系是:旧管+新收=开除+实在。旧管、新收、开除和实在四柱各反映经济活动的一个方面,相互衔接形成平衡关系。通过这种平衡关系,可以检查记账工作的正确性,又能反映生产活动的全貌。"四柱结算法"是我国古代会计工作的杰出成就。

到明朝,我国会计开始以货币作为计量单位进行核算。清朝时,出现"龙门账"和"四脚账"。龙门账的会计方法,是将经济业务划分成进、缴、存、该四大类,"进"即收入,"缴"即支出,"存"即资产,"该"即负债,四个方面的关系是:进-缴=存-该。四脚账的会计方法,是对发生的记账事项,既要登记来账,又要登记去账,全面反映经济事项的全貌,显现出复式记账的雏形。

在国外,会计的发展同样受到经济发展的影响,海上贸易发达的意大利最具代表性。

早在 12 世纪的意大利热那亚、威尼斯等城市，就出现了采用借贷复式记账法记账，成为"威尼斯簿记法"。1494 年意大利数学家卢卡·帕乔利出版了《算术、几何、比与比例概要》一书，该书对威尼斯簿记法进行了系统介绍，并结合数学理论，最早论述复式记账方法，是会计发展的里程碑，标志着近代会计的开始。后来，借贷记账法广泛传播，被世界各国所接受，是普遍采用的会计记账方法。

19 世纪中期，西方会计核算方法传入我国，20 世纪初，借贷记账法由日本传入我国。20 世纪 30 年代，出现了改革中式簿记的风潮，形成了中式簿记与西式簿记并存的局面。新中国成立后，全面引进苏联的会计模式，建立了适应高度计划经济体制下的会计制度。"文革"十年，会计工作受到影响。1978 年改革开放以后，我国社会经济发展不断加快。为适应经济发展需要，我国会计理论和法规、制度得以丰富和健全。1985 年《中华人民共和国会计法》开始颁布实施，标志着我国会计工作步入法制化轨道。1992 年，为适应我国改革开放的需要，实现会计核算与国际惯例接轨，我国颁布了《企业会计准则》和《企业财务通则》，1993 年 7 月 1 日开始执行。随着改革开放的深入发展，迫切需要建立完整的会计准则体系，我国会计法规制度的建设步伐不断加快。2000 年 12 月 29 日颁布了《企业会计制度》，并于 2001 年 1 月 1 日在股份有限公司和其他经批准的企业实行。2005 年 1 月 1 日开始实行《小企业会计制度》。2006 年 6 月，财政部发布了新的会计准则体系，由一个基本准则和 38 个具体准则组成，并要求于 2007 年 7 月 1 日在上市公司率先实施，同时鼓励其他企业执行。为适应社会主义市场经济的客观要求，我国会计工作仍然处于不断调整、完善中。

二、会计的含义

会计属于社会科学，是伴随着社会生产的发展而产生的。会计活动是经济管理活动的重要组成部分，是经济活动信息的主要来源渠道。随着社会经济的不断发展和经济管理内容的不断变化，会计的含义也在不断充实和完善。会计工作是社会经济活动健康发展保障之一。经济越发展，会计越重要。马克思在资本论中曾经说过，"过程越是按社会的规模进行，越是失去纯粹个人的性质，作为对过程的控制和观念总结的簿记就越是必要的。因此，簿记对资本主义生产，比对手工业和农民的分散生产更为必要，对公有生产，比对资本主义生产更为必要。"[①]这里所说的过程就是社会再生产过程，即社会经济发展过程，簿记就是会计。

会计是一门专业性、系统性、逻辑性较强的学科，是一项特点突出的经济管理活动。会计的概念可以表述为：会计是以货币为主要计量单位，采用专门的方法和程序，对各单位的经济活动进行核算和监督，并提供经济信息和经营决策依据的管理活动。

通过会计的概念可以看出，会计与其他管理活动相比，具有以下特点。

(一) 会计核算以货币为主要计量单位

社会经济活动中的计量单位有三大类，实物量单位、劳动量单位和货币量单位，其中货币单位具有综合汇总的功能。会计核算需要提供经济活动的全面信息资料，有必要选择

[①]《马克思恩格斯全集》第 24 卷，第 152 页。

具有综合性的计量单位，而实物单位和劳动单位不具有广泛的综合性。因此，会计主要采用货币单位进行经济活动的计量，实物量单位和劳动量单位只是作为货币单位的补充。

（二）会计核算以凭证为依据

日常发生经济活动的具体情况如何，都是通过大量票据(凭证)进行记载的。会计对各单位经济活动进行核算和监督，都以审核无误的书面凭证为依据。这样不仅能真实反映经济活动情况，而且能够检查核对，避免虚假。会计凭证的取得、填制和审核，是会计核算工作的起点，做好会计凭证工作，才能使会计工作顺利进行。

（三）会计核算采用专门方法和程序

会计作为经济管理活动的一种，重点是事后管理，即对经济活动发生结果的数量描述。在开展经济管理活动中，采用区别于其他经济管理活动的方法和程序，进行收集数据、加工数据，提供生产经营活动结果的信息。会计核算采用独特的方法和程序，这些方法和程序相互依存、相互促进，形成一套科学完整的体系。

第二节 会计职能、目标与对象

一、会计职能

会计职能是指会计在经济管理中所具有的功能和作用。会计职能是明确会计工作内容、确定会计目标的基础。会计职能很多，包括会计核算、会计监督、会计预测、会计决策、会计分析等，但基本职能有两项：核算职能和监督职能，即马克思在《资本论》中所阐述的"对过程的控制和观念总结"，"控制"理解为监督，"观念总结"理解为核算或者是反映。

（一）核算职能

核算职能，即反映职能，是会计最基本职能或首要职能。核算职能是指利用价值量指标对各单位经济活动进行记录、计算、分类和汇总，将经济活动内容转换成会计信息的职能。会计核算提供的信息资料，是会计监督、会计预测、会计决策和会计分析的重要依据，是经济管理活动的基本内容。

会计核算职能的特点如下。

(1) 会计核算以货币为主要计量单位。经济活动情况，无论是资金的投入、原材料的购入、生产过程的各种消耗、产品的销售以及利润的分配，都是通过数量方面反映经济活动情况，通过计量、记录获得数量指标。为对经济活动情况进行全面了解，会计主要通过价值量指标，辅以实物量指标和劳动量指标进行核算，提供反映经济活动情况的数据资料。

(2) 会计核算主要是已经发生或已经完成的经济活动。会计核算的内容主要是已经发生或完成的经济业务，通过反映经济业务的有关凭证进行记录，然后按照凭证内容登记在账簿中，最后根据账簿资料编制财务报告，提供反映经济活动的概括信息。通过会计核算，不仅了解和考核经济活动的过程和结果，而且通过会计部门提供的大量经济运行资料，对未来的经济情况作出分析和预测。

(3) 会计核算具有全面、系统、连续性。全面性是指会计核算主要以货币为主要计量单位，对经济活动进行全面确认、计量、记录和报告，不能有遗漏；系统性是指在进行会计核算过程中，采用凭证、账簿、复式记账等专门的方法，进行相互联系记录和科学分类；连续性是指会计核算在生产准备、产品生产、销售等经济活动的全过程进行，不能间断。

(二) 监督职能

监督职能也称控制职能，是指以国家的财经政策、规定以及企业内部会计制度为标准，以会计核算提供的信息为依据，对本单位经济活动及会计核算的合法性、合理性进行约束、控制的过程。会计监督从实施主体看，有单位内部会计监督、社会监督和国家监督三部分，构成三位一体的监督体系。

会计监督的特点如下。

(1) 会计监督主要采用价值量指标进行。各单位的经济活动情况是通过货币单位进行反映的，提供一系列价值量指标，综合反映经济活动的过程和结果。因此，经济活动情况是否合法、合规，主要通过价值量指标进行检查监督，全面考核和控制各单位经济活动情况。在价值量指标之外，还可以进行实物量指标的监督。

(2) 会计监督具有强制性和严肃性。会计监督是依据财经法规和财经纪律来进行的，是《会计法》赋予会计机构和会计人员的权利，而且规定了监督者的法律责任。会计监督过程中，需要检查经济活动的合法性和合规性，坚决制止违法乱纪的行为，情节严重者，需要承担法律责任。放弃监督，听之任之，都需要追究责任。

(3) 会计监督是在经济活动的全过程进行监督。会计监督包括事前监督、事中监督和事后监督，贯穿于经济活动的全过程，只要经济活动不间断，会计核算不停止，就始终离不开会计监督。事前监督是指对经济活动的计划或方案进行审查；事中监督是指对正在发生的经济活动进行检查分析；事后监督是指对已经完成的经济活动进行考核评价。

会计核算与会计监督是会计的两大基本职能，关系密切，相辅相成。会计核算为会计监督提供依据，是会计监督的基础，没有会计核算提供的信息资料，会计监督则无法进行。会计监督是会计核算的质量保证，没有科学严格的会计监督，难以保证会计核算的真实性和准确性，会计核算也就失去了意义。在实际工作中，各单位会计工作对经济活动既要核算，又要监督，只有把核算和监督结合起来，才能充分发挥会计工作在经济管理中的作用。

二、会计目标

会计目标是指会计所要达到的目的。会计目标是检查会计工作的标准和依据，是会计理论体系的基础。会计目标决定于经济管理对会计的客观需要，同时受到会计职能的制约。

2007年1月1日开始执行的《企业会计准则——基本准则》指出："财务会计报告的目的是向财务会计报告的使用者提供与企业财务状况、经营成果和现金流量等有关的会计信息，反映企业管理层受托责任履行情况，有助于财务会计报告使用者作出经济决策。"

会计目标表述为：满足会计信息使用者对会计信息的需要。会计目标即提供会计信息。会计信息使用者包括企业内部管理层及员工，企业外部的投资者、债权人、政府及社会有关部门、社会公众等。会计核算所提供的信息资料，包括企业财务状况、经营成果等方面。如资产结构状况、变现能力、负债水平、偿债能力、盈利水平等。会计目标既强调了决策有用性，又强调了受托责任性，两者应该有机地结合起来。

三、会计对象

会计对象是指会计所要核算和监督的内容。社会再生产过程中包括多种多样的经济活动，而会计核算和监督的，是能够以货币表现的经济活动，即资金运动。因此，会计对象就是社会再生产过程中的资金运动。这是会计的一般对象。

财产物资的货币表现，连同货币本身，称为资金。所有单位要进行日常活动，都需要拥有一定数量的资金，随着日常活动的发生，资金不断变化其形态。资金运动包括资金投入、资金运用、资金退出等过程。由于不同单位在国民经济中所处的地位和作用不同，从事经济活动的内容和达到的目的不同，会计核算和监督的内容也不完全相同。会计对象在各单位表现为该单位以货币表现的经济活动，也就是各单位经济活动中的资金运动。这是会计的具体对象。

下面以资金运动过程和方式最全面、最复杂的制造业企业为例，说明会计的具体对象。具体情况如图 1.1 所示。

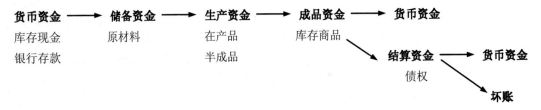

图 1.1

由图 1.1 可以看出，制造业企业的资金运动，以货币资金为起点，经过供应、生产、销售阶段。出售产品，资金回到货币资金形态。少部分处于结算资金状态，收回债权，变成货币资金。还有部分债权无法收回，成为坏账，退出资金循环周转。

供应阶段，企业以货币资金购买各种材料，为产品生产做准备，资金形态从货币资金转化成储备资金。生产阶段，消耗各种材料，资金形态从储备资金转化成生产资金。产品加工完成，验收入库，资金形态从各种在产品、半成品的生产资金转化成库存商品的成品资金形态。出售产品，一种情况是成品资金转化成货币资金，完成一次资金循环周转过程。另外一种情况，销售产品，购货单位未能及时付款，成品资金转化成结算资金。结算资金有两种结果，一种结果是债权到期对方归还货款，结算资金转化成货币资金；另一种结果债权无法收回，成为坏账，成为企业的一项费用。

在资金从一种形态到另一种形态的转变过程中，会计记录、计算的核算职能与约束、控制的监督职能充分体现出来。

本书内容以制造业企业会计核算为例进行介绍。

另外，商品流通企业经营活动分为供应阶段、销售阶段和库存阶段；资金运动包括资金的投入、资金的周转和资金的退出三个方面。供应阶段采购商品，支付价款运费，与供应单位办理结算。商品在验收入库等待销售期间，需要花费存储保管费用。销售商品，取得营业收入，补偿各类耗费后，剩余部分构成企业盈利。

行政事业单位不从事商品的生产与流通，是非营利单位，如各级政府部门、教育部门和各类科研院所等。行政事业单位的资金运动是预算资金的运动,资金主要靠国家财政预算拨付,没有或只有很少一部分业务收入。国家每年根据各单位的预算,拨付一定数量的资金,各单位按照预算安排支付各种费用。预算资金的运动包括预算资金的收入和预算资金的支出两个阶段。

第三节 会 计 要 素

会计要素,是对会计对象所进行的分类,是会计对象的具体化。会计要素包括资产、负债、所有者权益、收入、费用和利润。资产、负债、所有者权益是反映企业财务状况的要素,是静态财务指标。收入、费用、利润是反映企业财务成果的要素,是动态财务指标。会计要素是会计核算的内容,是财务报告的组成部分。

对会计对象进行分类形成的会计要素,能够分别进行会计确认和会计计量,从而按类别提供会计数据和会计信息,使得经济管理和投资决策切实可行。

一、资产

(一) 资产的概念

资产是指企业过去的交易或事项形成的、由企业拥有或控制的、预期会给企业带来经济利益的资源。

企业进行生产经营活动,不仅需要货币资金、原材料,还需要机器设备、厂房仓库等设施,这些都是资产。资产是企业从事生产经营活动的基础。有些资产具有实物形态,如原材料、机器设备等;有些资产不具有实物形态,如债权等。

资产的特点如下。

(1) 资产是由过去的交易或事项形成的。资产是过去已经发生的交易或事项产生的结果。资产必须是现实的资产,并且能够客观、可靠地计量,而不是预期的资产。未来交易或事项可能产生的结果不能作为资产。交易或事项包括购买、生产、建造行为等。

(2) 资产是企业拥有或控制的。资产作为一项资源,应当由企业拥有或控制,是指企业享有资产的所有权,按照自己的意愿使用或处置资产。或者不享有所有权,但能被企业所控制,并且该项资产的收益和风险已经转移到本企业,例如融资租入的机器设备。

(3) 资产预期会给企业带来经济利益。企业拥有或控制的资产,通过生产经营活动,在未来时期内,能够为企业创造价值,获得经济利益。带来的经济利益可以是货币资金或其他实物资产,也可以是其他形式的经济利益的流入。如果一个项目不能给企业带来经济利益,就不能确定为资产。

(4) 资产是一种资源。资产作为生产要素,具有交换价值和使用价值,投入生产经营过程中,利用这些资产能够给企业带来未来经济利益,如企业的货币资金、材料物资、设备建筑物等。没有使用价值,不能给企业带来效益的,不能确认为资产。

因此,作为资产需要具备一定的条件,除了符合资产概念以外,还需要满足以下条件:一个是与该资源有关的经济利益很可能流入企业,另一个是该资源的成本或者价值能够可靠地计量。

(二) 资产的种类

企业拥有的资产按照流动性分为流动资产和非流动资产两大类。

(1) 流动资产，是指可以在一年或超过一年的一个营业周期内变现或耗用的资产。企业的全部资产中，流动资产所占比例应适当，以便进行日常支出和偿还到期的债务。流动资产按照变现能力的大小，主要包括货币资金、债权和存货(除固定资产以外的具有实物形态的资产)等。

(2) 非流动资产，即流动资产以外的资产，是指在一年或超过一年的一个营业周期以上变现或耗用的资产。非流动资产一般价值高、拥有时间长、变现能力差。非流动资产主要包括设备、建筑物、商标权、专利权等。

(三) 资产的记账项目

在会计核算中，属于资产类记账项目(会计科目)很多，下面介绍比较容易理解的几个项目。其中，库存现金和银行存款两个记账项目属于货币资金；应收账款、预付账款、其他应收款三个记账项目属于债权；原材料、库存商品两个记账项目属于存货；固定资产、无形资产两个记账项目属于非流动资产。

(1) 库存现金，企业存放在财会部门用于日常零星支出的货币资金。

(2) 银行存款，企业存放在开户银行的货币资金。企业大量货币资金都需要存入银行。数额较大的货币资金收付业务，应当通过银行办理。这样不仅安全，而且便于金融部门对企业货币资金使用的监督、控制。

(3) 应收账款，企业销售活动中应当收回的货款。

(4) 预付账款，企业采购活动中预先支付的货款。

(5) 其他应收款，除货款外企业应收回的零星款项。

(6) 原材料，企业购入的用于加工产品的各种原料、辅助材料。

(7) 库存商品，企业完成生产过程，验收合格入库，供销售的各种产成品。

(8) 固定资产，指使用时间长、单位价值高，在使用中保持原有实物形态的资产，包括厂房、建筑物、机器、设备等。

(9) 无形资产，指企业拥有或控制的、没有实物形态、可辨认的非货币性资产。例如商标权、专利权、土地使用权等。

确定记账项目是会计记账的基础，是后面学习内容的铺垫，因此必须牢记上面所列的一些记账项目。对于一项具体资产内容，需要熟练找到相应的记账项目，才能顺利进行记账和会计核算。例如，企业生产使用的钢材，记账时应登记在"原材料"项目下。再如企业办公楼，应登记在"固定资产"项目下。

二、负债

(一) 负债的概念

负债是指企业过去的交易或事项形成的，预期会导致经济利益流出企业的现实义务。现时义务是指企业在现行条件下已承担的义务。未来发生的交易或者事项形成的义务，不属于现实义务，不应当确定为负债。

企业进行产品生产以及日常各类经营活动，需要有大量资金作保障。资金的来源除了自有资金及企业所有者投入外，举债是另一个重要的、常见的资金来源渠道。创业初期的企业，要想快速地发展壮大起来，不能仅仅依赖单一的筹集资金渠道。出现负债是企业生产经营活动的正常情况。负债是企业正在占用和使用外部资金。负债多少合适，不同规模、不同行业的企业区别很大。在债务到期时，能够及时偿还，不影响企业资金周转即可。履行债务的偿还义务，是恪守商业信誉的具体体现，是建立诚信和谐社会的基础。

负债的特点如下。

(1) 负债是由企业过去的交易或事项形成的。导致负债的交易或事项必须已经发生，例如购进货物未付款产生的负债，取得银行贷款承担的偿债义务，等等。只有已经发生的交易或事项，会计上才能确定为负债。企业在未来发生的承诺、签订的合同、筹划的未来交易或事项，不形成负债。

(2) 负债是企业承担的现实义务。负债必须是企业承担的现实义务，这是负债的一个基本特征。现实义务指企业在现行条件下承担的义务。未来发生的交易或事项形成的义务，不属于现实义务，不能确定为负债。

(3) 负债预期会导致经济利益流出企业。企业负担的债务，通常是在未来某一时日到期进行偿还。这是市场经济条件下商业信誉的具体体现。负债的偿还，是通过交付资产或提供劳务进行，也可以通过承诺新的负债结算现有债务。无论哪种形式的债务，最终的履行都会导致企业经济利益的流出。

作为负债，除了符合负债概念之外，还需要满足以下条件：一个是与该义务有关的经济利益很可能流出企业；另一个是未来流出的经济利益的金额能够可靠地计量。

(二) 负债的种类

负债按照偿还期限，分为流动负债和长期负债(非流动负债)。

流动负债，是指将在一年或超过一年的一个营业周期内偿还的债务。企业的流动负债项目较多，应当注意归还期限，及时偿还。

长期负债，即流动负债以外的负债，是指将在一年或超过一年的一个营业周期以上偿还的债务，包括长期借款、应付债券、长期应付款等。

(三) 负债的记账项目

负债的记账项目如下。

(1) 短期借款，指从银行等金融机构借入的期限一年以内(包括一年)的各种借款。
(2) 应付账款，企业在采购活动中应当支付的货款。
(3) 预收账款，企业在销售活动中预先收取的货款。
(4) 其他应付款，除货款外企业应支付的零星款项。
(5) 应付职工薪酬，企业应支付给员工的劳动报酬。
(6) 应交税费，企业应交纳的各种税费。
(7) 应付股利，企业应向投资者分配的红利。

同样的道理，以上负债记账项目要牢记。企业购买设备的欠款，应登记在"应付账款"项目下；收到购货单位的预交款，应登记在"预收账款"项目下。

三、所有者权益

（一）所有者权益的概念

所有者权益是指企业投资人对企业净资产的所有权。净资产是企业全部资产扣除负债后的余额。股份公司的所有者权益又称股东权益。

所有者权益是企业所有者对企业资产的剩余索取权，是全部资产扣除债权人权益后应由所有者享有的部分。所有者权益既可反映企业所有者投入资本的保值增值情况，又体现了保护债权人权益的理念。

所有者权益的特点如下。

(1) 在企业投资人撤减投资、破产清算或分派现金股利之外，企业不需要偿还所有者权益。

(2) 企业破产清算，在偿还负债后，才能清偿投资人的权益。

(3) 企业投资人凭借所有者权益所占份额参与企业经营决策及利润的分配。

所有者权益的确认依赖于资产和负债的确认与计量，当资产和负债能够准确地确认和计量，将资产数额与负债数额求差，就会取得所有者权益的数额，即企业的净资产。所有者权益的来源包括所有者投入的资本、直接计入所有者权益的利得和损失、留存收益等。利得和损失是指不计入当期损益的、能够导致所有者权益增减变化的、与所有者投入资本或向所有者分配红利无关的经济利益的流入与流出，例如企业资产评估的增值或贬值。留存收益指企业各年实现的净利润(利润总额减所得税费用)的剩余部分，包括盈余公积和未分配利润。

尽管所有者权益与负债都体现资产的来源，但两者有着本质的区别：负债是债权人对企业资产的要求权，所有者权益是投资人对企业净资产的要求权；债权人无权参与企业的经营管理和利润的分配，只享有按期收回债务本金及利息的权利；在企业破产清算时，负债具有优先求偿权，而所有者权益只能在清偿所有债务后才能获得补偿。

（二）所有者权益的记账项目

所有者权益的记账项目如下。

(1) 实收资本(股份公司为股本)，指企业投资人按照企业章程或合同协议的约定，实际投入企业的资本金。实收资本可作为企业长期周转使用的主要经营资金。

(2) 资本公积，由于企业资本金的存在而形成的专门款项(公积金)。例如资本(股本)溢价、法定财产重估增值、外币资本折算差额等。资本公积按照规定可以转增资本金。

(3) 盈余公积，是企业从税后利润中提取的公积金。盈余公积的主要用途是弥补亏损。盈余公积按照规定也可以转增资本金。

资产、负债、所有者权益之间的关系：

任何资产都有归属，没有无归属的资产。因此，有多少资产，就有多少对资产的拥有权。用等式表示为

$$资产 = 权益$$

权益反映资产的来源。有些资产是企业通过负债取得的，属于债权人权益。而大部分

资产，也就是资产扣除负债后的余额(净资产)，归企业所有者拥有，是所有者权益。用等式表示为

$$资产＝债权人权益＋所有者权益$$

债权人权益为了与资产中的债权相区别，称为负债。等式变成

$$资产＝负债＋所有者权益$$

因此，资产与负债、所有者权益具有平衡关系。这一等式被称为会计基本等式或会计恒等式。会计基本等式是设置账户、复式记账以及编制财务报告的理论依据。

四、收入

(一) 收入的概念

收入是指企业在日常活动中形成的、会导致所有者权益增加的、与所有者投资无关的经济利益的总流入。

收入的特点如下。

(1) 收入是企业日常活动中形成的，而不是从偶发的交易或事项中产生。日常活动指企业为完成经营目标所从事的经常性活动及相关活动。例如产品销售、提供劳务、技术服务等。非日常活动所形成的经济利益的流入不能确定为收入。

(2) 取得收入可能表现为企业资产的增加，也可能表现为企业负债的减少，或者同时兼有。

(3) 收入最终会导致所有者权益增加。收入作为经济利益的流入，应当导致所有者权益的增加，否则不能确定为收入。

(4) 收入是与所有者投资无关的经济利益的流入。所有者投资不能确定为收入。

(二) 收入的种类

收入按照与企业经营活动的关系，分为主营收入和其他收入。

主营收入，指企业主要生产经营活动相关的收入。

其他收入，指次要经营活动的收入。广义的收入还包括利得收入，即营业外收入。

(三) 收入的记账项目

(1) 主营业务收入，是企业从事主营业务活动取得的收入。例如工业企业的产品销售、流通企业的商品销售等。

(2) 其他业务收入，是企业从事非主营业务活动取得的收入。例如销售多余材料、固定资产出租等。

(3) 营业外收入，是企业取得的与生产经营活动无关的收入。例如处置固定资产净收益、接受捐赠、无法支付的应付款项、罚款收入等。

五、费用

(一) 费用的概念

费用是指企业在日常活动中发生的、会导致所有者权益减少的、与向所有者分配利润无关的经济利益的总流出。

费用的特点如下。

(1) 费用是企业在日常活动中形成的。费用必须是企业为维持日常活动而发生的支出，非日常活动形成的经济利益的流出，不能确认为费用，应当计入损失。

(2) 费用会导致所有者权益的减少。与费用相关的经济利益流出企业，会导致所有者权益的减少。

(3) 费用是与所有者分配利润无关的经济利益的总流出。费用的发生导致经济利益的流出，从而导致资产的减少或者负债的增加。而向所有者分配利润虽然也导致经济利益的流出，但属于所有者权益的抵减项目，不能确定为费用。

(二) 费用的种类

按照费用与产品成本的关系，分为制造成本和期间费用。

制造成本，是指企业产品生产过程中发生的计入产品的各种支出。

期间费用，是指企业经营过程中发生的不计入产品成本，直接作为收入抵减项目的各项支出。例如管理费用、财务费用、销售费用等。广义的费用还包括损失，即营业外支出。

(三) 费用的记账项目

(1) 制造费用，生产部门(车间)为组织管理生产活动发生的各项支出。

(2) 管理费用，行政管理部门(厂部)为组织管理整个企业生产经营活动发生的各项支出。

(3) 财务费用，筹集资金发生的各项支出。例如利息支出、银行手续费等。银行存款利息收入冲减财务费用。

(4) 销售费用，销售产品过程中发生的各项支出。如广告费、展销费、销售产品的运杂费、企业专设销售机构的支出等。

(5) 营业外支出，企业发生的与生产经营活动无关的各项支出。如固定资产盘亏、处置固定资产净损失、捐赠支出、罚款支出、非常损失等。

六、利润

利润是企业在一定会计期间的经营成果。利润是评价企业管理层业绩的重要指标，也是投资者、债权人等财务报告使用者进行决策的参考依据。

利润分为营业利润、利润总额和净利润三个层次。营业利润是企业生产经营过程中的经营成果。利润总额是企业一定会计期间内取得的经营成果的总和。净利润是利润总额减去所得税后的余额，又称税后利润。

有关利润的记账项目在以后的学习中介绍。

全部会计要素之间的关系：

企业进行生产经营活动需要取得利润，利润是通过收入与费用求差计算的。差是正数为盈利数额，差是负数为亏损数额。利润归企业所有者拥有，发生亏损，也是由企业所有者承担。因此，出现盈利和发生亏损，直接影响所有者权益的变化。会计等式中，利润与所有者权益列在同一方向，并且利润同样是企业资产的一个来源渠道。因此，会计等式变成

$$资产＝负债＋所有者权益＋利润$$

利润，是收入减负债后的余额。会计等式可写成

资产＝负债＋所有者权益＋收入－费用

为方便会计等式的应用，将费用移项，等式为

资产＋费用＝负债＋所有者权益＋收入

由此可见五个会计要素之间的关系。这是另一个重要平衡关系。资产消耗，就成为费用，资产和费用具有相同的性质，在等式的同一方向。负债、所有者权益和收入，都反映资产的来源，在等式的同一方向。

第四节 会计等式的恒等性

一、经济业务与会计等式

经济业务是指引起会计要素变动的经营活动。会计工作就是把企业发生经济业务涉及的记账项目进行记录，反映会计要素增减变化及其结果。

发生的任何经济业务都会引起两个或两个以上的记账项目发生变化。例如从银行提取现金1 000元。这项经济业务发生后，使资产中的库存现金增加1 000元，另一项资产项目银行存款减少 1 000 元。会计人员根据有关票据，确认出记账项目及其增减变化，据以登记入账。又如，企业购入价值 8 000元的设备一台，以银行存款支付 5 000 元货款，其余货款暂欠对方。这项经济业务发生后，使企业资产中的固定资产增加 8 000 元，另一项资产银行存款减少 5 000 元，以及负债中应付账款增加 3 000 元。

学习到这里，需要找出发生经济业务所涉及的会计要素、记账项目，并确定增减变化，为下一步学习打下基础。

企业在生产经营过程中发生大量经济业务，都会引起会计要素的增减变化。但无论怎样变化，都不会破坏会计等式的平衡关系。这种平衡关系是设置账户、复式记账、进行试算平衡和编制资产负债表的理论依据。

二、会计等式的恒等性

企业在生产经营过程中发生各种类型的经济业务。经济业务的发生对相应的会计要素产生影响，即引起会计要素的增减变化。无论发生任何经济业务，都不会破坏会计等式的平衡关系。经济业务多种多样，可以归纳成以下九种形式：

(1) 一项资产增加，另一项资产减少。
(2) 一项负债增加，另一项负债减少。
(3) 一项所有者权益增加，另一项所有者权益减少。
(4) 一项资产增加，一项负债增加。
(5) 一项资产增加，一项所有者权益增加。
(6) 一项资产减少，一项负债减少。
(7) 一项资产减少，一项所有者权益减少。
(8) 一项负债增加，一项所有者权益减少。
(9) 一项负债减少，一项所有者权益增加。

根据以上经济业务经济业务形式，可以归纳成 4 种基本类型，通过四种类型的经济业

务,可以验证会计等式的恒等性。

为方便起见,我们以会计基本等式(资产＝负债＋所有者权益)为例通过发生的经济业务验证其恒等性。

假如月初企业资产、负债、所有者权益数额如表1-1所示。

表1-1

资　产	金额(元)	负债及所有者权益	金额(元)
库存现金	3 000	短期借款	11 000
银行存款	50 000	应付账款	7 000
应收账款	8 000	其他应付款	4 000
原材料	15 000	实收资本	988 000
固定资产	1 000 000	资本公积	66 000
资产合计	1 076 000	负债所有者权益合计	1 076 000

表1-1提供的资料中,企业月初的资产与负债、所有者权益是平衡的,总额为1 076 000元。企业本月发生下列四种经济业务。

(1) 发生经济业务后,引起资产与负债、所有者权益同时增加。

例如,企业收到投资材料13 000元。资产中原材料增加13 000元,所有者权益中实收资本增加13 000元。

(2) 发生经济业务后,引起资产与负债、所有者权益同时减少。

例如,以银行存款2 000元偿还前欠货款。资产中银行存款减少2 000元,负债中应付账款减少2 000元。

(3) 发生经济业务后,资产内部此增彼减。

例如,收到某单位归还的前欠购货款5 000元存入银行。资产中的银行存款增加5 000元,资产中的应收账款减少5 000元。

(4) 经济业务发生后,引起负债、所有者权益此增彼减。

例如,以资本公积金30 000元转增资本金。所有者权益中的实收资本增加30 000元,另一所有者权益资本公积减少30 000元。

经过企业本月的生产经营活动,有以下项目发生变化:

银行存款,月初为50 000元,本月增加5 000元,减少2 000元,月末银行存款数额为53 000元。

应收账款,月初为8 000元,本月减少5 000元,月末应收账款数额为3 000元。

原材料,月初为15 000元,本月增加13 000元,月末原材料数额为28 000元。

应付账款,月初为7 000元,本月减少2 000元,月末应付账款数额为5 000元。

实收资本,月初为988 000元,本月增加两笔,13 000元和30 000元,月末实收资本数额为1 031 000元。

资本公积,月初为66 000元,本月减少30 000元,月末余额为36 000元。

其他项目没有变化。月末企业资产、负债、所有者权益数额如表1-2所示。

表 1-2 月末企业资产、负债、所有者权益数额

资　产	金额(元)	负债及所有者权益	金额(元)
库存现金	3 000	短期借款	11 000
银行存款	53 000	应付账款	5 000
应收账款	3 000	其他应付款	4 000
原材料	28 000	实收资本	1 031 000
固定资产	1 000 000	资本公积	36 000
资产合计	1 087 000	负债所有者权益合计	1 087 000

由表 1-2 可以看出，经过本月生产经营活动，企业的总资产与负债、所有者权益数额，从 1 076 000 元变成 1 087 000 元，仍然具有平衡关系。所以，无论发生任何经济业务，会计等式总成立，会计等式具有恒等性。

第五节　会计核算方法与会计学科体系

一、会计方法

会计方法是指用来核算和监督会计对象，实现会计职能与目标的手段。会计方法是在会计长期实践中总结归纳出来的。随着社会经济的发展和管理科学的要求，会计方法也在不断发展和完善。会计方法包括会计核算方法、会计分析方法、会计检查方法、会计预测方法、会计决策方法、会计监督方法等。其中，会计核算方法是最基本的一种方法。

(1) 会计核算方法，是进行会计确认、计量、记录和报告所应用的方法。会计核算方法包括设置会计科目和账户、复式记账、填制和审核凭证、登记账簿、成本计算、财产清查和编制财务报告等专门方法。

(2) 会计分析方法，是在会计核算方法基础上，对企业经济活动的过程和结果进行考核分析和评价，发现问题并提出改进措施的方法。会计分析方法包括比较分析法、因素分析法、差额分析法、比率分析法等。

(3) 会计检查方法，属于审计范畴，是利用会计核算资料，以会计法规制度为依据，对会计核算资料的合法性、合理性和准确性进行检查的方法。会计检查方法包括核对法、审阅法、分析法等。

(4) 会计预测方法，是在现有会计信息资料的基础上，对未来企业财务活动及具体指标所作出的判断和推测。会计预测方法包括因果预测法和趋势预测法等。

(5) 会计决策方法，是指为达到特定目标，借助会计核算提供的资料，从经济活动的若干备选方案中确定最优方案所采用的方法。会计决策方法包括本—量—利法、净现值法、投资回收期法等。

(6) 会计控制方法，指通过一定会计手段，使企业经济活动和资金运动按既定轨道运行所采用的方法。会计控制方法包括定额控制法、预测控制法、责任控制法等。

二、会计核算方法

会计核算方法是指针对企业已发生的经济活动进行连续、系统、全面核算和监督所采用的方法。

会计核算内容的多样性和复杂性，决定了会计核算不能采用单一方法进行。会计核算方法有以下七种。

(一) 设置会计科目和账户

会计科目和账户是指对会计对象具体内容进行分类核算的项目和工具。会计对象内容复杂多样，为了便于记录，为经济管理提供所需的核算资料，需要设置会计科目和账户。会计科目是对会计对象的具体内容进行科学分类，是复式记账的基础。账户是根据会计科目设置的，是反映会计对象增减变化的手段，是构筑会计核算框架的基础。设置账户对于填制凭证、登记账簿和编制财务报告具有重要意义。

(二) 复式记账

复式记账是指对发生的任何经济业务，都以相等的金额，在相互联系的两个或两个以上账户中进行登记的方法。复式记账法要求对所发生的经济业务，无论简单或复杂，都要在两个或两个以上账户之间以相等的金额进行登记，因此具有平衡关系。通过账户之间的平衡关系，检查会计记录的正确性。复式记账法对经济业务从两个或两个以上方面进行记录，能反映经济业务的全貌，便于账簿记录的核对。

(三) 填制和审核凭证

会计凭证是记录经济业务，明确经济责任，据以登记账簿的书面证明。对于发生的经济业务，要填制或取得证明经济业务发生或完成情况的原始凭证，并根据审核无误的原始凭证编制记账凭证。记账凭证是具有会计专业特点的书面证明，是登记账簿的直接依据。填制和审核凭证，是保证会计核算真实性和实行会计监督的重要手段，是会计人员日常的主要工作内容。

(四) 登记账簿

账簿是由具有一定表格形式的账页组成的，用以完整、连续、系统记录各项经济业务的簿籍。账簿是根据记录经济业务的原始凭证和记账凭证进行登记的。登记账簿是会计信息整理、汇总的过程，使会计信息系统化、条理化。通过账簿提供的数据资料，为企业经营管理和编制会计报表提供依据。

(五) 成本计算

成本计算就是将生产经营中发生的直接费用和间接费用，按照一定计算对象(某一产品)进行归集和分配，借以确定总成本和单位成本的方法。通过成本计算提供的资料，可以了解产品成本或销售构成情况，反映成本变化状态，确定企业盈亏。

(六) 财产清查

对财产物资、债权债务、货币资金的账面记录和实际情况进行核对，确定账面与实际是否相符的专门方法。财产清查可以保证企业会计信息真实可靠，保证财产物资安全完整和合理使用。财产清查中发现的账实不符，应及时调整账面记录，保证账实相符，同时分析原因，明确责任。进行财产清查，不仅能够确保会计核算资料的正确性，也是财产物资安全完整的重要保证。进行财产清查，可以强化企业日常资产管理，提高财产物资保管人员的责任感，加速资金周转，及时清算债权债务。

(七) 编制财务报告

财务报告是根据日常会计核算资料，概括反映企业财务状况、经营成果等方面的书面文件。财务报告包括会计报表和其他需要在财务报告中披露的信息资料。财务报告是会计信息使用者了解企业情况的主要方式，是会计核算体系中的重要组成部分。

进行会计工作，会计核算的七种方法相互联系，相互配合，形成一个完整的方法体系。

对于日常发生的经济业务，首先要取得合法、真实的会计凭证，按照所设置的会计科目和账户，运用复式记账方法填制记账凭证，并登记有关账簿。对生产经营中发生的费用，进行归集和成本计算。账簿记录要通过财产清查方法与实际情况进行核对相符。最后根据账簿记录，定期编制财务报告。

会计核算的方法体系中，从会计工作过程角度来说，主要有三个环节：填制和审核凭证、登记账簿和编制财务报告。这三个方面也是会计人员日常的主要工作内容。每月完成财务报告的编制工作，表明会计核算工作一个阶段结束。

三、会计学科体系

会计学作为一种知识体系，由许多相互联系的学科组成。会计学科一般包括会计学基础、财务会计、成本会计、管理会计、审计学等。

会计学基础是会计学入门学科，是学习其他会计学科的必要准备。本书所介绍的就是会计学的基本知识。财务会计研究企业按照会计核算原则和会计处理程序，对经济业务进行确认、计量、记录，编制财务报告，对外传递会计信息。成本会计是研究成本计算、成本预测、成本决策、成本计划、成本控制、成本评价的理论和方法。管理会计研究企业内部管理的执行性会计和会计预测、会计决策的决策会计。审计是研究对经济活动的合理性、合法性及效益性进行监督、检查的基本理论和方法。

另外，会计学的分支还有：会计制度设计、会计理论、会计史、社会会计、西方会计学、国际会计等。会计制度设计是研究不同行业、不同会计主体中设计会计核算的理论方法和制度。会计理论是研究会计本质、职能、属性、概念、原则、计量等一系列理论问题。会计史是研究会计产生和发展的历史。社会会计是研究整个国民经济范围内组织会计管理活动的理论和方法。西方会计学研究西方主要国家的会计理论和方法。国际会计是研究制定和建立能在世界范围内广泛应用的会计原则和会计方法。

课后练习题

一、名词解释

1. 会计   2. 会计职能   3. 会计核算   4. 会计对象

5．会计要素 6．资产 7．流动资产 8．非流动资产
9．负债 10．所有者权益 11．制造成本 12．期间费用

二、简答题

1．会计的特点有哪些？
2．简述工业企业的资金运动过程。
3．资产的特点有哪些？
4．所有者权益特点有哪些？
5．简述会计基本等式的平衡原理。
6．举例说明无论发生任何经济业务，会计等式总成立。
7．经济业务基本类型有哪些？债转股属于哪种经济业务类型？
8．会计核算方法有哪些？这些方法之间的关系如何？

三、填空题

1．最初的会计只是_____的附带部分。当生产力发展到一定水平，出现剩余产品以后，会计才成为独立职能。
2．"四柱结算法"中的旧管、新收、开除、实在，相当于现代会计的_____、_____、_____、_____。
3．会计基本职能有两项：_____和_____。其中_____是会计的最基本职能。
4．会计目标可以表述为：满足会计信息使用者对_____的需要。
5．生产产品消耗原材料，企业的资金运动形态是从_____转变为_____；收回销售产品过程中形成的债权，资金运动形态是从_____转变为_____。
6．会计要素由六个部分构成，其中_____、_____、_____是反映财务状况的要素，_____、_____、_____是反映财务成果的要素。
7．资产按流动性分为_____、_____。
8．企业的原材料、库存商品等存货属于资产分类中的_____。
9．企业拥有或控制的，没有实物形态，可辨认的非货币性质资产是_____。
10．负债按偿还期限分为_____、_____。
11．费用按与产品成本的关系，分为_____、_____。
12．全部资产扣除负债后的余额称为_____，对其所有权称为_____。
13．会计要素之间的关系是：资产＝_____＋_____；
资产＝_____＋_____＋_____；
资产＝_____＋_____＋_____－_____；
资产＋_____＝负债＋_____＋_____。
14．企业管理中采用的会计方法很多，其中_____是最基本方法。
15．会计核算方法中，就主要工作过程来说，主要有三个环节：_____、_____、_____。

四、业务题

1．确定下列内容所属会计要素类别及具体记账项目。

例：企业广告费支出(费用、销售费用)

(1) 生产车间设备
(2) 购买原材料的欠款
(3) 厂部办公楼
(4) 应发放给职工的劳动报酬
(5) 存放产品的仓库
(6) 职工出差预借的差旅费
(7) 企业应收回的销货款
(8) 购买设备的预交款
(9) 存放在开户银行的货币资金
(10) 完工入库等待销售的产成品
(11) 生产产品用钢材
(12) 从银行取得的季度借款
(13) 收取的出借包装物押金
(14) 应上缴国家的税款
(15) 预收的购货款
(16) 企业投资者的追加投资
(17) 企业商标权
(18) 生产车间办公费
(19) 销售产品的收入
(20) 产品的营销费用
(21) 生产车间水电费支出
(22) 职工违纪罚款
(23) 销售材料收益
(24) 办理银行结算支出
(25) 环保部门的处罚支出

2．根据会计要素之间的关系，将表1-3、表1-4中的空格项目填写出来。

表 1-3

序号	资 产	费 用	负 债	所有者权益	收 入
1	( )	40 000	75 000	1280 000	95 000
2	699 000	( )	28 000	665 000	12 000
3	558 000	15 200	( )	327 000	48 000
4	226 200	78 500	36 100	( )	105 400
5	190 500	62 700	15 900	318 00	( )
6	( )	( )	( )	( )	( )

表 1-4

序号	资产	负债	所有者权益
1	855 000	88 600	( )
2	( )	55 600	1 665 000
3	( )	23 000	1 002 000
4	758 000	( )	490 000
5	522 800	96 400	( )

3．确定下列经济业务涉及的会计要素、记账项目及增减变动情况。

例：以银行存款偿还前欠购买材料款 3 000 元(资产、银行存款减少 3 000，负债、应付账款减少 3 000)。

(1) 以银行存款 5 000 元交纳税金。
(2) 购入设备价值 7 000 元，款项暂欠对方。
(3) 收到某企业归还前欠货款 2 000 元存入银行。
(4) 销售产品 75 000 元，款项收到存入银行。
(5) 以现金支付厂部办公费支出 300 元。
(6) 收到投资设备价值 80 000 元。
(7) 通过银行结算账户划转职工工资 50 000 元到个人账户。
(8) 以银行存款支付生产车间水电费支出 55 000 元。
(9) 销售产品 5 000 元，收到货款 3 000 元存入银行，余款对方法暂欠。
(10) 从银行取得期限半年的借款 90 000 元存入银行账户。
(11) 以银行存款支付广告费 5 000 元。
(12) 经批准将企业盈余公积金 30 000 元转增资本金。
(13) 以银行存款支付工商部门处罚 1 500 元。
(14) 以银行存款归还前欠购货款 9 500 元。
(15) 购入材料价值 5 000 元，款项以银行存款支付 3 000 元，余款暂欠。
(16) 收到某单位预交购买产品货款 10 000 元存入银行。
(17) 出售产品给预交款单位，价值 9 500 元，款项在预交款扣除。
(18) 以银行存款预付购买材料款 20 000 元。
(19) 购入设备价值 12 000 元，以银行存款支付 8 000 元，余款暂欠。
(20) 前欠某企业购货款 5 000 元确认无法支付，转作企业收入。
(21) 厂部职工出差预借差旅费现金 2 000 元。
(22) 该职工出差归来，报销差旅费 1 800 元，退回现金 200 元，结清借款。
(23) 收到投资生产产品用材料 50 000 元。
(24) 支付银行结算手续费 200 元。
(25) 收到银行存款利息 8 000 元。

第 2 章　会计核算基础

学习目标与要求

通过本章学习，对会计核算中遵循的原则和方法有一个初步认识。要求了解会计假设的含义，掌握会计假设的具体内容；了解会计信息质量要求的具体含义；掌握权责发生制和收付实现制的含义、具体内容及适用范围。

第一节　会计假设与会计信息质量要求

一、会计假设

会计所记录、计量的经济活动错综复杂，为了使会计工作顺利进行，需要对会计核算的时间、空间环境进行设定，即会计假设。会计假设又称会计核算基本前提，是指为保证会计工作正常开展和会计信息质量，在会计核算前，对所处的空间、时间、计量、确认作出的合理设定。会计假设是人们在会计工作中逐步认识和总结形成的，是开展会计工作和组织会计核算的前提条件和理论基础。会计假设包括会计主体、持续经营、会计分期和货币计量。

（一）会计主体

会计主体是指会计为之服务的特定单位或组织。会计主体假设确定了会计工作的空间范围。凡是独立核算的单位都是会计主体。在会计主体假设下，企业应当对其本身的交易或者事项进行会计确认、计量和报告，反映企业本身所从事的生产经营活动，明确界定会计主体是进行会计确认、计量与报告工作的重要前提。

明确会计主体，才能划定所要处理的交易或事项的范围，将会计主体的交易或事项与业主及其他会计主体的交易或事项相区别。

会计主体与法律主体不同。一般来说，一个法律主体必定是一个会计主体，而一个会计主体不一定是法律主体。例如，具有法人资格的企业，能够进行独立核算，提供反映本单位经营情况的财务报告，因此是会计主体；而企业下属的内部核算单位，虽然实行独立核算，是一个会计主体，但不是法律主体。

（二）持续经营

持续经营是指会计主体在可预见的未来，长期地以当前规模和状态，以正常经营方式和既定经营目标持续经营下去。持续经营为日常会计核算提供了依据，解决了财产计价、费用和收益确认及计量问题。

市场经济条件下，企业经营存在风险。如果企业财务状况恶化，濒临破产倒闭，不能继续经营下去，就需要改变会计核算的原则和方法，并在财务报告中进行及时披露，避免误导财务报告的使用者。

（三）会计分期

会计分期是指将会计主体持续不断的生产经营过程划分为若干会计期间。通过会计期间，将持续的生产经营活动划分成连续、相同的时间间隔。一个会计期间结束后，结算盈亏，编制财务报告，提供会计信息。会计期间主要是确定会计年度。会计年度可以是日历年度，也可以是任何一个等长的年度。我国以日历年度作为会计年度。会计期间具体包括年度、半年、季度和月份。

会计分期假设，明确了当期与以前期间、以后期间的差别，便于确认、计量和报告企业的财务状况、经营成果，便于费用、收入归属期间的确认和应收、应付款的会计处理。

(四) 货币计量

货币计量是指会计主体在会计核算过程中，采用统一的货币为计量单位，计量、记录和提供会计信息。一般企业以人民币作为记账依据，即记账本位币。业务往来使用多种货币结算的企业，应选择人民币或某种外币作为记账本位币。编制财务报告应当统一采用人民币单位进行会计核算。

货币计量以币值稳定为前提，一般情况下不考虑币值的波动。不能使用货币计量的其他重要会计事项，应当在财务报告中以文字形式披露，以满足会计信息使用者的需求。

二、会计信息质量要求

会计信息质量要求是规范企业会计核算行为，提高会计信息质量的基本要求，是满足会计信息使用者应具备的基本特征。会计信息质量要求包括：可靠性、有用性、清晰性、可比性、实质重于形式、重要性、谨慎性和及时性。

(一) 可靠性

可靠性是指会计核算工作要以实际发生的交易或事项为依据，如实地反映企业的财务状况、经营成果，保证会计信息内容真实、数字准确、资料可靠。会计信息虚假，会误导信息使用者，导致会计目标无法实现。

(二) 有用性

有用性又称相关性，是指会计信息要满足信息使用者的需要。企业在收集、加工、处理和提供会计信息过程中，充分考虑会计信息使用者的需求，有助于信息使用者对企业的过去、现在或未来情况作出评价和预测。

(三) 清晰性

清晰性是指会计信息应当清晰明了，便于理解。清晰性要求日常会计核算资料清晰、简明、易懂，财务报告项目完整，数据准确，变化之处要解释说明。只有这样，才能提高会计信息的有用性，实现财务报告的目标，为会计信息使用者的决策提供有价值的信息。

(四) 可比性

可比性是指不同企业及同一企业不同时期提供的会计信息要具有可比性。不同企业，应当采用规定的会计政策和会计处理方法，保证会计信息相互比较分析，满足决策需要。同一企业，在不同时期发生的相同或相似的交易或事项，应采用一致的会计政策，不能随意变更。会计处理方法的统一是保证会计信息可比的基础。

(五) 实质重于形式

实质重于形式是指企业应当按照交易或事项的经济实质进行会计确认、计量和报告，不应当仅以交易或事项的法律形式为依据。

在会计核算中，有些业务或事项的经济实质与法律形式不一致。如果仅仅以交易或事项的法律形式为依据进行会计确认、计量和报告，那么就容易导致会计信息失真，不能反映经济业务的实质。如企业购销活动中，要求以能够反映经济业务实质的、记录经济业务发生或完成情况的发票等票据作为会计核算的依据，而不是以具有法律效力的购销合同作为会计核算的依据。

(六) 重要性

重要性是指企业在会计核算中，区别交易或事项的重要程度，采用不同的会计信息提供形式。重要性要求在全面会计核算基础上，对与企业生产经营有重大影响的内容要详细反映，并在财务报告中单独列示，重点说明。其他事项可以适当合并和简化处理。例如在财务报告中，将原材料、库存商品等合并列示为存货。

(七) 谨慎性

谨慎性是指在会计核算中，对资产、负债、收益和费用作出合理确认、计量和报告，以避免风险和不确定性。有关资产、负债、收益和费用的经济业务有多种处理方法时，应当选择不导致夸大资产、虚增利润的方法。核算成本时，要合理预计可能发生的费用和损失。

体现谨慎性要求的，如应收款项计提坏账准备金、固定资产计提减值准备等。

(八) 及时性

及时性是指对已经发生的交易或事项应当及时确认、计量和报告，不得提前或延后。由于会计分期的存在，以及经营决策的需要，会计信息不仅应当真实可靠，还应当保证时效性。会计信息及时收集、及时加工、及时传递，做到在规定时限将会计信息提供给使用者。失去时效的会计信息，其有用性会大大降低，甚至影响会计信息使用者的经营决策。

第二节 权责发生制与收付实现制

会计核算中，需要对各个会计期间的收入和费用进行准确的确定和计算，这就需要采用一定的标准来进行计量。权责发生制与收付实现制是确定收入和费用的两种会计处理基础。正确选择会计处理基础，能够将一定期间的收入与费用支出相匹配，从而计算取得的利润(结余)，提供符合实际情况的会计信息。

一、权责发生制

权责发生制是指以权利、责任为标准确定收入、费用的制度。权责发生制的核心是按交易或事项是否影响某一会计期间经营成果和受益情况，确定收入、费用的归属期。凡是应当归属本期，符合确认标准的收入，不论款项是否收到，均作为本期收入处理。凡是应当本期负担，符合确认标准的费用，不论款项是否支付，均作为本期费用处理。

例如，企业某月发生 7 000 元收益项目，到位款项 4 000 元，采用权责发生制，收入应该登记 7 000 元。又如某月发生包括本月在内的一个季度支出项目(租赁费等)9 000 元，按照权责发生制本月费用应当是 3 000 元。

在权责发生制下，需要考虑预收、预付和应收、应付的经济业务内容，按照所属时间进行核算和登记。会计期末，需要对账簿记录进行调整，对登记在本期的收入和费用分别进行确认。虽然权责发生制核算比较复杂，但反映当期的收入和费用比较合理、真实。在这种核算条件下，按照货币资金增、减变化不能确定企业平时的收入、费用情况。

权责发生制能够正确确定各个会计期间取得的收入，以及为实现收入应当负担的费用，使当期收入与相关的成本、费用相匹配，从而正确确定财务成果。

权责发生制适用于工业企业、商品流通企业等经营单位。非经营单位采用收付实现制对收入、费用进行确认。

二、收付实现制

收付实现制是与权责发生制相对应的收入、费用确认制度。收付实现制以货币资金收付为标准确定收入、费用的归属期，货币资金的收、付日期即为收入、费用的归属期。凡是本期收到款项的收入，均作为本期收入；凡是本期支付款项的支出，均作为本期费用，不考虑收入、费用的归属期。收付实现制会计处理简便，强调财务状况的切实性，不需要进行期末有关收入、费用的账项调整。但收付实现制确定的收入、费用不具有相关性，不同时期缺乏可比性。因此，收付实现制适用于行政事业等非经营单位。

例如，企业某月发生7 000元收益项目，到位款项4 000元，按照收付实现制应该登记4 000元。又如某月发生包括本月在内的季度支出项目(租赁费等)9 000元，按照收付实现制本月费用应当是为9 000元。

课后练习题

一、名词解释

1．会计假设　　2．会计主体　　3．权责发生制　　4．收付实现制

二、简答题

1．会计假设的内容有哪些？

2．会计信息质量要求有哪些？

3．权责发生制如何确定收入、费用？收付实现制如何确定收入、费用？

三、填空题

1．会计为之服务的特定单位或组织称为_____，它确定了会计工作的空间范围。

2．会计假设中会计期间主要是确定_____。会计期间包括_____、_____、_____、_____。

3．企业应当选择_____或_____作为记账本位币。编制财务报告应当统一采用_____货币单位。

4．对收入、费用的处理方法，工业企业、商品流通企业等采用_____，非经营单位采用_____。

5．固定资产计提减值准备金体现会计信息质量要求的_____。

四、计算题

企业本月发生的部分经济业务如下：

(1) 销售产品 10 000 元，款项收到存入银行。

(2) 销售产品 8 000 元，收到 5 000 元存入银行，余款对方暂欠。

(3) 以银行存款支付企业行政管理部门日常支出 2 200 元。

(4) 以银行存款支付生产设备大修费 12 000 元，本月负担 4 000 元。

(5) 收到某企业预交的购货款 7 000 元存入银行，下月交货。

(6) 出售产品 6 000 元，款项对方暂欠。

(7) 提取本月负担的银行借款利息 1 600 元。

(8) 以银行存款支付下年度保险费支出 30 000 元。

要求：根据上述业务，按权责发生制分别确定本月收入和费用数额。

第3章 复式记账理论

学习目标与要求

通过本章学习,掌握会计科目的概念、分类;熟悉会计科目的内容;掌握账户的概念、分类;掌握复式记账法的概念、记账原理;掌握借贷记账法的原理、简单会计分录的编制及丁字账的登记方法;掌握试算平衡的原理、试算平衡表的编制方法;了解错账的查找方法。通过学习复式记账理论和借贷记账法,对会计核算的基本方法有初步的认识,为下一章复式记账的应用奠定基础。

第一节 会计科目与账户

一、会计科目

(一) 会计科目的概念

会计科目是对会计要素具体内容进行分类核算的项目名称。

会计对象是资金运动,为了记录发生的经济业务,将资金运动进一步分类形成资产、负债、所有者权益、收入、费用和利润。企业发生的经济业务引起会计要素的增减变化,各会计要素都包含着不同的内容。例如,资产中包括银行存款、应收账款、原材料等流动资产,机器设备、厂房建筑物等固定资产;负债中包括短期借款、应付账款、应交税费等流动负债,长期借款、应付债券等长期负债。所有者权益、收入、费用、利润等会计要素,同样包含若干不同具体内容。

为了记录和反映会计要素具体内容的增减变动情况及其结果,提供对经济管理有用的会计信息,必须结合经济管理的要求,对会计要素的具体内容进行科学分类。这种分类是通过设置会计科目进行的。会计科目的设置,将纷繁复杂、性质不同的经济信息转换成具有规律的、容易识别的经济信息,为最后转变成会计信息准备条件。因此,资产中所包括的银行存款、应收账款、固定资产等记账项目,负债中所包括的短期借款、应付账款、应交税费等记账项目,就是我们所说的会计科目。

设置会计科目是会计核算工作一项重要内容,是填制会计凭证、设置账簿的依据,是编制财务报告的基础。会计科目的全面与统一,便于国家宏观经济管理,也是企业管理层、投资者、债权人掌握、分析企业财务状况和经营成果的主要信息内容。

会计科目是根据会计准则和国家会计法规,由财政部门统一设置的。企业根据业务范围和经营规模,合理选择使用会计科目。

(二) 设置会计科目的原则

会计科目应根据经济发展的需要,结合会计准则和国家统一的会计制度,进行科学合理的设置与使用。会计主体在满足会计核算的前提下,在不影响会计指标汇总和对外报送财务报告的前提下,可以根据自身经济活动特点,选择会计核算所使用的会计科目。为了使会计科目既要提供系统会计信息,又要提高会计工作效率。设置会计科目一般遵循以下几个原则。

1. 应当结合会计对象特点

不同行业及不同的会计主体,其经营活动各有不同,会计要素所包含的内容各有特点。在会计科目的设置时,除一些共性会计科目外,应根据本行业自身经济活动特点,设置相应的会计科目,全面核算经济业务的全过程及其结果。制造业以产品生产为主要经济活动,需要设置反映生产过程的会计科目。商品流通企业主要从事商品的采购与销售,设置的会计科目需要体现商品的购进、库存、销售等经营环节特征的会计科目。同样的道理,行政事业单位需要设置反映经费收支的会计科目。

2. 应当符合经济管理的要求

会计工作是经济管理的重要组成部分。会计科目的设置要从经济管理的需要出发，满足国家宏观经济管理的需要，根据宏观经济管理要求划分经济业务的类别，设定分类项目，概括反映会计主体资金运动情况；又要适合会计主体经营活动特点，满足企业内部经营管理的需要，为企业的经营预测、决策设置分类项目；还要满足包括企业投资人、债权人及社会有关方面对企业生产经营信息的需求。

3. 应当统一性与灵活性相结合

主要会计科目的设置要统一规定，核算指标的口径要统一，以保证会计核算指标在一个行业、一个地区以及全国范围内的综合与汇总。同时各单位可根据具体情况，在能够提供统一核算指标前提下，对个别会计科目可以增设、减少或合并。会计科目的设置与使用，既要防止会计科目过于简单化，影响企业经济管理对会计信息的需求，又要防止过于烦琐，增加会计核算的工作量。

4. 应当字义相符，通俗易懂

会计科目要有特定的核算内容，各个会计科目既要有一定联系，又要有明确的界限。因此，设置会计科目，内容上要清晰准确，层次上要规范实用、繁简适宜。会计科目名称要简明扼要、内容确切、含义清楚；避免词不达意、相互混淆，避免使用生僻文字，做到通俗易懂，容易理解。会计科目的名称要与其核算内容相一致，一个会计科目只能反映一个特定内容，不重复、不遗漏，保证核算指标的一致性。

5. 应当保持相对稳定性

会计科目的设置，要适应社会经济发展和本单位业务的变化需要，适当增加必要的会计科目和删减过时的会计科目。例如，随着社会经济的发展，知识产权在企业经营中所起的作用越来越大，国家适时设置"无形资产"会计科目，核算商标权、专利权等无形资产价值。同时，为了便于不同时期会计核算指标的可比性，以及会计核算的顺利进行和工作效率的提高，要保持会计科目的相对稳定。会计科目一旦设置使用后，包括名称、核算范围、内容、数量等不能轻易变动和调整。

(三) 会计科目的内容

本书所使用的工业企业主要会计科目，如表3-1所示。

(四) 会计科目的种类

为了在会计核算中正确使用会计科目，需要对会计科目进行分类。我们可以按照经济内容和提供信息的详细程度对会计科目进行分类，如表3-1所示。

1. 会计科目按照经济内容分类

会计科目是会计要素的具体分类项目，按照经济内容分类，就是按照会计要素进行的分类。因此，会计科目按经济内容分类，有资产类、负债类、所有者权益类、收入类、费用类和利润类共六大类。收入、费用类会计科目是用于反映企业损益情况的，所以可以合并为损益类。企业实现的利润或发生的亏损，最后需要由企业所有者承担，所以利润类会计科目可以合并到所有者权益。在工业企业，生产产品是企业的中心工作，核算产品成本也是会计核算的一项重要工作，所以单独设置成本类会计科目。

2. 会计科目按照提供信息的详细程度分类

按照提供信息的详细程度，将会计科目分为总分类科目和明细分类科目。

总分类科目，简称总科目。是指对会计核算内容进行总括核算和监督，提供概括信息的会计科目。例如，银行存款、固定资产、短期借款、管理费用等。为便于宏观经济管理，总科目由财政部门统一制定。《会计科目表》所列会计科目均为总科目。

明细分类科目，简称明细科目。是指对总科目所反映信息作进一步分类，提供详细、具体信息的会计科目。除个别总科目外，绝大多数总科目都需要设置明细科目。例如应收账款总科目，按照债务单位名称设置明细科目，详细反映企业应收回的债权情况。

如果总科目下属明细科目较多，根据需要，可以在总科目和明细科目之间设置二级科目。二级科目提供信息比总科目详细，比明细科目概括。例如原材料总科目，设置原料及主要材料二级科目，下设生铁、废钢、焦炭等明细科目。

明细科目根据企业需要自行设置。

表 3-1　工业企业主要会计科目及分类

序号	会计科目名称	序号	会计科目名称
	一、资产类		三、所有者权益类
1	库存现金	1	实收资本
2	银行存款	2	资本公积
3	应收账款	3	盈余公积
4	预付账款	4	本年利润
5	其他应收款	5	利润分配
6	在途物资		四、成本类
7	原材料	1	生产成本
8	库存商品	2	制造费用
9	固定资产		五、损益类
10	累计折旧	1	主营业务收入
11	待处理财产损溢	2	其他业务收入
	二、负债类	3	营业外收入
1	短期借款	4	主营业务成本
2	应付账款	5	营业税金及附加
3	预收账款	6	其他业务成本
4	其他应付款	7	销售费用
5	应付职工薪酬	8	管理费用
6	应交税费	9	财务费用
7	应付利息	10	营业外支出
8	应付股利	11	所得税费用

二、账户

(一) 账户的概念

账户,是按照会计科目开设的,用来分类、连续记录经济业务内容,反映会计要素增减变化情况及其结果的手段。会计科目仅仅是对会计要素具体内容进行分类的项目,而反映会计要素增减变化的数据,需要通过设置账户来完成。

账户是核算和监督会计对象的重要工具,设置和使用账户,是会计核算方法体系中的重要环节,也是复式记账的前提条件。

会计科目与账户关系密切。两者的联系表现在以下几个方面。

(1) 会计科目和账户都是对会计要素进行的分类,都能说明一定经济业务内容,即两者反映的经济内容相同。会计科目所反映的内容,就是账户所登记的内容。

(2) 账户按照会计科目开设,账户以会计科目为名称,账户的名称就是会计科目。

(3) 会计科目与账户的分类和核算方法相同。某个会计科目所属类别,与相应账户所属类别是一致的,核算方法也相同。

会计科目与账户的区别表现在以下几个方面。

(1) 会计科目只是对会计要素具体内容进行分类的项目名称,不能提供任何数据;而账户能够反映经济业务的增减变化情况及其结果,并具有一定结构。

(2) 会计科目主要是反映会计要素的具体构成内容,用于开设账户;而账户通过具体会计核算资料反映企业经营管理状态,为编制财务报告提供依据。

(3) 设置账户是会计核算方法的组成部分,其中包括设置会计科目的内容。

在实际工作中,由于会计科目和账户存在一一对应的关系,因此,会计科目与账户两个概念通用。

(二) 账户的结构

为了能够反映经济业务的增减变化及其结果,账户需要有一定结构。账户的基本结构,一般包括以下内容。

(1) 账户的名称(即会计科目)。
(2) 日期和摘要,即经济业务发生的时间和内容。
(3) 凭证号数,即账户记录的来源和依据。
(4) 增加、减少金额及余额。

账户记录经济业务的增减变化,有四个方面内容:期初余额、本期增加额、本期减少额、期末余额。本期的期末余额,就是下期的期初余额。四个项目之间所具有的关系可以用公式表示为

$$本期期末余额 = 本期期初余额 + 本期增加发生额 - 本期减少发生额$$

设置账户的目的就是用来登记经济业务的增加额、减少额及其余额,取得反映经济活动情况的数据信息。为了便于理论研究,账户有一种简化形式——丁字账。丁字账将账户结构分成左右两个方向。如果左方登记增加,右方就登记减少。究竟哪一方记录增加,哪一方记录减少,取决于各账户所记录的经济业务内容和采用的记账方法。账户的余额一般与账户记录增加额在同一方向。丁字账如图 3.1 所示。

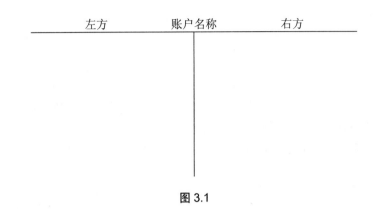

图 3.1

(三) 账户的分类

企业设置的全部账户，构成一个严密、完整的账户体系。为了研究各个账户的个性与共性，确定账户之间的区别和联系，掌握各个账户能够提供什么性质的核算指标，更好地设置和运用账户，需要对账户进行科学的分类。这里只介绍账户最基本的分类方法，其他方法在第 4 章详细介绍。

按照记录经济业务内容和提供会计信息详细程度不同，账户分为总分类账户和明细分类账户。

总分类账户，简称总账户，是指根据总科目设置的提供概括信息的账户。总账户提供价值量指标。例如根据固定资产总科目开设固定资产账户，提供企业固定资产的增加、减少以及期初、期末余额信息。

明细分类账户，简称明细账户，是指根据总科目所属的明细科目设置，提供详细、具体信息的账户。明细账户提供价值量指标和实物量指标。例如原材料明细账户，不仅确定各种材料的价值信息，同时能够反映各类材料的数量、重量等实物量数据。

明细账户提供的具体经济指标，是为了满足企业内部生产经营的需要，明细分类账户由企业根据经营管理的需要和经济业务的具体内容自行设置，会计制度没有统一规定。

根据需要，在总账户和明细账户之间设置二级账户。二级账户比总账户提供的信息更具体，比明细账户提供的信息更概括。

第二节 复式记账理论

一、复式记账原理

设置会计科目和账户后，就需要采用一定的方法，将会计要素的增减变动登记在账户中。记账方法有单式记账法和复式记账法两种。单式记账法是一种比较简单、不完整的记账方法。在单式记账法下，发生经济业务后，只是对货币资金的收付业务，以及债权、债务方面发生的经济业务进行登记，而实物资产的变动不进行登记。并且只有债权、债务的收回与支付，进行以上账户的登记，其他业务只在一个账户中登记。因此，单式记账没有完整的账户体系，账户之间不能形成相互对应关系，不能反映经济业务的来龙去脉。目前广泛使用的记账方法是复式记账法。

复式记账法，是指对发生的每一项经济业务，都以相等的金额，在相互联系的两个或两个以上账户中进行登记的记账方法。例如以银行存款购买材料，不仅在银行存款账户中登记减少，而且要在原材料账户中登记增加，同时金额具有相等的关系。这样，银行存款账户与原材料账户之间形成一种对应关系，能够全面反映会计要素的变动情况。

发生经济业务，确定会计要素的增减变化，即有关复式记账原理，我们在第1章有关经济业务的内容中已经进行了体验，为本章内容的学习奠定了基础。

复式记账法是一种科学的记账方法。采用复式记账法，需要设置全面、完整的账户体系。复式记账法有以下特点。

(1) 对于每项经济业务，都在相互联系的两个或两个以上账户中进行登记。这样可以了解每项经济业务的来龙去脉，全面、系统地反映出经济活动的全过程和结果。

(2) 对于每项经济业务，都以相等的金额进行分类登记。这种登记方法，使账户体系具有平衡关系，通过平衡关系检查会计记录是否正确。

复式记账法特点鲜明，是一种成熟、完善的记账方法，被世界各国广泛使用。复式记账法，按使用记账符号不同，分为增减记账法、收付记账法和借贷记账法。前两种记账方法是我国传统的记账方法。增减记账法曾经在商业流通企业使用，收付记账法在行政事业单位使用，借贷记账法在工业企业使用。记账方法不同，影响了我国会计核算的统一，不利于会计工作的标准化，影响会计信息的国际交流和会计工作的国际接轨，制约了我国经济的对外开放。1993年7月1日会计准则实施后，我国逐步以国际通用的借贷记账法作为基本记账方法。现在我国所有行业都统一使用借贷记账法进行会计核算。

二、借贷记账法

(一) 借贷记账法的记账符号与会计分录

借贷记账法是以"借""贷"作为记账符号的一种复式记账方法。这里的借、贷两个字已经失去字面含义，只是两个记账符号，用来表示会计要素具体内容增加或减少的符号。使用借贷记账法进行记账时，账户所属会计要素的类别不同，借、贷两个符号代表的含义不同。记账符号的含义，如表3-2所示。

表3-2 记账符号的含义

	资产	费用	负债	所有者权益	收入
借	增加	增加	减少	减少	减少
贷	减少	减少	增加	增加	增加

通过表3-2中的内容可以看出，资产类和费用类账户借贷符号代表的含义相同，以借字代表资产、费用的增加，以贷字代表资产、费用的减少。对于负债类、所有者权益类和收入类账户，以贷字代表增加，借字代表减少。利润类会计要素属于特殊一类，在今后学习中介绍。

一项经济业务，以借贷作为记账符号进行记录，有规范的表示方法。

例3-1 从银行提取现金1 000元。

这项经济业务涉及的账户都是资产类。库存现金增加以借表示，银行存款减少以贷表示。写成

借：库存现金　　　　　　　　　　　　　　　　　　　　　　　　　　1 000
　　　　贷：银行存款　　　　　　　　　　　　　　　　　　　　　　　　　　1 000

例3-2　以现金支付厂部办公费300元。

这项经济业务涉及的账户，一个是费用类管理费用增加以借表示，另一个是资产类库存现金减少以贷表示。写成

　　借：管理费用　　　　　　　　　　　　　　　　　　　　　　　　　　　300
　　　　贷：库存现金　　　　　　　　　　　　　　　　　　　　　　　　　　300

例3-3　收到投资设备价值10 000元。

这项经济业务涉及资产类账户固定资产增加，以借表示，所有者权益类账户实收资本增加，以贷表示。写成

　　借：固定资产　　　　　　　　　　　　　　　　　　　　　　　　　　10 000
　　　　贷：实收资本　　　　　　　　　　　　　　　　　　　　　　　　　10 000

例3-4　以银行存款交纳税金7 000元。

这项经济业务涉及负债类账户应交税费减少，以借表示；资产类账户银行存款减少，以贷表示。写成

　　借：应交税费　　　　　　　　　　　　　　　　　　　　　　　　　　7 000
　　　　贷：银行存款　　　　　　　　　　　　　　　　　　　　　　　　　7 000

例3-5　购入材料6 000元，以银行存款支付4 000元，余款暂欠对方。

这项经济业务涉及资产类账户原材料增加，以借表示，另一资产账户银行存款减少，以贷表示；负债类账户应付账款增加，以贷表示。写成

　　借：原材料　　　　　　　　　　　　　　　　　　　　　　　　　　　6 000
　　　　贷：银行存款　　　　　　　　　　　　　　　　　　　　　　　　　4 000
　　　　　　应付账款　　　　　　　　　　　　　　　　　　　　　　　　　2 000

例3-6　出售产品8 000元，收到5 000元存入银行，余款对方暂欠。

这项经济业务涉及资产类账户银行存款增加5 000元，以借表示，另一资产账户应收账款增加，以借表示，收入类账户主营业务收入增加，以贷表示。写成

　　借：银行存款　　　　　　　　　　　　　　　　　　　　　　　　　　5 000
　　　　应收账款　　　　　　　　　　　　　　　　　　　　　　　　　　3 000
　　　　贷：主营业务收入　　　　　　　　　　　　　　　　　　　　　　　8 000

例3-7　购入设备9 000元，以银行存款支付3 500元，余款暂欠。

这项经济业务涉及资产类账户固定资产增加9 000元，以借表示，另一资产账户银行存款减少，以贷表示；负债类账户应付账款增加，以贷表示。写成

　　借：固定资产　　　　　　　　　　　　　　　　　　　　　　　　　　9 000
　　　　贷：银行存款　　　　　　　　　　　　　　　　　　　　　　　　　3 500
　　　　　　应付账款　　　　　　　　　　　　　　　　　　　　　　　　　5 500

从以上例子可以看出，通过借贷记账法，将经济业务内容写成具有会计特点的记录。这种对发生的经济业务，确定涉及应借应贷的账户、记账方向及其金额的记录，称为会计分录。

会计分录可分为简单会计分录和复合会计分录两类。发生的经济业务，只涉及一个账户的借方和另一个账户的贷方，这种会计分录称为简单会计分录，例 3-1、例 3-2、例 3-3、例 3-4 为简单会计分录。发生的经济业务，涉及一个账户的借方和多个账户的贷方，或一个账户的贷方和多个账户的借方，这类会计分录称为复合会计分录，例 3-5、例 3-6 为复合会计分录。为了保证借贷两个方向账户之间的对应关系，一般不编制多借多贷会计分录。一项经济业务涉及多个账户的借方和多个账户的贷方，可分解成几个简单会计分录或复合会计分录。

会计分录是登记账户的依据。会计分录准确无误，才能保证账户记录的正确，以及会计核算各个环节的正确。

(二) 借贷记账法的记账规则

使用借贷记账法对经济业务进行记录，记账规则：有借必有贷，借贷必相等。在借贷记账法下，经济业务不论简单还是复杂，都涉及借方和贷方两个方向，并且具有平衡关系。通过这种平衡关系，可以检验会计记录是否正确。

运用借贷记账法，对发生的经济业务进行记录时，在有关账户之间形成应借应贷的相互关系，这种关系称为账户的对应关系。发生对应关系的账户，称为对应账户。

(三) 借贷记账法的账户结构

在借贷记账法下，账户的基本结构：左方为借方，右方为贷方。下面分别介绍资产类账户结构和负债、所有者权益账户结构。

资产类账户结构：资产类账户是用来核算企业各项资产增减变动情况及其结果的账户。该类账户借方登记增加额，贷方登记减少额，期初、期末余额在借方，反映结存资产的实有数额。资产账户的结构如图 3.2 所示。可以看出，账户的余额与登记增加额的方向相同。

借方	会计科目	贷方
期初余额：		
本期发生额：		本期发生额：
期末余额：		

图 3.2

资产类账户期末余额的确定方法：

资产类账户期末借方余额＝期初借方余额＋本期借方发生额－本期贷方发生额

我们以银行存款为例，介绍资产类丁字账的登记方法。

例 3-8 企业月初银行存款余额为 80 000 元，本月发生下列业务：

1. 收到投资货币资金10 000元存入银行。
2. 以银行存款支付前欠货款5 000元。
3. 以银行存款支付厂部水电费1 000元。
4. 出售产品7 000元,收到4 000元存入银行,余款对方暂欠。
5. 收到某单位归还前欠购货款6 000元存入银行。

要求:
(1) 编制会计分录;
(2) 登记银行存款丁字账。

会计分录:

1. 借:银行存款　　　　　　　　　　　　　　　　10 000(√)
　　　贷:实收资本　　　　　　　　　　　　　　　　　10 000
2. 借:应付账款　　　　　　　　　　　　　　　　　5 000
　　　贷:银行存款　　　　　　　　　　　　　　　　　5 000(√)
3. 借:管理费用　　　　　　　　　　　　　　　　　1 000
　　　贷:银行存款　　　　　　　　　　　　　　　　　1 000(√)
4. 借:银行存款　　　　　　　　　　　　　　　　　4 000(√)
　　　应收账款　　　　　　　　　　　　　　　　　3 000
　　　贷:主营业务收入　　　　　　　　　　　　　　　7 000
5. 借:银行存款　　　　　　　　　　　　　　　　　6 000(√)
　　　贷:应收账款　　　　　　　　　　　　　　　　　6 000

登记银行存款丁字账需要注意的是:按经济业务顺序逐笔登记。经济业务在丁字账登记后,在会计分录银行存款金额处做出标记(√),以避免漏记或重复登记。为了与数字金额相区别,在丁字账中用括号表示经济业务顺序号。

实际工作中,经常使用丁字账进行会计数据的汇总。

银行存款丁字账登记方法如图3.3所示。

借方		银行存款	贷方	
期初余额:	80 000		(2)	5 000
(1)	10 000		(3)	1 000
(4)	4 000			
(5)	6 000			
本期发生额:	20 000		本期发生额:	6 000
期末余额:	94 000			

图3.3

负债账户结构:负债类账户是用来核算企业各项负债增减变动及其结果情况的账户。该类账户贷方登记增加额,借方登记减少额,期初、期末余额一般在贷方,反映企业债务的实有数额。负债类账户结构如图3.4所示。

借方	会计科目	贷方
	期初余额：	
本期发生额：	本期发生额：	
	期末余额：	

图 3.4

负债类账户期末余额的确定方法：
　　负债账户期末贷方余额＝期初贷方余额＋本期贷方发生额－本期借方发生额
所有者权益类账户结构与资产账户结构相同，这里不再赘述。

负债、所有者权益类账户丁字账的登记方法与资产类账户登记方法类似，不再列举实例。需要注意的是：期初、期末余额的方向是贷方。余额的计算方法也需要留意。

收入类、费用类账户结构比较简单。每月需要将取得的收入、发生的费用转入利润类账户，核算盈亏，所以这两类账户没有期初、期末余额。利润类账户结构特殊，借方、贷方登记不同含义的内容，余额方向决定于企业的盈亏情况。收入类、费用类、利润类账户在今后学习中具体介绍。

通过上述内容我们可以看出，借贷记账法有以下优点。

(1) 借贷记账法下账户之间具有对应关系，反映的经济业务清晰明确，经济业务来龙去脉一目了然，便于账户之间的核对。

(2) 账户适应性强，为设置具有双重性质账户奠定基础。例如企业可以不设置"预收账款""预付账款"账户，分别合并在"应收账款""应付账款"，此时应收账款、应付账款账户具有双重性质。

(3) 根据"有借必有贷，借贷必相等"的记账规则，能够对每月经济业务发生额进行汇总，并试算平衡，检查账簿记录有无差错。

(四) 借贷记账法的试算平衡

根据会计分录登记账簿(账户)后，需要对账户登记内容的正确性进行检查。试算平衡就是通过平衡关系检查和验证账户记录是否正确的专门方法。借贷记账法的平衡关系有两大类：余额平衡和发生额平衡。一类是余额平衡，有期初余额平衡和期末余额平衡，公式为

　　所有账户期末(期初)借方余额之和＝所有账户期末(期初)贷方余额之和

余额平衡的依据来自会计恒等式(资产＝负债＋所有者权益)。有借方余额的账户是资产类账户，有贷方余额的账户是负债、所有者权益类账户。因此，这三类账户期初或期末余额具有平衡关系。

另一类平衡关系是发生额的平衡，公式为

　　所有账户借方发生额之和＝所有账户贷方发生额之和

发生额的平衡依据来自借贷记账法"有借必有贷,借贷必相等"的记账规则。记录发生额的是那些会计分录,每一个会计分录都具有平衡关系。对本月发生的所有经济业务,编制会计分录,通过丁字账进行汇总后,同样具有平衡关系。

试算平衡举例:

企业月初各账户余额如表 3-3 所示。

表 3-3

账　户	借　方	贷　方
银行存款	50 000	
应收账款	8 000	
原材料	5 000	
固定资产	100 000	
应付账款		7 000
实收资本		156 000
合　计	163 000	163 000

例 3-9 本月发生下列业务:

1. 收到投资材料 9 000 元。
2. 购入设备价值 15 000 元,以银行存款支付 10 000 元,余款暂欠。
3. 收到某单位归还前欠货款 4 000 元存入银行。
4. 以银行存款支付前欠货款 3 000 元。
5. 购入材料 7 000 元,以银行存款支付 5 500 元,余款暂欠。

要求:

(1) 编制会计分录;
(2) 登记丁字账;
(3) 填制试算平衡表。

编制会计分录:

1. 借:原材料　　　　　　　　　　　　　　　　　　　　　　　9 000(√)
　　　贷:实收资本　　　　　　　　　　　　　　　　　　　　　9 000(√)
2. 借:固定资产　　　　　　　　　　　　　　　　　　　　　　15 000(√)
　　　贷:银行存款　　　　　　　　　　　　　　　　　　　　10 000(√)
　　　　　应付账款　　　　　　　　　　　　　　　　　　　　 5 000(√)
3. 借:银行存款　　　　　　　　　　　　　　　　　　　　　　 4 000(√)
　　　贷:应收账款　　　　　　　　　　　　　　　　　　　　 4 000(√)
4. 借:应付账款　　　　　　　　　　　　　　　　　　　　　　 3 000(√)
　　　贷:银行存款　　　　　　　　　　　　　　　　　　　　 3 000(√)
5. 借:原材料　　　　　　　　　　　　　　　　　　　　　　　 7 000(√)
　　　贷:银行存款　　　　　　　　　　　　　　　　　　　　 5 500(√)
　　　　　应付账款　　　　　　　　　　　　　　　　　　　　 1 500(√)

第3章 复式记账理论

登记丁字账(图 3.5)。

借方	银行存款		贷方
期初余额:	50 000	(2)	10 000
(3)	4 000	(4)	3 000
		(5)	5 500
本期发生额:	4 000	本期发生额:	18 500
期末余额:	35 500		

借方	应收账款		贷方
期初余额:	8 000	(3)	4 000
本期发生额:	—	本期发生额:	4 000
期末余额:	4 000		

借方	原材料		贷方
期初余额:	5 000		
(3)	9 000		
(7)	7 000		
本期发生额:	16 000	本期发生额:	—
期末余额:	21 000		

借方	固定资产		贷方
期初余额:	100 000		
本期发生额:	15 000	本期发生额:	—
期末余额:	115 000		

借方	应付账款		贷方
(4)	3 000	期初余额:	7 000
		(2)	5 000
		(5)	1 500
本期发生额:	3 000	本期发生额:	6 500
		期末余额:	10 500

借方	实收资本		贷方
		期初余额:	156 000
		(1)	9 000
本期发生额:	—	本期发生额:	9 000
		期末余额:	165 000

图 3.5

填制试算平衡表(见表 3-4)。

表 3-4 试算平衡表

账 户	期初余额		本期发生额		期末余额	
	借方	贷方	借方	贷方	借方	贷方
银行存款	50 000		4 000	18 500	35 500	
应收账款	8 000		—	4 000	4 000	
原材料	5 000		16 000	—	21 000	
固定资产	100 000		15 000	—	115 000	
应付账款		7 000	3 000	6 500		10 500
实收资本		156 000	—	9 000		165 000
合 计	163 000	163 000	38 000	38 000	175 500	175 500

在登记丁字账时，账户(会计科目)按会计科目表顺序排列，便于查找。借方或贷方本期没有发生额时，在汇总项目上以"—"表示，说明不是漏记。

在登记试算平衡表时，账户也遵循一定排列顺序，道理与丁字账相同。在填写平衡表的发生额栏目时，对于没有发生额的账户，应以"—"表示，道理同上。各类账户期初或期末有余额时，只能在借方或贷方，因此空格不需要进行处理。

试算平衡只能检查金额在登记和汇总时的错误，具有平衡关系不能说明会计记录不存在问题。如果使用的会计科目错误，或者借方、贷方账户方向错误等，也存在平衡关系。这些错误不能通过试算平衡发现。所以在会计核算过程中，要准确填写、仔细核对、认真检查，避免错误的发生。

常见不平衡的查找方法有以下几种。

(1) 求差法：将借方、贷方合计数求差。核对有无与差的金额相同的经济业务，是否漏记或重复登记。

(2) 除2法：第一种方法没有找出错误时，将差除2，得到商。核对有无与商相同金额的经济业务，是否在登记丁字账时将方向记反，本来是借方的金额登记在贷方，本来是贷方金额登记在借方。

(3) 除9法：前两种方法未发现错误时，将借方、贷方合计数求差，然后除以9。如果能够整除，可能是金额数字在书写时移位，或数字书写颠倒引起的不平衡。例如 4 000 错记成 400，差为 3 600，能被 9 整除。另外，8 600 错记成 6 800，差为 1 800，能被 9 整除。核对差错时，注意这两种错误形式，有目的查找能够节省时间。

课后练习题

一、名词解释

1．会计科目　　2．总分类科目　　3．明细分类科目　　4．账户

5．复式记账法　　6．借贷记账法　　7．账户对应关系　　8．对应账户

9．会计分录　　10．试算平衡

二、简答题

1．设置会计科目的原则有哪些？

2．简述账户与会计科目的联系和区别。

3．复式记账法的特点有哪些？

4．简述借贷记账法下资产、负债及所有者权益账户的结构。

5．会计分录有哪些类型？一般不编制什么类型会计分录？

6．借贷记账法的优点有哪些？

三、填空题

1．会计科目按照提供信息的详细程度分为_____、_____。

2．账户按记录经济业务内容及详细程度分为_____、_____。

3．目前国际通用的复式记账方法是_____。

4．借贷记账法的记账规则是_____、_____。

5．借贷记账法的平衡关系有两大类：_____、_____。

6．试算平衡过程中出现不平衡，常用的查找方法有_____、_____、_____。账户登记中记账方向记错，使用_____可以查找出来。

7．一般情况下，账户借方登记增加，账户余额的方向在_____。

8．借贷记账法的理论基础是_____。

9．账户性质不同，余额的借、贷方向不同。资产账户余额在_____，负债、所有者权益账户余额在_____。另外，收入、费用账户期末_____。

10．试算平衡只能检查数字金额在_____、_____中的错误，有些情况下具有平衡关系不能说明会计记录不存在问题。

四、练习题

1．根据第 1 章课后练习题给出的 25 项经济业务，编制会计分录。

2．根据上题的会计分录，分别登记银行存款丁字账(假设银行存款期初余额为 600 000 元)和应付账款丁字账(假设应付账款期初贷方余额 58 000 元)(图 3.6)。

借方	银行存款	贷方
期初余额：		
本期发生额：		本期发生额：
期末余额：		

借方	应付账款	贷方
		期初余额：
本期发生额：		本期发生额：
		期末余额：

图 3.6　丁字账

3．企业月初各账户余额如表 3-5 所示。

表 3-5　企业月初各账户余额表

账　户	借　方	贷　方
库存现金	5 000	
银行存款	152 000	
应收账款	8 000	
原材料	5 000	
固定资产	200 000	
短期借款		15 000
应付账款		55 000
实收资本		300 000
合　计	370 000	370 000

本月发生下列经济业务。

1．以银行存款偿还前欠购买设备款 18 000 元。
2．企业收到两种形态投资：货币资金 85 000 元存入银行，原材料 13 000 元验收入库。
3．购入材料一批，总价 7 700 元，以银行存款支付 5 500 元，余款暂欠。
4．收到某企业归还的前欠货款 6 200 元存入银行。
5．将现金 2 000 元存入银行。
6．购入设备价值 5 800 元，款项以银行存款支付。
7．期限一年的银行借款到期，以银行存款偿还本金 10 000 元
8．以银行存款支付购买材料欠款 4 000 元。

要求：(1) 根据经济业务编制会计分录。
(2) 登记丁字账。
(3) 填制试算平衡表(见表 3-6)。

表 3-6　试算平衡表

账　户	期 初 余 额		本期发生额		期 末 余 额	
	借　方	贷　方	借　方	贷　方	借　方	贷　方
库存现金						
银行存款						
应收账款						
原材料						
固定资产						
短期借款						
应付账款						
实收资本						
合　计						

第 4 章　账户与复式记账的应用

学习目标与要求

通过本章学习，了解工业企业的生产经营过程；掌握生产经营过程各阶段涉及的账户性质、用途、结构及使用方法；掌握原材料成本、产品成本、财务成果的核算方法；注意固定资产折旧、增值税、利润形成与分配问题的处理。本章是全书的重点和难点，教学中所占课时比重最大。

本章以工业企业日常发生的主要经济业务为例，系统地说明了账户与复式记账的应用。工业企业的生产经营过程是以产品生产为中心，实现供应过程、生产过程、销售过程的统一。按各类经济业务的特点，工业企业的主要经济业务包括筹集资金业务、生产准备业务、产品生产业务、销售业务和利润形成与分配业务。

第一节 筹集资金业务的核算

工业企业的会计对象是生产经营过程中的资金运动,包括资金的投入、资金循环、周转和资金退出等过程。筹集资金是资金运动的起点,也是整个生产经营过程的起点。企业资金主要来源于两个方面:一是投资者投入及其增值;二是向银行及非金融机构举债。下面具体介绍投入资本和短期借款的核算。

一、投入资本的核算

投入资本,又称资本金,是投资者实际投入企业各种财产物资及货币资金。投入资本包括投资者原始投资及其追加投资。

工业企业的投入资本按照投资主体的不同,分为国家资本金、法人资本金、个人资本金和外商资本金。国家资本金是指政府部门或机构以国有资产投入企业的资本金;法人资本金是指其他法人单位以依法可支配的资产投入企业形成的资本金;个人资本金是指社会个人或企业内部职工以个人合法财产投入企业形成的资本金;外商资本金是指国外投资者以及我国香港、澳门、台湾地区投资者投入企业形成的资本金。按投入资本的形态不同,投入资本分为货币投资、实物投资和无形资产投资等。对于企业来说,取得货币投资是最好的投资形态,而投资者较好的投资形态是无形资产投资。

投资者投入资本的入账价值是资本核算的主要问题。对于货币投资和原材料投资,以实际收到的货币资金及原材料价值登记入账。对于固定资产投资,以双方协商作价金额登记入账。

(一) 账户设置

"实收资本"账户,所有者权益类账户。核算投资者实际投资额的账户。贷方登记投资者投入企业的资本数额,借方登记经批准减少资本金的数额。由于投资人不得任意抽回资本,因此借方很少有发生额。期末余额在贷方,反映投入资本金的结余额。该账户可按投资者设置明细账户。

"银行存款"账户,资产类账户。核算企业存入银行或其他金融机构的各种款项。借方登记存入银行的款项数额,贷方登记提取和使用存款的数额。期末余额在借方,反映银行存款的结存数。

"固定资产"账户,资产类账户。核算企业固定资产原始价值。借方登记固定资产的增加额,贷方登记固定资产的减少额。期末余额在借方,反映固定资产原始价值的结存数。

(二) 核算实例

例4-1 收到某企业货币投资 500 000 元存入银行。

这项经济业务,银行存款增加,登记在借方;实收资本增加,登记在贷方。

借:银行存款　　　　　　　　　　　　　　　　　　　　　500 000
　　贷:实收资本　　　　　　　　　　　　　　　　　　　　　　500 000

例 4-2 收到投资设备一台,双方协商作价 20 000 元。

这项经济业务,固定资产增加,登记在借方;实收资本增加,登记在贷方。

借:固定资产 20 000
  贷:实收资本 20 000

二、短期借款的核算

短期借款是指为满足企业生产经营活动对临时资金的需求,向银行或其他金融机构借入的偿还期限一年以内的各种借款。借款到期,还本付息。利息费用的核算,应当遵循权责发生制进行处理。利息费用在借款使用期限内各月份平均分担,而不是计入到期支付时的月份费用中。

(一) 账户设置

"短期借款"账户,负债类账户。核算由银行或其他金融机构借入的期限一年内借款本金的账户。贷方登记取得的借款本金,借方登记到期偿还的借款本金。期末余额在贷方,反映尚未到期偿还的借款本金。

"财务费用"账户,损益类账户(费用类)。核算筹集资金发生的费用。借方登记发生的财务费用,包括借款利息支出,银行结算手续费等;贷方登记应冲减财务费用的利息收入及期末转入"本年利润"账户核算盈亏的财务费用净额。期末无余额。

"应付利息"账户,负债类账户。核算按合同约定应支付的借款利息。贷方登记应付未付利息数额,借方登记实际支付利息数额。期末余额在贷方,反映尚未支付的利息数额。

(二) 核算实例

例 4-3 从银行取得季度借款 60 000 元,年利率 6%,款项存入银行。

这项经济业务,银行存款增加,登记在借方;短期借款增加,登记在贷方。

借:银行存款 60 000
  贷:短期借款 60 000

例 4-4 结算本月负担的银行借款利息 300 元(60 000×6%÷12)。

这项经济业务,财务费用增加,登记在借方。借款利息需要借款到期支付,对于本月只是负债的增加,登记在应付利息账户的贷方。

借:财务费用 300
  贷:应付利息 300

例 4-5 上述借款到期,以银行存款支付本金 60 000 元及利息 900 元(300×3),3 个月利息已经预先提取。

这项经济业务,短期借款减少,登记在借方。3 个月应付未付的利息共计 900 元,现在支付,涉及应付利息减少,登记在借方。款项以银行存款支付,银行存款减少,登记在贷方。

借:短期借款 60 000
  应付利息 900
  贷:银行存款 60 900

第二节　生产准备业务的核算

工业企业生产经营资金到位后，需要兴建厂房，采购生产设备及原材料，为产品生产做准备，外购材料是经常性生产准备业务，下面进行具体介绍。

企业外购材料成本由买价和采购费用组成。买价是指企业向供货单位按照合同规定支付的价款。需要注意的是，如果取得普通发票，买价中包含税金在内；如果取得增值税专用发票，买价则不包含税金，增值税需要单独列示，单独处理。采购费用是采购材料发生的运输费、仓储费、保险费、运输途中的合理损耗，以及入库前的挑选、整理、包装等费用。

一、账户设置

外购材料是企业日常一项重要工作。为了加强企业材料的管理，反映材料库存增减变动及结存情况，监督材料的保管和使用，设置在途物资、原材料、应付账款、预付账款、应交税费等账户。

(1) "在途物资"账户，资产类账户。核算外购原材料成本的账户。借方登记外购原材料的买价及采购费用，贷方登记原材料验收入库转入"原材料"账户外购原材料实际成本。期末余额在借方，反映尚未验收入库的原材料实际成本。该账户按原材料品种、规格设置明细账户，进行明细分类核算。

(2) "原材料"账户，资产类账户。核算企业库存原材料情况的账户。借方登记验收入库原材料的实际成本，贷方登记领用消耗原材料的实际成本。期末余额在借方，反映期末结存原材料的实际成本。该账户按原材料的品种、规格设置明细账户，进行明细分类核算。

(3) "库存现金"账户，资产类账户。核算企业存放在财会部门供日常零星支出的货币资金账户。借方登记现金增加数额，贷方登记现金减少数额。期末余额在借方，反映现金的结余数额。

(4) "应付账款"账户，负债类账户。核算企业采购货物和接受劳务应付给供应单位的款项。贷方登记采购活动和接受劳务应付未付的款项数额，借方登记实际偿还的款项数额。期末余额一般在贷方，反映尚未偿还给供应单位的款项数额。该账户按供应单位设置明细账户，进行明细分类核算。

(5) "预付账款"账户，资产类账户。核算企业按合同规定预先支付给供应单位的款项。借方登记预先支付的款项数额，贷方登记清算后抵减的款项数额。期末余额在借方，反映实际预付的款项数额；如果期末余额在贷方，反映需要补付给供应单位的款项数额。该账户按供应单位设置明细账户，进行明细分类核算。

(6) "应交税费"账户，负债账户。核算企业按税法及国家政策规定应交纳的各种税费，如增值税、城市维护建设税(城建税)、企业所得税、教育费附加等。贷方登记应交未交的税费数额，借方登记已交税费数额或用于抵扣的增值税进项税额。期末余额在贷方，反映尚未交纳的税费数额；如果期末余额在借方，反映多交的税费或尚未抵扣的增值税进项税额。该账户按税费种类设置明细账户，进行明细分类核算。增值税需要设置"进项税额""销项税额""已交税金""进项税额转出"等专栏。

二、核算实例

例 4-6 购入甲材料 10 000 元，增值税税率 17%，税额 1 700 元，款项以银行存款支付。

在这项经济业务中，外购材料的买价登记在"在途物资"的借方；增值税是企业垫付的需要抵扣的增值税进项税额，登记在"应交税费"的借方。银行存款减少，登记在贷方。这里需要注意，应交税费账户登记在借方，不能理解为企业负债的减少，是一种特别的处理方式，是为购买企业产品的购货方代垫的税金，在企业销售产品时进行清算。

借：在途物资——甲材料　　　　　　　　　　　　　　　10 000
　　应交税费——应交增值税(进项税额)　　　　　　　　 1 700
　　贷：银行存款　　　　　　　　　　　　　　　　　　　11 700

例 4-7 以现金支付甲材料的运输费用 1 000 元。

运输费用，属于采购费用，是外购材料成本的组成部分，登记在"在途物资"账户的借方，现金减少，登记在"库存现金"账户的贷方。

借：在途物资——甲材料　　　　　　　　　　　　　　　 1 000
　　贷：库存现金　　　　　　　　　　　　　　　　　　　 1 000

例 4-8 甲材料验收入库，按实际成本转账。

材料验收入库，需要将外购材料的总成本——买价与采购费用之和(10 000＋1 000)从"在途物资"账户转入"原材料"账户。

借：原材料——甲材料　　　　　　　　　　　　　　　　11 000
　　贷：在途物资——甲材料　　　　　　　　　　　　　　11 000

例 4-9 购入乙材料 20 000 元，增值税 3 400 元，款项暂欠光明工厂。

买价和增值税，分别登记在"在途物资"和"应交税费"的借方；款项未付，登记在"应付账款"账户的贷方。

借：在途物资——乙材料　　　　　　　　　　　　　　　20 000
　　应交税费——应交增值税(进项税额)　　　　　　　　 3 400
　　贷：应付账款——光明工厂　　　　　　　　　　　　　23 400

例 4-10 以银行存款支付前欠光明工厂购货款 23 400 元。

应付账款减少，登记在该账户借方；银行存款减少，登记在该账户贷方。

借：应付账款——光明工厂　　　　　　　　　　　　　　23 400
　　贷：银行存款　　　　　　　　　　　　　　　　　　　23 400

例 4-11 以银行存款预交购买丙材料货款 40 000 元给光辉工厂。

这项经济业务，企业债权增加，登记在"预付账款"账户的借方；款项以银行存款支付，登记在"银行存款"账户的贷方。

借：预付账款——光辉工厂　　　　　　　　　　　　　　40 000
　　贷：银行存款　　　　　　　　　　　　　　　　　　　40 000

例 4-12 丙材料到货，买价 30 000 元，增值税 5 100 元，款项在预交款中冲销。

买价和增值税，登记在"在途物资"和"应交税费"账户的借方；预付账款减少，登记在该账户的贷方。

借：在途物资——丙材料　　　　　　　　　　　　　　　　30 000
　　应交税费——应交增值税(进项税费)　　　　　　　　 5 100
　　贷：预付账款——光辉工厂　　　　　　　　　　　　　35 100

例 4-13　购入甲材料 6 000 公斤，价值 50 000 元；购入乙材料 2 000 公斤，价值 10 000 元。买价及增值税 10 200 元以银行存款支付。

借：在途物资——甲材料　　　　　　　　　　　　　　　　50 000
　　　　　　　——乙材料　　　　　　　　　　　　　　　 10 000
　　应交税费——应交增值税(进项税费)　　　　　　　　 10 200
　　贷：银行存款　　　　　　　　　　　　　　　　　　　 70 200

例 4-14　以银行存款支付上述甲、乙材料采购费用共计 8 800 元。采购费用以甲、乙材料重量为标准分配。

这项经济业务，首先对采购费用进行分配。分配标准必须选择与采购费用数额多少有直接关系的指标，才能使采购费用的分配符合实际情况，才能准确计算出材料采购成本。分配过程如下。

(1) 计算分配率：

$$分配率 = \frac{共同发生的费用(采购费用)}{分配标准合计(材料总重量)}$$

$$= \frac{8\,800}{6\,000 + 2\,000} = 1.1$$

(2) 分配采购费用：

$$甲材料负担的采购费用 = 甲材料重量 \times 分配率$$
$$= 6\,000 \times 1.1$$
$$= 6\,600(元)$$

$$乙材料负担的采购费用 = 乙材料重量 \times 分配率$$
$$= 2\,000 \times 1.1$$
$$= 2\,200(元)$$

注意：如果计算的分配率是除不尽的小数，最后一项的费用分配应当用总数与前几项相减确定，避免误差的出现。本章第三节产品生产业务的核算中对制造费用进行分配，原理相同。

借：在途物资——甲材料　　　　　　　　　　　　　　　　6 600
　　　　　　　——乙材料　　　　　　　　　　　　　　　 2 200
　　贷：银行存款　　　　　　　　　　　　　　　　　　　 8 800

例 4-15　甲、乙材料验收入库，按实际采购成本转账。

甲材料采购成本 = 买价 + 采购费用 = 50 000 + 6 600 = 56 600(元)
乙材料采购成本 = 买价 + 采购费用 = 10 000 + 2 200 = 12 200(元)

借：原材料——甲材料　　　　　　　　　　　　　　　　　56 600
　　　　　——乙材料　　　　　　　　　　　　　　　　　12 200
　　贷：在途物资——甲材料　　　　　　　　　　　　　　56 600
　　　　　　　　——乙材料　　　　　　　　　　　　　　12 200

上述甲材料、乙材料的成本核算过程可以通过表格的形式反映(见表 4-1、表 4-2)。

表 4-1 采购费用分配表

材料名称	分配标准 (材料总重量、公斤)	分配率	分配金额 (元)
甲材料	6 000	1.1	6 600
乙材料	2 000	1.1	2 200
合　计	8 000	—	8 800

表 4-2 原材料成本计算表

	甲材料成本	乙材料成本
买　价	50 000	10 000
采购费用	6 600	2 200
成本合计	56 600	12 200

第三节　产品生产业务的核算

产品生产业务是企业从材料投入直至产品完工入库的过程。产品生产是工业企业生产经营活动的中心工作。在生产过程中所发生的以货币表现的各种耗费，称为生产费用。生产费用要按产品的品种、规格进行归集和分配，从而确定完工产品成本。

生产费用按计入产品成本方式不同，分为直接费用和间接费用。直接费用是指与产品生产有直接关系的费用，如直接材料费、直接人工费等。直接材料费指直接用于产品生产的构成产品实体的各种原材料、主要材料、外购半成品及有助于产品形成的辅助材料和其他材料等。直接人工指直接从事产品生产的工人工资、奖金、津贴、补贴及福利费等。间接费用是指企业生产车间为组织和管理生产活动而发生的各种支出，又称制造费用。如生产用固定资产的折旧费，产品生产过程中的水电费，车间管理人员的办公费、工资福利费等。直接材料、直接人工和制造费用，是生产费用按经济用途进行的分类，称为成本项目。

一、账户设置

为了合理归集、分配生产费用，及时、准确地计算各种产品成本，应在产品生产过程中设置生产成本、制造费用、累计折旧、管理费用、应付职工薪酬、库存商品等账户。

(1)"生产成本"账户，成本类账户(资产类)。核算产品成本的账户。借方登记产品生产中发生的直接材料费、直接人工费以及期末从"制造费用"账户分配转入的由各种产品负担的间接费用；贷方登记产品完工验收合格转入"库存商品"账户完工产品的实际成本。期末余额在借方，反映尚未完工产品的实际成本。该账户按产品品种、规格设置明细账户，进行明细分类核算。

(2)"制造费用"账户，成本类账户(费用类)。核算产品生产中发生的各种间接费用的账户。借方登记产品生产中发生的各种间接费用，贷方登记期末分配转入"生产成本"账户，由各种产品成本负担的间接费用。期末一般无余额。

(3)"累计折旧"账户,资产类账户。核算固定资产因磨损(折旧)价值降低的数额。固定资产在使用过程中的磨损价值,通过折旧的方式在固定资产使用期限内,转移到成本费用账户。但固定资产的价值降低,不调整"固定资产"账户的固定资产原始价值,而是通过"累计折旧"账户核算。该账户虽然属于资产类账户,但登记内容是固定资产的磨损价值,所以账户结构与其他资产账户结构不同。贷方登记提取的固定资产折旧数额,借方登记由于固定资产报废、出售等转出的固定资产折旧数额。期末余额在贷方,反映现有固定资产的折旧累计数额。

(4)"管理费用"账户,损益类账户(费用类)。核算企业行政管理部门为管理整个企业生产经营活动发生的各种费用。如企业管理部门在经营管理中发生的办公费、水电费、管理人员的工资福利费;固定资产维修费、行政管理部门用固定资产折旧费;工会经费、职工教育费等。借方登记发生的各种管理费用,贷方登记期末转入"本年利润"账户核算盈亏的管理费用数额。期末无余额。

(5)"应付职工薪酬"账户,负债类账户。核算根据规定应支付给职工的各种薪酬。如职工工资、奖金、津贴、补贴、职工福利费、社会保险费等。贷方登记应付未付的职工薪酬数额,借方登记实际支付的职工薪酬数额。期末余额在贷方,反映尚未领取或尚未支付的职工薪酬数额。

(6)"其他应付款"账户,负债类账户。核算企业应支付、偿还的各类应付、暂收的零星款项。贷方登记发生的应付、暂收款项,借方登记实际支付的应付、暂收款项。期末余额在贷方,反映企业应付未付的款项数额。该账户按负债项目或债权单位(个人)设置明细账户,进行明细分类核算。

(7)"库存商品"账户,资产类账户。核算企业全部生产过程结束,验收合格入库的产成品成本账户。借方登记验收入库产成品成本,贷方登记由于销售等原因减少的产成品成本。期末余额在借方,反映库存产成品的实际成本。该账户按产品品种、规格设置明细账户,进行明细分类核算。

二、核算实例

例 4-16　生产 A 产品消耗甲材料 35 000 元,消耗乙材料 45 000 元。

这项经济业务,直接材料费 80 000 元登记在"生产成本"账户借方,原材料减少,登记在"原材料"账户贷方。

借:生产成本——A 产品　　　　　　　　　　　　　　　　　　80 000
　　贷:原材料——甲材料　　　　　　　　　　　　　　　　　　35 000
　　　　　　　——乙材料　　　　　　　　　　　　　　　　　　45 000

例 4-17　领用生产设备维护用机物料 1 000 元。

这项经济业务,发生计入产品成本的间接费用 1 000 元,登记在"制造费用"账户借方,机物料属于原材料,登记在"原材料"账户贷方。

借:制造费用　　　　　　　　　　　　　　　　　　　　　　　1 000
　　贷:原材料——机物料　　　　　　　　　　　　　　　　　　1 000

例 4-18　以银行存款支付水电费 18 300 元,其中生产部门水电费 17 000 元,企业行政部门水电费 1 300 元。

生产部门水电费属于间接费用，登记在"制造费用"的借方；厂部水电费，登记在"管理费用"账户借方。款项以银行存款支付，登记在"银行存款"账户贷方。

借：制造费用   17 000
　　管理费用   1 300
　　贷：银行存款   18 300

例 4-19　提取本月固定资产折旧费 14 000 元，其中生产用固定资产折旧费 10 000 元，厂部用固定资产折旧 4 000 元。

按固定资产所属部门，生产用固定资产折旧费作为间接费用，登记在"制造费用"借方；厂部用固定资产折旧费，登记在"管理费用"账户借方。固定资产的磨损价值，登记在"累计折旧"账户的贷方。

借：制造费用   10 000
　　管理费用   4 000
　　贷：累计折旧   14 000

例 4-20　结算本月职工工资，生产 A 产品工人工资 60 000 元，生产 B 产品工人工资 40 000 元，车间管理人员工资 20 000 元，厂部人员工资 30 000 元。

按人员所属部门，生产工人工资是直接人工费，登记在"生产成本"借方；车间管理人员工资，属于间接费用，登记在"制造费用"账户借方；厂部人员工资，登记在"管理费用"的借方。同时企业有关工资方面的负债增加 20 000 元，登记在"应付职工薪酬"贷方。

借：生产成本——A 产品   60 000
　　　　　　——B 产品   40 000
　　制造费用   20 000
　　管理费用   30 000
　　贷：应付职工薪酬   150 000

例 4-21　按职工工资总额的 14%提取职工福利费。

职工福利费，用于职工医药卫生、生活困难补助、集体福利以及企业所属福利设施的日常支出。职工福利费的提取，一方面企业成本、费用增加，按人员所属部门，分别登记在"生产成本""制造费用""管理费用"的借方。另一方面，负债增加，登记在"应付职工薪酬"的贷方。

$$A 产品生产工人福利费 = 60\,000 \times 14\% = 8\,400(元)$$
$$B 产品生产工人福利费 = 40\,000 \times 14\% = 5\,600(元)$$
$$车间管理人员福利费 = 20\,000 \times 14\% = 2\,800(元)$$
$$企业行政部门福利费 = 30\,000 \times 14\% = 4\,200(元)$$

借：生产成本——A 产品   8 400
　　　　　　——B 产品   5 600
　　制造费用   2 800
　　管理费用   4 200
　　贷：应付职工薪酬   21 000

例 4-22 通过银行转账形式支付职工工资 150 000 元。

发放工资,企业有关工资方面的负债减少,登记在"应付职工薪酬"账户的借方;银行存款减少,登记在该账户贷方。

  借:应付职工薪酬   150 000
    贷:银行存款   150 000

例 4-23 以银行存款支付下季度(不包括本月)生产设备租赁费 3 300 元。

按照权责发生制要求。虽然这项支出与产品成本有关,并且在本月支付,但是不能计入本月成本、费用,应当由以后三个月的费用、成本分别负担。本月作为预付款对待。这项经济业务,登记在"预付账款"的借方和"银行存款"的贷方。

  借:预付账款——设备租赁费   3 300
    贷:银行存款   3 300

例 4-24 以银行存款支付生产车间办公费 1 000 元。

这项经济业务涉及制造费用增加,银行存款减少,分录为:

  借:制造费用   1 000
    贷:银行存款   1 000

例 4-25 月末结转制造费用,制造费用以生产工人工资为标准分配(A 产品工人工资 60 000 元,B 产品工人工资 40 000 元)。

本月制造费用发生额,涉及例 4-17、例 4-18、例 4-19、例 4-20、例 4-21、例 4-24,合计为 51 800 元(1 000+17 000+10 000+20 000+2 800+1 000),按生产工人工资标准分配,方法与采购费用的分配相同:

$$制造费用分配率 = \frac{本月制造费用合计}{A产品工人工资 + B产品工人工资}$$

$$= \frac{51\,800}{60\,000 + 40\,000} = 0.518$$

  A 产品负担的制造费用 = 60 000×0.518 = 31 080(元)
  B 产品负担的制造费用 = 40 000×0.518 = 20 720(元)

经过分配,产品负担制造费用 31 080 元,产品负担制造费用 20 720 元。这项经济业务,制造费用转出,登记在该账户贷方;发生的间接费用由两种产品成本负担,登记在"生产成本"账户的借方。

  借:生产成本——A 产品   31 080
       ——B 产品   20 720
    贷:制造费用   51 800

制造费用分配过程可以通过表格形式反映(见表 4-3)。

表 4-3 制造费用分配表

产品名称	分配标准 (生产工人工资、元)	分配率	分配金额 (元)
A 产品	60 000	0.518	31 080
B 产品	40 000	0.518	20 720
合计	100 000	—	51 800

例 4-26 假设本月生产的 A 产品全部完工验收入库,按实际成本转账。

A 产品成本涉及例 4-16、例 4-20、例 4-21、例 4-25,总成本合计为 179 480 元(80 000 ＋60 000＋8 400＋31 080)。产品完工,产成品增加,登记在"库存商品"的借方;完工产品总成本由"生产成本"账户归集而来,此时"生产成本"账户记录的在产品数额由于产品完工而减少,登记在贷方。

借:库存商品——A 产品　　　　　　　　　　　　　　　　　　　179 480
　　贷:生产成本——A 产品　　　　　　　　　　　　　　　　　　179 480

企业生产的 A 产品成本计算形式,可以通过表格形式反映(假定产品数量为 100 件),如表 4-4 所示。

表 4-4　产品成本计算表

成本项目	总成本(元)	单位成本(元)
直接材料费	80 000	800
直接人工费 (工资福利费)	68 400	684
制造费用	31 080	310.80
合　　计	179 480	1 794.80

第四节　产品销售业务的核算

产品销售过程是工业企业生产经营过程的第三阶段,是企业经营活动的关键环节。生产的产品需要销售出去,收回资金,企业生产经营活动才能顺利进行,才能保证扩大再生产的资金需求。产品销售业务的核算主要包括销售收入的核算、增值税及其他税费的核算、销售费用的核算、销售成本的核算等。

一、账户设置

在销售过程中,企业需要确定销售收入,办理货款结算,计算销售成本支付各种销售费用,以及收取增值税销项税金,应设置主营业务收入、主营业务成本、营业税金及附加、销售费用等账户。

(1)"主营业务收入"账户,损益类账户(收入类)。核算销售产品取得的收入账户。贷方登记销售产品取得的收入,借方登记期末转入"本年利润"账户核算盈亏的主营业务收入数额。期末无余额。该账户按产品、品种规格设置明细账户,进行明细分类核算。

(2)"主营业务成本"账户,损益类账户(费用类)。核算售出产品成本的账户。借方登记售出产品的实际成本,贷方登记期末转入"本年利润"账户核算盈亏的售出产品成本数额。期末无余额。该账户按产品品种、规格设置明细账户,进行明细分类核算。

(3)"营业税金及附加"账户,损益类账户(费用类)。核算企业经营活动中需交纳的城建税、教育费附加等税费的账户。借方登记应交纳的税费数额,贷方登记期末转入"本年利润"账户核算盈亏的税费数额。期末无余额。

(4)"销售费用"账户,损益类账户(费用类)。核算销售产品过程中发生的费用,包括销售产品的运杂费、推销产品的展销费、产品广告费以及企业独立销售机构的日常支出。借方登记发生的各类销售费用，贷方登记期末转入"本年利润"账户核算盈亏的销售费用数额。期末无余额。

(5)"应收账款"账户，资产类账户。核算出售产品等经营活动应收回的款项。借方登记应收回的款项数额，贷方登记实际收回的款项数额。期末一般在借方，反映尚未收回的款项数额。账户按购货单位设置明细账户，进行明细分类核算。

(6)"预收账款"账户，负债类账户。核算企业按合同规定向购货单位预先收取的款项。贷方登记预先收取的款项数额，借方登记清算后抵减的款项数额。期末余额在贷方，反映实际预收的款项数额；在借方，反映需要购货单位补交的款项数额。该账户按购货单位设置细账户，进行明细分类核算。

二、核算实例

例 4-27　出售 A 产品 40 000 元，增值税 6 800 元，款项收到存入银行。

这项经济业务发生，企业取得款项 46 800 元存入银行，登记在"银行存款"借方；其中收入增加 40 000 元，登记在"主营业务收入"的贷方；6 800 元为企业代替税务部门收取的，需要最后送交税务部门的增值税销项税额，负债增加，登记在"应交税费"贷方。

借：银行存款　　　　　　　　　　　　　　　　　　　　　　　　46 800
　　贷：主营业务收入——A 产品　　　　　　　　　　　　　　　40 000
　　　　应交税费——应交增值税(销项税额)　　　　　　　　　　 6 800

例 4-28　出售 B 产品 90 000 元，增值税 15 300 元，款项红光公司暂欠。

企业债权增加 105 300 元，登记在"应收账款的"账户借方；"主营业务收入"和"应交税费"增加，登记在两个账户的贷方。

借：应收账款——红光公司　　　　　　　　　　　　　　　　　105 300
　　贷：主营业务收入——B 产品　　　　　　　　　　　　　　　90 000
　　　　应交税费——应交增值税(销项税额)　　　　　　　　　　15 300

例 4-29　收到红星公司按规定预交的购买产品货款 20 000 元存入银行。

银行存款增加，登记在该账户的借方；负债增加，登记在"预收账款"账户的贷方。

借：银行存款　　　　　　　　　　　　　　　　　　　　　　　　20 000
　　贷：预收账款——红星公司　　　　　　　　　　　　　　　　20 000

例 4-30　出售 C 产品给红星公司，取得收入 10 000 元，增值税 1 700 元。款项在预交款抵扣。

这项经济业务，企业所欠红星公司的款项由于销售活动而减少，登记在"预收账款"账户的借方；收入和税金增加，登记在"主营业务收入"和"应交税费"账户的贷方。

借：预收账款——红星公司　　　　　　　　　　　　　　　　　　11 700
　　贷：主营业务收入——C 产品　　　　　　　　　　　　　　　10 000
　　　　应交税费——应交增值税(销项税额)　　　　　　　　　　 1 700

例 4-31　以银行存款支付产品广告费 12 000 元，本月负担 3 000 元。

为了使企业各月份费用、支出发生额均衡，参照权责发生制，对一些特别的费用、支出进行核算。会计人员根据企业每月费用承受能力，对 12 000 元的支出进行合理分摊。支付时全部数额登记在"预付账款"的借方，同时银行存款减少，登记在贷方，以反映这项费用支出的全貌；某月负担时登记在"销售费用"借方，同时待分配费用减少，登记在"预付账款"账户的贷方。

(1) 支付广告费时：

借：预付账款——广告费　　　　　　　　　　　　　　　　　　12 000

　　贷：银行存款　　　　　　　　　　　　　　　　　　　　　12 000

(2) 月末对本月负担的广告费进行处理时：

借：销售费用　　　　　　　　　　　　　　　　　　　　　　　3 000

　　贷：预付账款——广告费　　　　　　　　　　　　　　　　3 000

例 4-32　结算本月应交城建税 238 元。

城建税，属于企业一项支出，登记在"营业税金及附加"账户借方；同时企业负债增加，登记在"应交税费"账户贷方。城建税的计算依赖于企业应上交的增值税。每月上交增值税是增值税销项税额与进项税额的差，企业增值税销项税额涉及例 4-27、例 4-28、例 4-30，金额合计 23 800 元(6 800＋15 300＋1 700)；进项税额涉及例 4-6、例 4-9、例 14-2、例 4-13，金额合计 20 400 元(1 700＋3 400＋5 100＋10 200)。企业本月应交增值税为 3 400 元(23 800－20 400)。

本月应交城建税＝3 400×7%(城建税税率)＝238(元)

借：营业税金及附加　　　　　　　　　　　　　　　　　　　　238

　　贷：应交税费——应交城建税　　　　　　　　　　　　　　238

例 4-33　结算本月应交教育费附加 102 元。

教育费附加是企业通过税务部门交纳财政的专门款项，作为社会教育部门一项教育经费来源。这项经济业务，企业费用增加，登记在"营业税金及附加"账户借方；负债增加，登记在"应交税费"账户贷方。计算原理与城建税相同。

本月应交教育费附加＝3 400×3%(教育费交纳比率)＝102(元)

借：营业税金及附加　　　　　　　　　　　　　　　　　　　　102

　　贷：应交税费——应交教育费附加　　　　　　　　　　　　102

例 4-34　结算本月售出产品成本。A 产品成本 22 000 元，B 产品成本 16 000 元，C 产品成本 5 500 元。

产品售出，企业产成品减少，登记在"库存商品"账户贷方，库存商品减少数额，就是售出产品的成本数额，登记在"主营业务成本"账户的借方。

借：主营业务成本——A 产品　　　　　　　　　　　　　　　22 000

　　　　　　　　——B 产品　　　　　　　　　　　　　　　42 000

　　　　　　　　——C 产品　　　　　　　　　　　　　　　 5 500

　　贷：库存商品——A 产品　　　　　　　　　　　　　　　 22 000

　　　　　　　　——B 产品　　　　　　　　　　　　　　　 42 000

　　　　　　　　——C 产品　　　　　　　　　　　　　　　　5 500

例 4-35　以银行存款交纳增值税 10 000 元，城建税 700 元，教育费附加 300 元(假定为上月应交未交数额)。

交纳税金，企业负债减少，登记在"应交税费"账户的借方，交纳的增值税登记在"已交税金"专栏。以银行存款支付，登记在"银行存款"账户的贷方。

　　借：应交税费——应交增值税(已交税金)　　　　　　　10 000
　　　　　　　　——应交城建税　　　　　　　　　　　　　　700
　　　　　　　　——应交教育费附加　　　　　　　　　　　　300
　　　贷：银行存款　　　　　　　　　　　　　　　　　　　11 000

第五节　利润形成与分配业务的核算

　　一定时期企业经营状况如何，具体体现在盈亏上。利润是企业生产经营活动的最终成果，是反映企业经济效益的重要指标。本节将介绍利润形成与利润分配的具体核算方法。

一、利润形成的核算

　　利润是收入与费用、支出相抵后的差额。企业盈利后，经营所得需要交纳企业所得税。有关利润的指标计算公式为

　　(1) 毛利＝主营业务收入－主营业务成本
　　(2) 营业利润＝主营业务收入－主营业务成本－营业税金及附加＋其他业务收入
　　　　　　　　－其他业务成本－销售费用－管理费用－财务费用
　　(3) 利润总额＝营业利润＋营业外收入－营业外支出
　　(4) 净利润＝利润总额－所得税费用

　　可以看出，利润由毛利、营业利润、利润总额和净利润构成，毛利水平直接影响企业的盈利数额。只有在取得足够多毛利基础上，才能保证企业取得盈利，才能保证生产经营活动的正常进行。

　　(一) 账户设置

　　(1) "本年利润"账户，所有者权益账户。核算企业本年度实现净利润(亏损)数额的账户。贷方登记期末从收入账户转入的收入数额；借方登记期末从费用、支出账户转入的费用、支出数额。期末余额在贷方或借方，反映企业本年度累计实现的净利润或累计发生的亏损数额。年末将该账户余额转入"利润分配"账户。年末"本年利润"账户无余额。

　　(2) "其他业务收入"账户，损益类账户(收入类)。核算企业出售产品以外的其他经营活动取得的收入。贷方登记取得的其他业务收入数额，借方登记期末转入"本年利润"账户核算盈亏的其他业务收入数额。期末无余额。

　　(3) "其他业务成本"账户，损益类账户(费用类)。核算企业出售产品以外的其他经营活动所发生的支出。借方登记发生的其他业务支出数额，贷方登记期末转入"本年利润"账户核算盈亏的其他业务支出数额。期末无余额。

　　(4) "营业外收入"账户，损益类账户(费用类)。核算企业取得的与经营活动无关的收入。贷方登记取得的营业外收入数额，借方登记期末转入"本年利润"账户核算盈亏的营业外收入数额。期末无余额。

　　(5) "营业外支出"账户，损益类账户(费用类)。核算企业发生的与经营活动无关的支出数额。借方登记发生的营业外支出数额，贷方登记期末转入"本年利润"账户核算盈亏

的营业外支出数额。期末无余额。

(6)"其他应收款"账户。资产类账户。核算企业应收回的各类应收、暂付的零星款项。借方登记发生的应收、暂付款项，贷方登记实际收回的应收、暂付款项。期末余额在借方，反映企业应收未收的款项数额。该账户按债权项目或负债单位(个人)设置明细账户，进行明细分类核算。

(7)"所得税费用"账户，损益类账户(费用类)。核算企业交纳的所得税数额账户。借方登记交纳的所得税数额，贷方登记期末转入"本年利润"账户核算盈亏的所得税费用数额。期末无余额。

所得税的计算公式为

$$应纳所得税额＝应纳税所得额×所得税税率$$

所得税是按企业经营所得一定比例计算交纳的税金。应纳税所得额与企业会计计算的利润总额在范围上不同。确定应纳税所得额时，企业的违规罚款支出不能扣除。一般情况下，应纳税所得额大于企业的利润总额。

(二) 核算实例

例 4-36 根据规定，月末按工资总额一定比例提取工会经费 3 000 元。

企业需要按照制度规定提取工会经费，用于工会活动及相关支出。这项支出，是以企业为整体发生的费用，登记在"管理费用"账户的借方；企业负债同时增加，登记在"其他应付款"账户贷方。

借：管理费用　　　　　　　　　　　　　　　　　　　　3 000
　　贷：其他应付款——工会经费　　　　　　　　　　　　　　3 000

例 4-37 根据规定，月末按工资总额一定比例提取职工教育费 2 250 元。

企业需要按照制度规定提取职工教育费，用于员工进修、培训及相关支出。这项支出，同样是以企业为整体发生的费用，登记在"管理费用"账户的借方；企业负债增加，登记在"其他应付款"账户贷方。

借：管理费用　　　　　　　　　　　　　　　　　　　　2 250
　　贷：其他应付款——职工教育费　　　　　　　　　　　　　2 250

例 4-38 出售多余甲材料，取得收入 2 000 元，增值税 340 元，款项存入银行。

这项经济业务，企业银行存款增加，登记在"银行存款"借方；该收入属于其他经营活动，所以收入登记在"其他业务收入"的贷方；增值税销项税额增加，登记在"应交税费"账户的贷方。

借：银行存款　　　　　　　　　　　　　　　　　　　　2 340
　　贷：其他业务收入　　　　　　　　　　　　　　　　　　2 000
　　　　应交税费——增值税(销项税额)　　　　　　　　　　　340

例 4-39 结算出售甲材料的采购成本 1 600 元。

这项经济业务发生，一方面，其他业务支出增加，登记在"其他业务成本"账户的借方；另一方面，仓库材料减少，登记在"原材料"账户的贷方。

借：其他业务成本　　　　　　　　　　　　　　　　　　1 600
　　贷：原材料——甲材料　　　　　　　　　　　　　　　　1 600

例 4-40 没收红光公司到期未退包装物的押金 1 000 元。

这项经济业务,使企业原来收取押金时登记在负债账户"其他应付款"减少,登记在该账户的借方;此项收入与企业经营活动无关,登记在"营业外收入"的贷方。

借:其他应付款——红光公司　　　　　　　　　　　　　　　　　1 000
　　贷:营业外收入　　　　　　　　　　　　　　　　　　　　　　　　1 000

例 4-41 以银行存款支付环保部门罚款 3 000 元。

罚款支出属于与经营无关的支出,登记在"营业外支出"的借方;银行存款减少,登记在该账户的贷方。

借:营业外支出　　　　　　　　　　　　　　　　　　　　　　　　3 000
　　贷:银行存款　　　　　　　　　　　　　　　　　　　　　　　　　3 000

例 4-42 支付银行结算手续费 553 元。款项从银行账户抵扣。

这项经济业务,应登记"财务费用"账户和"银行存款"账户。

借:财务费用　　　　　　　　　　　　　　　　　　　　　　　　　　553
　　贷:银行存款　　　　　　　　　　　　　　　　　　　　　　　　　　553

例 4-43 厂部王明出差预借差旅费现金 2 000 元。

这项经济业务,企业除货款外的债权增加,登记在"其他应收款"借方,同时现金减少,登记在"库存现金"的贷方。

借:其他应收款——王明　　　　　　　　　　　　　　　　　　　　2 000
　　贷:库存现金　　　　　　　　　　　　　　　　　　　　　　　　　2 000

例 4-44 王明出差归来,报销差旅费 1 700 元,退回现金 300 元,结清借款。

这项经济业务,费用增加,登记在"管理费用"借方;退回现金,登记在"库存现金"借方;结清借款,企业债权减少 2 000 元,登记在"其他应收款"贷方。

借:管理费用　　　　　　　　　　　　　　　　　　　　　　　　　1 700
　　库存现金　　　　　　　　　　　　　　　　　　　　　　　　　　　300
　　贷:其他应收款——王明　　　　　　　　　　　　　　　　　　　2 000

例 4-45 以银行存款支付办公楼装修费 4 000 元,因数额较大,本月负担 1 000 元。

这项经济业务,也是应用权责发生制原理进行核算。固定资产装修工作虽然在本月发生,但为了避免装修月份费用数额增加很多,造成利润波动,会计人员根据企业费用承受能力,装修费可以分几个月份负担。同样,为了反映这项支出的全貌,在支付款项时编制一个分录,各个月份负担时编制相应会计分录。未计入费用账户之前,可当作预付款看待。因此这项经济业务涉及"预付账款""银行存款"账户和"管理费用"账户。

2007 年 1 月 1 日起执行的《企业会计准则》,生产用固定资产的维修费按管理费用处理。

(1) 支付装修费时:

借:预付账款——办公楼装修费　　　　　　　　　　　　　　　　　4 000
　　贷:银行存款　　　　　　　　　　　　　　　　　　　　　　　　　4 000

(2) 本月负担时:

借:管理费用　　　　　　　　　　　　　　　　　　　　　　　　　1 000
　　贷:预付账款——办公楼装修费　　　　　　　　　　　　　　　　1 000

例 4-46 本月企业收入账户发生额如下：主营业务收入 140 000，其他业务收入 2 000 元，营业外收入 1 000 元，月末结转收入账户。

月末需要将各个收入账户发生额转入"本年利润"账户的贷方，核算企业的盈亏。各收入账户此时的方向是借方。

借：主营业务收入 140 000
　　其他业务收入 2 000
　　营业外收入 1 000
　贷：本年利润 143 000

例 4-47 本月企业各个费用、支出账户发生额如下：主营业务成本 69 500 元，营业税金及附加 374 元，其他业务成本 1 600 元，销售费用 3 000 元，管理费用 47 450 元，财务费用 853 元，营业外支出 3 000 元，月末结转费用账户。

月末需要将各个费用账户发生额转入"本年利润"账户的借方，核算企业的盈亏。各费用账户此时的方向是贷方。

借：本年利润 125 777
　贷：主营业务成本 69 500
　　　其他业务成本 1 600
　　　营业税金及附加 374
　　　销售费用 3 000
　　　管理费用 47 450
　　　财务费用 853
　　　营业外支出 3 000

例 4-48 结算应交所得税 5 000 元。

企业费用增加 5 000 元，登记在"所得税费用"借方；负债增加 5 000 元，登记在"应交税费"贷方。

借：所得税费用 5 000
　贷：应交税费——应交所得税 5 000

例 4-49 月末结转所得税费用 5 000 元。

将"所得税费用"账户发生额转入"本年利润"账户的借方，核算企业的盈亏。"所得税费用"账户此时的方向是贷方。

借：本年利润 5 000
　贷：所得税费用 5 000

例 4-50 以银行存款支付工会活动经费 800 元。

这项经济业务，支付工会活动支出，登记在"其他应付款"账户的借方和"银行存款"账户的贷方。

借：其他应付款——工会经费 800
　贷：银行存款 800

为明确本年利润账户的结构及登记内容，我们可以通过丁字账形式进行反映，如图 4.1 所示。

借方 本年利润 贷方
(或)期初余额：累计亏损额　　　　　　期初余额：累计实现净利润 月末转入的成本、费用、支出　　　　月末转入的收入数额 数额　　　　　　　　　　　　　　　如： 如：　　　　　　　　　　　　　　　主营业务收入 主营业务成本　　　　　　　　　　　其他业务收入 营业税金及附加　　　　　　　　　　营业外收入 销售费用 其他业务成本 管理费用 财务费用 营业外支出 所得税费用
本期费用成本支出合计：　　　　　　本期收入合计：
(或)期末余额：累计亏损额　　　　　　期末余额：累计实现净利润

图 4.1

二、利润分配的核算

企业盈利，在交纳所得税后，需要对净利润进行分配使用。一部分通过红利形式分配给投资者，作为投资者的收益；一部分以公积金的形式留归企业，作为企业扩大再生产、提高企业集体福利的资金；另一部分以未分配形式保留在账面上，作为企业抵御经营风险的资金。

净利润的分配程序：①弥补以前年度亏损；②提取盈余公积金；③向投资者分配利润。

(一) 账户设置

(1)"利润分配"账户，所有者权益类账户。核算企业净利润的分配情况账户。借方登记利润的分配数额，如提取盈余公积金、向投资者分配利润等。贷方登记年末从"本年利润"账户转入的本年实现的净利润。期末余额在贷方或借方，反映企业未分配的利润或未弥补的亏损。

(2)"盈余公积"账户，所有者权益类账户。核算企业从税后利润中提取的公积金。贷方登记提取的盈余公积金数额，借方登记用盈余公积金弥补亏损或转增资本金数额。期末余额在贷方，反映盈余公积金的结存数额。

(3)"应付股利"账户，负债类账户。核算经批准应向投资者支付的现金股利或利润账户。贷方登记企业应支付的股利数额，借方登记实际支付的股利数额。期末余额在贷方，反映尚未支付的股利数额。

(二) 核算实例

例 4-51 按规定提取盈余公积金 1 222 元。

净利润作为盈余公积金，登记在"利润分配"账户的借方和"盈余公积"的贷方。

借：利润分配　　　　　　　　　　　　　　　　　　　　　　　　　1 222
　　　贷：盈余公积　　　　　　　　　　　　　　　　　　　　　　　　1 222

例 4-52　研究决定向投资者分配利润 350 000 元。

净利润作为股利分配给投资者，登记在"利润分配"账户的借方和"应付股利"的贷方。

借：利润分配　　　　　　　　　　　　　　　　　　　　　　　　350 000
　　　贷：应付股利　　　　　　　　　　　　　　　　　　　　　　　350 000

例 4-53　年末结转本年利润账户贷方余额 12 257 元。

这项经济业务，是将企业实现的净利润进行转账，登记在"本年利润"账户的借方和"利润分配"账户的贷方。

借：本年利润　　　　　　　　　　　　　　　　　　　　　　　　12 257
　　　贷：利润分配　　　　　　　　　　　　　　　　　　　　　　　12 257

课后练习题

一、名词解释

1．投入资本　　2．短期借款　　3．生产费用　　4．直接费用　　5．间接费用
6．直接材料　　7．直接人工　　8．成本项目

二、简答题

1．产品成本项目由哪几个部分构成？简述各成本项目的主要内容。
2．企业利润由哪些构成部分？如何计算？
3．净利润的分配程序有哪些？

三、填空题

1．企业投入资本按投资主体不同分为_____、_____、_____、_____。
2．外购材料成本由_____、_____组成。
3．生产费用按计入产品成本的方式不同，分为_____、_____。
4．产品成本项目由_____、_____、_____构成。

四、练习题

根据下列经济业务编制会计分录，涉及明细账户需要列出。

1．筹集资金业务的核算。
(1) 收到国家投资货币资金 400 000 元存入银行。
(2) 收到新光公司投资设备一台，价值 70 000 远，协商作价 68 000 元。
(3) 收到宇通公司投资设备一台，价值 200 000 元，八成新，协商作价 175 000 元。
(4) 收到新光公司追加投资甲材料费 30 000 元。
(5) 收到宇通公司追加投资商标权一项，价值 66 000 元。

(6) 从银行取得半年期借款 240 000 元，年利率 6%，款项存入银行账户。

(7) 结算本月负担的上述借款利息。

(8) 半年期借款到期，以银行存款支付本金及利息，半年借款利息已经预先提取。

(9) 一年期借款到期，以银行存款支付借款本金 120 000 元及利息 7 200 元，利息已预先提取。

(10) 支付开户银行转来的企业延期还款滞纳金 4 000 元(在银行账户直接扣减)。

2．生产准备业务的核算。

(1) 购入乙材料费 11 000 元，增值税 1 870 元，款项以银行存款支付。

(2) 以银行存款支付购入乙材料的采购费用 1 600 元。

(3) 乙材料验收入库，按实际成本转账。

(4) 购入甲材料费 20 000 元，乙材料费 10 000 元，增值税 5 100 元，款项暂欠光明工厂。

(5) 甲、乙材料验收入库，按实际成本转账。

(6) 以银行存款归还前欠光明工厂购买甲材料的款项 23 400 元。

(7) 上月预付给光辉工厂货款的丙材料到货，买价 40 000 元，增值税 6 800 元。款项在预付款扣减。

(8) 丙材料验收入库，按实际成本转账。

(9) 收到新光公司投资甲材料费 100 000 元，增值税 17 000 元，材料转交仓库。

(10) 接受捐赠乙材料费 50 000 元，增值税 8 500 元，材料转交仓库。

3．产品生产业务的核算。

(1) 生产 A 产品消耗甲材料费 3 000 元，乙材料费 2 000 元，丙材料费 1 000 元。

(2) 生产 A 产品消耗甲材料费 4 000 元。生产 B 产品消耗甲材料费 1 500 元。

(3) 以银行存款支付生产部门水电费 7 700 元。

(4) 提取生产用固定资产折旧费 6 600 元。

(5) 结算职工工资，生产 A 产品工人工资 12 000 元，生产 B 产品工人工资 28 000 元，车间人员工资 9 000 元。

(6) 根据上述资料，按 14% 提取上述人员福利费。

(7) 以现金支付职工福利方面支出 1 500 元。

(8) 以银行存款支付生产设备下半年(包括本月)租赁费 18 000 元。

(9) 将上述本月负担的生产设备租赁费进行账务处理。

(10) 以现金支付办公费 850 元，其中厂部 500 元，生产车间 350 元。

(11) 假定本月发生制造费用 70 000 元，A 产品负担 40 000 远，B 产品负担 30 000 元，月末结转制造费用。

(12) 本月完工 A 产品 55 000 元，B 产品 44 000 元，按实际成本转账。

(13) 本月完工 D 产品 75 000 元，按实际成本转账。

(14) 以银行存款支付应付职工劳动报酬 59 000 元。

(15) 提取企业行政管理部门固定资产折旧费 3 000 元。

4．产品销售业务的核算。

(1) 出售 A 产品 10 000 元，增值税 1 700 元，款项收到存入银行。

(2) 出售 B 产品给红达公司，价款 20 000 元，增值税 3 400 元，款项在原预交款抵扣。

(3) 出售 C 产品 30 000 元，增值税 5 100 元，款项兴盛公司暂欠。
(4) 以银行存款支付产品展销费 2 200 元。
(5) 分配本月负担已支付的产品广告费 2 800 元。
(6) 结算本月应交城建税 7 000 元。
(7) 结算本月应交教育附加费 3 000 元。
(8) 结算售出 A 产品成本 5 500 元。
(9) 以银行存款交纳城建税 7 000 元。
(10) 以银行存款交纳增值税 100 000 元。
(11) 收到红达公司预交购货款 80 000 元存入银行。
(12) 收到兴盛公司归还前欠购货款 10 000 元存入银行。
(13) 以银行存款支付销售产品的运输费用 4 000 元。
(14) 收到红达公司交来的购货周转箱押金 8 000 元。
(15) 没收红达公司到期未归还的周转箱押金 8 000 元。

5．利润形成与分配业务的核算。

(1) 按规定提取工会经费 6 000 元，职工教育费 4 500 元。
(2) 以银行存款支付职工教育费 1 100 元。
(3) 收到银行利息通知单，企业银行存款利息 15 800 元。
(4) 支付银行手续费 150 元。
(5) 李明出差借款现金 4 000 元。
(6) 李明出差归来，报销差旅费 3 500 元，退回现金 500 元，结清原借款。
(7) 以银行存款支付税收滞纳金 3 000 元。
(8) 结转本月主营业务收入 60 000 元。
(9) 结转本月其他业务收入 69 000 元，营业外收入 5 500 元。
(10) 结转主营业务成本 5 500 元。
(11) 结转营业外支出 3 000 元。
(12) 本月财务费用借方发生额 1 350 元，贷方发生额 15 800 元，月末结转财务费用账户。
(13) 结算应交所得税 10 000 元。
(14) 结转所得税费用 10 000 元。
(15) 以银行存款交纳所得税 10 000 元。
(16) 按规定提取盈余公积金 50 000 元。
(17) 研究决定向投资者分配利润 15 000 元。
(18) 年末结转本年利润贷方余额 500 000 元。
(19) 以银行存款支付应付投资者利润 15 000 元。
(20) 以盈余公积金弥补企业亏损额 69 800 元。

五、计算题

1．某企业采购甲材料 3 200 千克，单价 20 元；乙材料 4 000 千克，单价 16 元；丙材料 800 千克，单价 40 元。共同发生运输费用 1 600 元。

要求：

(1) 以三种材料的重量为标准计算分配率，分配运输费用。

(2) 分别计算三种材料的总成本。

(3) 编制以银行存款支付运输费用的会计分录。

2．某企业生产 A、B 两种产品。A 产品材料费 3 200 元，人工费 2 000 元；B 产品材料费 4 800 元，人工费 6 000 元。本月发生制造费用 4 400 元。

要求：

(1) 以两种产品人工费为标准计算分配率，分配制造费用。

(2) 分别计算两种产品的总成本。

(3) 编制月末结转制造费用的会计分录。

3．企业本月增值税进项税额为 13 600 元，销项税额为 15 300 元，根据以上资料确定：

(1) 本月应交增值税数额。

(2) 本月应交城建税数额。

(3) 本月应交教育附加费数额。

4．企业本月损益账户发生额如下：

主营业务收入 880 000	其他业务收入 15 000	营业外收入 4 000
主营业务成本 300 000	其他业务成本 6 500	营业税金及附加 11 000
销售费用 2 000	管理费用 6 000	财务费用 400
营业外支出 1 500		

要求：

(1) 计算毛利。

(2) 计算营业利润。

(3) 计算利润总额。

(4) 按照上述利润总额，按 25 % 的所得税税率计算应交所得税税额。

(5) 根据上述数据，计算净利润。

第 5 章 账户的分类

学习目标与要求

通过本章学习，了解账户按经济内容分类；掌握账户按用途结构分类，尤其是重点掌握按用途结构分类中的盘存账户、结算账户、调整账户。前面以工业企业为例介绍了账户的使用方法，本章对账户进行了分类，重点了解账户的特点和账户之间的内在联系，总结各个账户在整个账户体系中的地位和作用，从而全面认识会计对象，掌握各类账户的设置和运用规律。

第一节 账户按经济内容分类

账户按经济内容分类,是指账户按会计对象具体内容分类。会计对象具体内容表现为资产、负债、所有者权益、收入、费用和利润六个会计要素。因此按经济内容分类就是按会计要素对账户的分类。

一、资产类账户

资产类账户是反映企业资产增减变动情况及其余额的账户。资产类账户按登记的资产流动性不同分为反映流动资产账户和反映非流动资产账户。

反映流动资产账户,可分为反映货币资金的账户,如"库存现金""银行存款";反映存货的账户,如"原材料""库存商品""生产成本"(登记在产品、半成品成本);反映债权的账户,如"应收账款""预付账款""其他应收款"等。

反映非流动资产账户,包括"固定资产""累计折旧""无形资产"等。

二、负债类账户

负债类账户是反映企业负债增减变化情况及其余额的账户。负债类账户按登记的债务还款期限不同,分为反映流动负债账户和反映长期负债的账户。

反映流动负债的账户,包括"短期借款""应付账款""预收账款""其他应付款""应付职工薪酬""应交税费""应付股利"等。

反映长期负债的账户,包括"长期借款""长期应付款"等。

三、所有者权益类账户

所有者权益类账户是反映企业所有者权益增减变化情况及其余额的账户。按照所有者权益来源不同,分为反映原始投资的账户和反映资本积累的账户。

反映原始投资的账户,如"实收资本"账户。

反映资本积累的账户,包括"资本公积""盈余公积"等。

四、收入类账户

收入类账户是反映企业生产经营过程中取得的各种收入情况的账户。按照收入与企业生产经营活动是否有关,分为反映营业收入账户和反映非营业收入账户。

反映营业收入的账户,包括"主营业务收入""其他业务收入"。

反映非营业收入的账户,如"营业外收入"账户。

五、费用类账户

费用类账户是反映企业生产经营过程中发生的各种耗费情况的账户。按照费用与企业生产经营活动是否有关,分为营业费用账户和非营业费用账户。

反映营业费用的账户,包括"主营业务成本""其他业务成本""营业税金及附加""销售费用""管理费用""财务费用""所得税费用"以及"生产成本""制造费用"等。

反映非营业费用的账户,如"营业外支出"账户。

六、利润类账户

利润类账户是反映企业财务成果及其分配情况的账户。按照利润类账户反映的内容不同,分为反映财务成果的账户和反映财务成果分配情况的账户。

反映财务成果的账户,如"本年利润"账户。

反映财务成果分配情况的账户,如"利润分配"账户。

账户按经济内容分类,可以用结构图表示,如图 5.1 所示。

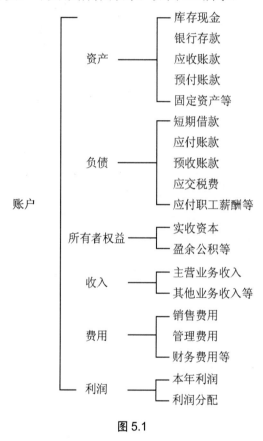

图 5.1

第二节 账户按用途结构分类

账户按用途结构分类,是在账户按经济内容分类的基础上进行的。账户的用途,是指通过账户记录提供哪些核算指标,就是设置和运用账户的目的;账户的结构是指账户如何提供核算指标,即借方登记什么,贷方登记什么,余额在什么方向,反映什么内容。例如原材料账户,借方登记验收入库材料的实际成本,贷方登记发出领用材料的实际成本,期末余额在借方,反映结存材料的实际成本。账户按经济内容分类是最基本的、主要的分类,按用途结构分类是必要的补充,对账户的分析研究更加详细具体。

账户按用途结构分类，有盘存账户、结算账户、资本账户、集合分配账户、成本计算账户、期间损益账户、财务成果账户和调整账户等。账户按用途结构分类如图5.2所示。

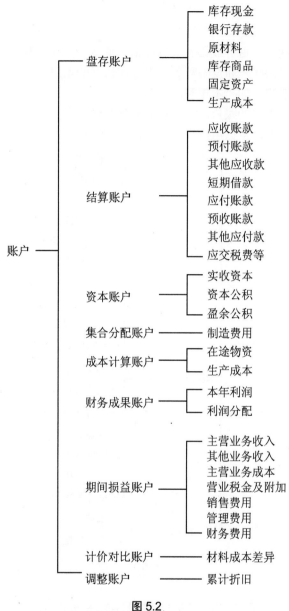

图 5.2

一、盘存账户

盘存账户是用来核算和监督各项财产物资和货币资金增减变动及其余额的账户。盘存账户是资产账户的一部分。属于盘存账户的有："库存现金""银行存款""原材料""生产成本""库存商品""固定资产"等。

盘存账户的结构：借方登记货币资金和财产物资的增加数，贷方登记货币资金和财产物资的减少数，期末余额在借方，反映财产物资货币资金的实有数额。

除"库存现金""银行存款"账户外，其他盘存账户可以提供价值指标和实物量指标。

二、结算账户

结算账户是用来核算和监督企业同其他单位或个人之间发生的债权、债务结算情况的账户。按结算的性质,结算账户分为债权结算账户、债务结算账户和债权债务结算账户三类。

(一) 债权结算账户

债权结算账户是用来核算和监督企业债权增减变动及其实有数额的账户。债权结算账户是资产账户的一部分。如"应收账款""预付账款""其他应收款"等。

债权结算账户的结构:借方登记债权的增加数,贷方登记债权的减少数,期末余额在借方,反映债权的实有数额。

(二) 债务结算账户

债务结算账户是用来核算和监督企业债务增减变动及其实有数额的账户。债务结算账户是负债账户的一部分。如"应付账款""预付收账款""其他应付款""应交税费"等。

债务结算账户的结构:贷方登记债务的增加数,借方登记债务的减少数,期末余额在贷方,反映债务的实有数额。

(三) 债权债务结算账户

债权债务结算账户是用来核算和监督企业与其他单位或个人以及企业内部之间往来款项结算情况的账户。债权债务结算账户是具有资产和负债双重性质的账户。例如预付款项不多的企业,可以不设置"预付账款"账户,将数额登记在"应付账款"账户,此时的"应付账款"账户成为债权债务结算账户。同样道理,将"预收账款"账户与"应收账款"账户合并,"应收账款"账户成为债权债务结算账户。根据企业需要,也可以将"其他应收款""其他应付款"账户合并为"其他往来"债权债务结算账户。

债权债务结算账户的结构:借方登记债权的增加数和债务的减少数,贷方登记债权的减少数和债务的增加数。期末余额在借方或贷方,反映债权和债务相抵后的差额,不反映债权或债务的实有数额。

三、资本账户

资本账户是用来核算和监督企业投入资本和资本积累的增减变动情况及其结果的账户。如"实收资本""资本公积""盈余公积"等账户。

资本账户的结构:贷方登记增加额,借方登记减少额,期末余额在贷方,反映资本的实有数额。

四、集合分配账户

集合分配账户是用来归集和分配企业生产经营活动某一阶段发生的间接费用账户,如"制造费用"账户。

集合分配账户的结构:借方登记间接费用的发生额,贷方登记分配后转入"生产成本"账户由各种产品成本负担的间接费用数额。期末一般无余额。

五、成本计算账户

成本计算账户是用来核算和监督生产经营过程中某一阶段的全部费用，以确定各种产品成本的账户。属于成本计算账户的有"在途物资"账户和"生产成本"账户，分别核算外购材料成本和企业生产的产品成本。

成本计算账户的结构：借方登记应计入成本的全部费用，贷方登记转出的验收入库材料或完工入库产品实际成本。期末余额在借方，反映未验收材料或未完工产品实际成本。

六、期间损益账户

期间损益账户是用来归集企业一定时期各项收入和费用支出的账户。期间损益账户按账户性质分为期间收入和期间费用账户两类。

期间收入账户是专门归集各项收入的账户。这类账户贷方登记一定会计期间取得的收入数额，借方登记期末转入"本年利润"账户核算盈亏的数额。期末无余额。属于期间收入账户的有"主营业务收入"账户、"其他业务收入"账户、"营业外收入"账户等。

期间费用账户是专门归集各项费用支出的账户。这类账户借方登记一定会计期间发生的费用支出数额，贷方登记期末转入"本年利润"账户核算盈亏的数额。期末无余额。属于期间费用账户有"主营业务成本""其他业务成本""营业税金及附加""销售费用""管理费用""财务费用""所得税费用""营业外支出"等账户。

七、财务成果账户

财务成果账户是用来确定企业一定时期盈亏情况的账户。

财务成果账户的结构：贷方登记期末从期间收入账户转入的收入数额，借方登记期末从期间费用账户转入的费用支出数额。期末余额在贷方或借方，反映取得的净利润或发生的亏损。属于财务成果账户的是"本年利润"账户。年末该账户余额需要转入"利润分配"账户。年末"本年利润"账户无余额。

八、计价对比账户

计价对比账户是用来对某一经济业务按两种计价标准进行对比，从而确定有经济意义指标的账户。按计划成本对原材料进行核算的企业，所设置的"材料采购"账户，就是计价对比账户。

该账户的结构：借方登记外购原材料的实际成本，贷方登记原材料验收入库按照计划价格核算的计划成本。通过借贷两种计价对比，确定外购原材料的超支数额或节约数额，并将差异转入"材料成本差异"账户。计价对比账户余额在借方，反映未验收入库原材料实际成本。

九、调整账户

调整账户是为了调整相关账户的余额，以确定该账户实际余额而设置的账户。在会计核算中，由于经营管理上的需要或其他原因，为了便于取得这些经营管理方面的指标，对于一些会计要素具体内容从不同角度进行反映，设置两个账户。一个登记原始数额(该账户称为被调整账户),一个登记对原始数额进行调整的数额(该账户称为调整账户)。两个账户数额相加或相减,从而确定有特定含义指标的实际数额。

例如"累计折旧"账户,就是对"固定资产"账户进行调整,通过"固定资产"账户余额与"累计折旧"账户余额求差,取得固定资产净值这一重要经济管理方面指标。两个账户的使用各有分工,"固定资产"账户登记原始价值,"累计折旧"账户登记固定资产磨损价值。

调整账户按调整方式的不同,分为备抵账户、附加账户和备抵附加账户三类。

(一)备抵账户

备抵账户是用来抵减被调整账户余额,以求得被调整账户实际余额的账户。"累计折旧"是"固定资产"的备抵账户,"坏账准备"是"应收账款"的调整账户。

备抵账户的特点:调整账户与被调整账户结构不同,余额方向相反,因此通过相减进行调整。

(二) 附加账户

附加账户是用来增加被调整账户余额,以求得被调整账户实际余额的账户。

附加账户的特点:调整账户与被调整账户的结构相同,余额方向一致,因此通过相加进行调整。会计核算中,单纯的附加账户不存在。

(三) 备抵附加账户

备抵附加账户是采用抵减或附加的调整方式,以求得被调整账户实际余额的账户。如"材料成本差异"账户(专业会计使用)和"本年利润"账户就是备抵附加账户。

调整账户有以下特点:调整账户与被调整账户所反映的经济内容相同;调整方式是用原始数字加上或减去调整数字,从而获得具有特定含义指标的实际数字;调整账户不能脱离被调整账户而独立存在,有调整账户就一定有被调整账户。

课后练习题

一、名词解释

1．盘存账户　　2．结算账户　　3．债权结算账户
4．债权债务结算账户　　5．集合分配账户　　6．调整账户

二、简答题

1．按照结算账户的性质,将结算账户分成哪些类别?包括哪些具体账户?
2．调整账户有哪些特点?按调整方式分成哪些类别?

三、填空题

1．盘存账户一般可提供两类指标:＿＿＿＿＿＿、＿＿＿＿＿＿。
2．结算账户按结算的性质,分为＿＿＿＿＿＿、＿＿＿＿＿＿、＿＿＿＿＿＿三类。
3．调整账户按调整方式的不同,分为＿＿＿＿＿＿、＿＿＿＿＿＿、和＿＿＿＿＿＿。

第 6 章 会计凭证

学习目标与要求

通过本章学习,掌握会计凭证的概念和分类;了解会计凭证的作用;掌握原始凭证的概念和分类;掌握记账凭证的概念和分类;掌握原始凭证的基本内容;了解原始凭证填制要求;了解记账凭证的基本内容、填制要求;重点掌握填制方法。

第6章 会计凭证

第一节 会计凭证概述

一、会计凭证的作用

(一) 会计凭证的概念

会计凭证是记录经济业务、明确经济责任的书面证明，是用来登记账簿的依据。

企业生产经营中发生任何一项经济业务，都需要取得或填制会计凭证。有些会计凭证是从企业内部或外部取得的，有些是会计人员填制的。会计凭证以书面的形式记载经济业务发生或完成情况。会计凭证反映经济业务的内容、数量、金额，并由单位及经手人盖章签字，明确经济业务的真实性、准确性及所承担的责任。会计凭证要经过严格的审核，审核无误的凭证，才能作为登记账簿的依据。

(二) 会计凭证的作用

填制和审核凭证是会计核算的主要环节之一，是会计核算工作的起点。做好会计凭证的填制审核工作，是会计信息真实可靠的基础，是会计核算工作顺利进行的基本保证。会计凭证的填制和审核工作，对于完成会计任务，实现会计职能具有重要作用。会计凭证有以下作用。

(1) 可以反映经济业务的发生或完成情况。企业日常发生经济业务，无论是货币资金的收付、原材料的购入，还是产品完工入库，都需要取得或填制会计凭证，详细记录反映经济业务的内容，这样有利于保证会计记录的准确、真实，防止虚假和伪造。

(2) 可以加强对经济业务的监督和检查。通过对会计凭证的填制和审核，可以检查企业发生的经济业务是否符合国家的法律、法规、准则、制度等有关规定，有无违反财经纪律的内容，及时发现和纠正经济活动中存在的问题，充分发挥会计的监督作用，保证会计核算工作的顺利进行。

(3) 可以加强相关部门和人员的岗位责任制。会计核算中，需要明确相关部门、人员的责任。发生经济业务后，相关部门或人员都要履行一定手续，填制办理会计凭证，出现问题能够分清责任，促进日常会计核算工作的规范有序。

二、会计凭证的种类

工业企业日常经济活动中，有各种类型的会计凭证。会计凭证按填制程序和用途不同，分为原始凭证和记账凭证两类，这是会计凭证的基本分类。

(一) 原始凭证及种类

原始凭证是经济业务发生时取得或填制的，用以证明经济业务发生或完成情况的原始资料，是登记账簿的原始依据。原始凭证是会计核算工作的原始资料和重要依据，是保证会计信息真实可靠的关键。原始凭证提供大量经济信息，是记录经济业务并具有法律效力的报告文件。因此，搞好原始凭证的填制和审核工作，是会计核算的基础工作。

不能证明经济业务是否完成的书面文件，不能作为原始凭证和登记账簿的依据，如购销合同、申购单据等。

按照原始凭证的来源，可分为自制原始凭证和外来原始凭证。

1. 自制原始凭证

自制原始凭证是指本单位经办业务的部门或人员，在经济业务发生或完成时自行填制的、供本单位内部使用的原始凭证。自制原始凭证，按填制手续不同，分为一次凭证、累计凭证、汇总原始凭证和记账编制凭证。

(1) 一次凭证。一次凭证是指经济业务发生或完成后填制的，只反映一项，或同时反映若干项同类性质的经济业务，填制手续一次完成的原始凭证。例如原材料验收入库后，由仓库保管人员填写的"收料单"；员工出差归来，填写的"差旅费报销单"，都是一次凭证。"收料单"如表6-1所示。

表6-1 收 料 单

供货单位：　　　　　　　　　　　　　　　　　　　　　凭证编号：
发票号码：　　　　　　　　　年　月　日　　　　　　　收料仓库：

类别	材料编号	名称规格	计量单位	数量		金额(元)			
				应收	实收	单价	买价	运杂费	合计

(2) 累计凭证。累计凭证是指在一定时期内连续记录若干项同类性质经济业务的原始凭证。累计凭证的填制手续不是一次完成，而是按照经济业务的陆续发生分别填制的，期末汇总完成。例如"限额领料单"就是典型的累计凭证。企业某种原材料消耗在一定时期制定限额，每次领用时，在"限额领料单"上逐行登记，并随时结算出领用量，期末确定消耗总量和金额。填制完成后，其中一份交给财会部门，作为会计核算的依据。"限额领料单"不仅能汇总记录多次相同类型经济业务，而且能反映原材料消耗的超支或节约数额。"限额领料单"如表6-2所示。

表6-2 限额领料单

　　　　　　　　　　　　　　　　年　月　　　　　　　　编　号：
领料单位：　　　　　　　　名称规格：　　　　　　　　计划产量：
单　　价：　　　　　　　　消耗定量：　　　　　　　　领料限额：

请 领				实 发					
月	日	数量	领料单位负责人	数量	累计	发料人	领料人		限额结余
累计实发金额(大写)				万	仟	佰	元	¥	

(3) 汇总原始凭证。汇总原始凭证是指在会计核算中,为了简化会计工作程序,根据多张同类经济业务的原始凭证或会计核算资料定期汇总填制的原始凭证。这类原始凭证是对其他原始凭证即一次凭证进行汇总。一张汇总表中只能将同类经济业务进行汇总,不能将两类或两类以上经济业务填列在一张汇总表中。汇总原始凭证如"发出材料汇总表""现金收入汇总表""工资结算汇总表"等。"发出材料汇总表"如表 6-3 所示。

表 6-3　发出材料汇总表

年　　月　　日　　　　　　　　　单位:

应借科目	应贷科目				辅助材料	发料合计
	明细科目					
	1~10 日	11~20 日	21~30 日	小　计		
合　　计						

(4) 记账编制凭证。在各种自制原始凭证中,一般都是以实际发生或完成的经济业务为依据,由经办人员填制或签章。而有些自制原始凭证是会计人员根据账面记录内容整理编制的。这种根据账簿记录填制的原始凭证,称为记账编制凭证。例如"制造费用分配表""固定资产折旧计算表"等。"制造费用分配表"如表 6-4 所示。

表 6-4　制造费用分配表

年　　月

应借科目	生产工时	分配率	分配金额
明细科目			
合　计			

2. 外来原始凭证

外来原始凭证是指企业与外部进行经济业务往来时,从外部单位取得的原始凭证。例如购买原材料时从供货单位取得的购货发票、交纳税费时从税务部门取得的缴款票据、支付行政管理部门按规定收取费用的收款收据、银行转来的结算凭证等。外来原始凭证一般都是一次凭证。企业取得的外来原始凭证,应当认真检查审核,发现存在问题,应及时与对方联系更换,不能将存在问题的原始凭证作为会计核算的依据。收款收据如表 6-5 所示。

表 6-5　收 款 收 据

年　　月　　日

付 款 单 位		收款方式	
收 款 事 由			
金额(大写)		¥	
备　　注			

(二) 记账凭证及种类

记账凭证是由财会部门会计人员根据审核无误的原始凭证进行归类整理而填制的，用来确定会计分录，作为登记账簿直接依据的一种会计凭证。填制记账凭证的过程是将经济信息转化为会计信息的过程。

记账凭证与原始凭证有本质的区别：原始凭证是在经济业务发生或完成时，由经办单位或部门相关人员填制的，反映企业发生的经济业务情况，提供未进行任何会计加工的资料；记账凭证是企业财会部门会计人员根据审核后的原始凭证填制的，具有会计专业特点的凭证。原始凭证只是记录经济业务情况，绝大部分原始凭证是明细账的登记依据。记账凭证用于编制会计分录，是登记账簿的直接依据。在实际工作中，原始凭证附在记账凭证后面，作为记账凭证附件。

1. 账凭证按适用会计主体不同，分为通用记账凭证和专用记账凭证

1) 通用记账凭证

通用记账凭证是适用于任何经济业务编制会计分录的凭证。这类记账凭证一般在规模小，经济业务量不多的中小型企业使用。通用记账凭证格式如表6-6所示。

表6-6 通用记账凭证

年　　月　　日　　　　　　　　　　　　第　号

摘　要	总账科目	明细科目	借方金额	贷方金额	记账符号
附原始凭证　　　张					

财务主管　　　　　　记账　　　　　　出纳　　　　　　审核　　　　　　制单

2) 专用记账凭证

专用记账凭证是对某一类经济业务编制会计分录的凭证。按记录的经济业务是否与货币资金收付有关，将专用记账凭证分为收款凭证、付款凭证和转账凭证。这类记账凭证一般在规模大、经济业务量多的大中型企业使用。

收款凭证是会计人员根据货币资金增加业务而填制的记账凭证。收款凭证根据记录的货币资金不同，又分为库存现金收款凭证和银行存款收款凭证。这类记账凭证的借方只能是库存现金或银行存款。

付款凭证是根据货币资金减少业务而填制的记账凭证。同样，付款凭证分为库存现金付款凭证和银行存款付款凭证。这类记账凭证的贷方只能是库存现金或银行存款。

转账凭证是用来记录除货币资金收付外的其他业务填制的记账凭证。这类记账凭证的借方、贷方是除库存现金和银行存款之外的任何账户。转账凭证的格式与通用记账凭证的格式相类似。

对于特殊的经济业务，例如将现金存入银行或从银行提取现金等货币资金之间的划转业务，按规定只填制一张付款凭证，以避免重复记账。将现金存入银行，应填制库存现金付款凭证；从银行提取现金，应填制银行存款付款凭证。实际工作中，为了便于识别三类会计凭证，三种专用记账凭证印刷成不同颜色。收款凭证、付款凭证和转账凭证的格式分别如表6-7、表6-8、表6-9所示。

表6-7 收款凭证

借方科目			年 月 日		收字第 号
摘 要	贷方总科目	明细科目	金 额		记账符号
附原始凭证 张			合 计		

财务主管　　　　　记账　　　　　出纳　　　　　审核　　　　　制单

表6-8 付款凭证

贷方科目			年 月 日		付字第 号
摘 要	借方总科目	明细科目	金 额		记账符号
附原始凭证 张			合 计		

财务主管　　　　　记账　　　　　出纳　　　　　审核　　　　　制单

表6-9 转账凭证

			年 月 日		转字第 号
摘 要	总账科目	明细科目	借方金额	贷方金额	记账符号
附原始凭证 张		合 计			

财务主管　　　　　记账　　　　　审核　　　　　制单

2. 记账凭证按所列会计科目是否单一，分为复式记账凭证和单式记账凭证

复式记账凭证是将某项经济业务所涉及的全部会计科目填写在一张记账凭证上。复式记账凭证就是根据复式记账法填制的记账凭证。这种类型的记账凭证账户对应关系清晰，便于了解经济业务的全貌，便于核对账目，同时减少了填制记账凭证的工作量。但复式记账凭证不便于对会计科目的汇总及会计核算的分工。实际工作中采用这类记账凭证。

单式记账凭证是将某项经济业务涉及的会计科目分别填制记账凭证,每张记账凭证上只填列一个会计科目。单式记账凭证便于对发生额进行汇总。但是填制会计凭证的工作量大,一旦出现差错,不容易查找。

3. 记账凭证按照是否经过汇总,分为汇总记账凭证和非汇总记账凭证

1) 汇总记账凭证

汇总记账凭证是按照一定要求汇总填制的记账凭证。按照汇总范围不同,可分为分类汇总记账凭证和全部汇总记账凭证。

分类汇总记账凭证是按照某一类别汇总填制的记账凭证。例如,根据银行存款收款凭证汇总填制的记账凭证,属于分类汇总记账凭证。全部汇总记账凭证是根据一定期间的记账凭证全部进行汇总填制的记账凭证。例如,第 3 章试算平衡表中的发生额平衡,可以单独列表进行汇总,一般称为科目汇总表,是对本月发生所有经济业务进行汇总填制的,属于全部汇总记账凭证。

2) 非汇总记账凭证

非汇总记账凭证是没有经过任何汇总,根据发生经济业务的原始凭证填制的记账凭证。通用记账凭证、收款凭证、付款凭证、转账凭证都是非汇总记账凭证。

第二节 原始凭证的填制与审核

一、原始凭证的基本内容

企业日常发生的经济业务有各种类型,取得的原始凭证内容和格式多种多样。不过,原始凭证都必须具备说明经济业务发生或完成情况的功能,以及明确相关单位和责任人等要素。原始凭证一般包括以下基本内容。

(1) 原始凭证的名称。例如购货发票、收款收据、领料单、收料单等。原始凭证的名称能反映出经济业务的类型及内容。

(2) 原始凭证的填制日期和编号。填制日期一般是经济业务发生或完成的时间。经济业务发生后,应当及时填制原始凭证,并对凭证进行编号,以便查验核对。因故未能及时填制原始凭证的,应当以实际填制日期为准。

(3) 填制和接受原始凭证企业名称及经办人姓名。任何经济业务的发生,都是由交易双方来完成的。因此在原始凭证上,将交易双方名称登记清楚,以便明确各自的责任。

(4) 经济业务内容。经济业务内容通过原始凭证的摘要栏或原始凭证名称反映出来。例如领料单本身就反映出经济业务的内容。

(5) 经济业务的数量、单价和金额。这是原始凭证的核心内容,是经济业务的具体情况,是编制记账凭证和登记账簿的依据。数据资料要字迹清晰、计算准确。

二、原始凭证的填制要求

原始凭证是具有法律效力的书面证明,在填制时要按照原始凭证基本内容,按规定方法进行填写,履行签章程序,明确经济责任。

原始凭证的填制有三种形式：一种是经办人员直接填写，如"收料单""领料单"等；另一种是由会计人员根据账簿记录填写，如各种记账编制凭证；再有是根据若干张同类经济业务的一次凭证填写，如汇总原始凭证。

填制原始凭证时要遵循以下要求。

(1) 内容真实。填写原始凭证，所登记的内容要同实际情况一致，涉及的实物数量需要进行检查验收，金额需要认真计算核对，确保所反映的经济业务符合实际情况，避免凭证记录与实际情况相互矛盾。

(2) 项目齐全。原始凭证规定的项目，需要逐项填写，不能随意增加或减少填写的项目。不按照规定填写的凭证就是无效凭证，不能作为记账的依据。经办人员和有关部门的负责人都要在凭证上签字，对凭证的真实性、正确性负责。

(3) 书写规范。数字的书写按照规范进行，大小写要一致。凭证上的文字要求字迹工整、清晰规范，容易辨认。数字要逐个填写，不能连写，小写金额前要加注货币单位符号，如￥、HK＄、US＄等。大写金额有"分"的，后面不写"整"，其余情况下都需要在后面加"整"字。大写金额前要加注币值单位"人民币""美元""港币"等字样，币值单位与数字之间，以及各数字之间不能有空格。出现错误尤其是金额错误，不能随意涂改、挖补，需要按照规定方法进行更正或退回更换。重要的原始凭证，如银行支票及各种结算凭证，不能涂改，加盖"作废"戳记，单独保管，定期销毁。

汉字大写数字壹、贰、叁、肆、伍、陆、柒、捌、玖、拾、佰、仟、万、亿、元、角、分、零、整，需要用正楷或行书书写，不能自造简化字。

(4) 填制及时。原始凭证在经济业务发生或完成时及时填写，便于及时反映经济业务情况，使会计核算工作顺利进行。原始凭证不能根据预计的结果填写，也不能无故拖延时间不填制，造成经济业务内容、数量的模糊和遗忘。

三、原始凭证的审核

原始凭证取得或填制后，要及时送交财会部门，会计人员对原始凭证进行审核和核对。审核原始凭证是保证会计核算资料真实可靠的重要措施，是发挥会计监督作用的重要手段。原始凭证的审核包括以下内容。

(1) 真实性审核。真实性审核包括凭证日期、业务内容、数据是否真实等。外来原始凭证，必须有填制单位和填制人的签章；自制原始凭证，要有经办部门和经办人员的签章。

(2) 合法性审核。合法性审核包括原始凭证所记录的经济业务是否违反国家法律法规、财务制度和计划的规定，是否符合成本、列支范围，标准是否按规范执行，是否存在弄虚作假、贪污舞弊、虚报冒领、伪造涂改等凭证行为。

(3) 完整性审核。完整性审核包括原始凭证是否具备合法凭证所必需的基本内容，项目是否齐全，金额的大小写是否相符，经办人员是否签章，需要履行签字审批手续的是否经过主管人员审核批准等。

(4) 准确性审核。准确性审核包括原始凭证的金额计算是否正确，数字填写及大小写有无错误。发现问题要及时处理，不能自行更改。

会计所具有的监督作用主要体现在原始凭证的审核上。通过原始凭证的审核，确保会计核算的起点真实、合理、合法。对于审核无误的原始凭证，可以作为填制记账凭证和登记账簿的依据。对那些项目填写不完整，填写有错误的原始凭证，应当退给经办人员补充完整或负责更换。对于虚假、违法的原始凭证，会计人员不予受理，并向单位负责人反映情况。

第三节　记账凭证的填制与审核

一、记账凭证的基本内容

记账凭证有多种形式，但作为编制会计分录和进行款项收付、登记账簿直接依据的记账凭证，一般包括以下基本内容。

(1) 记账凭证的名称。如中小型企业使用的通用记账凭证，大中型使用的收款凭证、付款凭证、转账凭证等。

(2) 填制日期及编号。填制日期指填写记账凭证的时间。与所依据的原始凭证时间有两种情况：一个是原始凭证时间与记账凭证时间相同；另一个是原始凭证时间在前，记账凭证的时间在后。审核无误的原始凭证应当及时填制记账凭证，尤其是涉及货币资金收付的原始凭证，及时填制记账凭证及时登记账簿。记账凭证按月按顺序进行编号。

(3) 经济业务内容摘要。记账凭证是对原始凭证记录经济业务的处理，因此，只需要对经济业务用简明、扼要的文字进行说明。

(4) 会计科目、记账方向及金额。这是记账凭证的核心内容，就是编制会计分录。将经济信息加工成具有会计专业特点的记录形式。

(5) 所附原始凭证的张数。记账凭证根据哪几张原始凭证填写的，需要把原始凭证粘贴在记账凭证后面，并写明张数。

(6) 相关人员的签名盖章。签章后，能落实相关人员的责任制，增强责任心，减少和避免记账过程中出现的差错。

二、记账凭证的填制要求

记账凭证是根据审核无误的原始凭证填制的，是具有会计核算专业特点的会计信息加工过程。因此，填制记账凭证时，除了需要遵守填制原始凭证的要求外，还需要遵守以下填制要求。

(1) 摘要简明扼要。为了便于通过摘要了解经济业务内容，便于查阅凭证和登记账簿，记账凭证的摘要栏要使用简练的文字对经济业务进行概括。

(2) 业务记录明确。为了清晰地反映经济业务的来龙去脉和账户对应关系，一张记账凭证上只能反映一项经济业务内容，或若干项同类经济业务。不能把不同类型经济业务填制在一张记账凭证上。

(3) 科目运用准确。按照规定的会计科目，正确编制会计分录。不能随意更改或简化会计科目名称。记账凭证在填写时发生错误，不能涂改，需要重新填制。使用的记账凭证格式保持相对稳定，尤其在一个会计年度内不能随意更换。

(4) 附件数量完整。除了转账和更正错账等个别记账凭证没有原始凭证外，其他记账凭证都需要根据原始凭证填制，都需要将原始凭证附在记账凭证后面。原始凭证要完整无缺、准确无误，并在记账凭证上注明所附原始凭证张数。如果出现多张记账凭证的依据是同一张原始凭证时，需要标注清楚，以便日后查阅。

(5) 填写内容齐全。记账凭证项目要填写齐全。需要按规定程序办理签章手续的，不能简化。例如，出纳员需要在收款凭证和付款凭证加盖"收讫""付讫"印章，以免重复收、付。

(6) 凭证顺序编号。记账凭证要按照类别或经济业务发生的顺序连续编号，以便核查。采用通用记账凭证的企业，可以按照经济业务发生的先后顺序进行编号。采用收款凭证、付款凭证、转账凭证等专用记账凭证的企业，可以按照凭证类别进行编号，称为类别编号法。或者将全部记账凭证进行编号，然后再按照类别进行编号，称为双重编号法。如果一项经济业务需要填制多张记账凭证，可采用分数编号法对记账凭证进行编号。例如在填写顺序号第 18 号经济业务时，需要填写两张记账凭证，可以将编号写成 $18\frac{1}{2}$、$18\frac{2}{2}$。每月月末最后一张记账凭证，需要在编号处加注"全"字，避免记账凭证的散失。

(7) 记账凭证填写完毕，需要复核检查，发现问题及时解决。

三、记账凭证的审核

记账凭证是登记账簿的直接依据。为了保证账簿记录的准确性，提高会计信息质量，在根据记账凭证登记账簿之前，需要对编制完成的记账凭证进行认真审核。记账凭证的审核主要有以下几个方面。

(1) 内容是否相符。审核记账凭证是否附有原始凭证，张数是否相同；记账凭证所反映的经济业务是否与所附原始凭证内容一致；记账凭证日期与原始凭证日期有无差错。日期有两种情况：一个是日期相同；另一个是原始凭证日期在前，记账凭证日期在后。

(2) 项目是否齐全。审核记账凭证填写是否全面、完备；日期、凭证编号、二级与明细科目是填写齐全；有无相关人员签章。

(3) 分录是否正确。应借应贷会计科目是否正确，对应关系是否清晰；所使用的会计科目是否符合国家统一的会计制度规定。

(4) 金额是否相等。审核记账凭证所记金额是否与所附原始凭证金额一致，计算是否正确；借方、贷方金额是否相等，总科目金额是否与所属明细科目金额之和相等。

记账凭证在审核中发现问题，应查明原因，重新填写。只有审核无误的记账凭证，才能作为登记账簿的依据。

四、记账凭证填制实例

下面以第 4 章发生的经济业务为例，介绍收款凭证、付款凭证和转账凭证的填制方法。

1.

收　款　凭　证

借方科目：银行存款　　　　　　　　　　　　　　　　　　　　银收字第　1　号

摘　　要	贷方总科目	明 细 科 目	金　　额	记 账 符 号
收到投资货币资金	实收资本		500 000	
合　　计			500 000	

2.

转 账 凭 证

转字第 1 号

摘 要	总账科目	明细科目	借方金额	贷方金额	记账符号
收到投资设备	固定资产		20 000		
	实收资本			20 000	
附原始凭证 略 张		合 计	20 000	20 000	

3.

收 款 凭 证

借方科目：银行存款　　　　　　　　　　　　　　　　　　　　　　银收字第 2 号

摘 要	贷方总科目	明细科目	金 额	记账符号
取得银行季度借款	短期借款		60 000	
合 计			60 000	

4.

转 账 凭 证

转字第 2 号

摘 要	总账科目	明细科目	借方金额	贷方金额	记账符号
结算借款利息	财务费用		300		
	应付利息			300	
附原始凭证 略 张		合 计	300	300	

5.

付 款 凭 证

贷方科目：银行存款　　　　　　　　　　　　　　　　　　　　　　银付字第　1　号

摘　　要	借方总科目	明细科目	金　　额	记账符号
偿还季度借款本金及利息	短期借款		60 000	
	应付利息		900	
合　　计			60 900	

6.

付 款 凭 证

贷方科目：银行存款　　　　　　　　　　　　　　　　　　　　　　银付字第　2　号

摘　　要	借方总科目	明细科目	金　　额	记账符号
购入甲材料	在途物资	甲材料	10 000	
	应交税费	增值税(进项税额)	1 700	
合　　计			117 00	

7.

付 款 凭 证

贷方科目：库存现金　　　　　　　　　　　　　　　　　　　　　　现付字第　1　号

摘　　要	借方总科目	明细科目	金　　额	记账符号
支付甲材料运费	在途物资	甲材料	1 000	
合　　计			1 000	

8.

转 账 凭 证

转字第 3 号

摘 要	总账科目	明细科目	借方金额	贷方金额	记账符号
结转验收甲材料成本	原材料	甲材料	11 000		
	在途物资	甲材料		11 000	
附原始凭证 略 张		合 计	11 000	11 000	

9.

转 账 凭 证

转字第 4 号

摘 要	总账科目	明细科目	借方金额	贷方金额	记账符号
购入乙材料	在途物资	乙材料	20 000		
	应交税费	增值税	1 700		
	应付账款	光明工厂		21 700	
附原始凭证 略 张		合 计	21 700	21 700	

10.

付 款 凭 证

贷方科目：银行存款　　　　　　　　　　　　　　　　　　银付字第 3 号

摘 要	借方总科目	明细科目	金 额	记账符号
偿还光明工厂货款	应付账款	光明工厂	23 400	
合 计			23 400	

11.

付 款 凭 证

贷方科目：银行存款　　　　　　　　　　　　　　　　　　　银付字第 4 号

摘　要	借方总科目	明细科目	金　额	记账符号
预交光辉工厂购货款	预付账款	光辉工厂	40 000	
合　计			40 000	

12.

转 账 凭 证

转字第 5 号

摘　要	总账科目	明细科目	借方金额	贷方金额	记账符号
收到预付款材料	在途物资	丙材料	30 000		
	应交税费	增值税	5 100		
	预付账款	光辉工厂		35 100	
附原始凭证　略　张		合　计	35 100	35 100	

13.

付 款 凭 证

贷方科目：银行存款　　　　　　　　　　　　　　　　　　　银付字第 5 号

摘　要	借方总科目	明细科目	金　额	记账符号
购入甲、乙材料	在途物资	甲材料	50 000	
		乙材料	10 000	
	应交税费	增值税(进项税额)	10 200	
合　计			70 200	

14.

付 款 凭 证

贷方科目：银行存款　　　　　　　　　　　　　　　　　　　　　　　银付字第 6 号

摘　要	借方总科目	明细科目	金　额	记账符号
支付甲乙材料采购费	在途物资	甲材料	6 600	
		乙材料	2 200	
合　计			8 800	

15.

转 账 凭 证

转字第 6 号

摘　要	总账科目	明细科目	借方金额	贷方金额	记账符号
结转验收甲、乙材料成本	原材料	甲材料	56 600		
		乙材料	12 200		
	在途物资	甲材料		56 600	
		乙材料		12 200	
附原始凭证　略　张		合　计	68 800	68 800	

16.

转 账 凭 证

转字第 7 号

摘　要	总账科目	明细科目	借方金额	贷方金额	记账符号
生产A产品领材料	生产成本	A产品	80 000		
	原材料	甲材料		35 000	
		乙材料		45 000	
附原始凭证　略　张		合　计	80 000	80 000	

17.

转 账 凭 证

转字第 8 号

摘　　要	总账科目	明细科目	借方金额	贷方金额	记账符号
设备领用机物料	制造费用		1 000		
	原材料	机物料		1 000	
附原始凭证　略　张		合　　计	1 000	1 000	

18.

付 款 凭 证

贷方科目：银行存款　　　　　　　　　　　　　　　　　银付字第 7 号

摘　　要	借方总科目	明细科目	金　　额	记账符号
支付水电费	制造费用		17 000	
	管理费用		1 300	
合　　计			18 300	

19.

转 账 凭 证

转字第 9 号

摘　　要	总账科目	明细科目	借方金额	贷方金额	记账符号
提取固定资产折旧	制造费用		10 000		
	管理费用		4 000		
	累计折旧			14 000	
附原始凭证　略　张		合　　计	14 000	14 000	

20.

转 账 凭 证

转字第 10 号

摘 要	总账科目	明细科目	借方金额	贷方金额	记账符号
结算本月职工工资	生产成本	A产品	60 000		
		B产品	40 000		
	制造费用		20 000		
	管理费用		30 000		
	应付职工薪酬			150 000	
附原始凭证 略 张	合 计		150 000	150 000	

21.

转 账 凭 证

转字第 11 号

摘 要	总账科目	明细科目	借方金额	贷方金额	记账符号
结算本月职工工资	生产成本	A产品	8 400		
		B产品	5 600		
	制造费用		2 800		
	管理费用		4 200		
	应付职工薪酬			21 000	
附原始凭证 略 张	合 计		21 000	21 000	

22.

付 款 凭 证

贷方科目：银行存款　　　　　　　　　　　　　　　　　　　　银付字第 8 号

摘 要	借方总科目	明细科目	金 额	记账符号
支付职工工资	应付职工薪酬		150 000	
合 计			150 000	

23.

付 款 凭 证

贷方科目：银行存款　　　　　　　　　　　　　　　　　　　银付字第 9 号

摘　　要	借方总科目	明细科目	金　　额	记账符号
支付生产设备租赁费	预付账款	设备租赁费	3 300	
合　　计			3 300	

24.

付 款 凭 证

贷方科目：银行存款　　　　　　　　　　　　　　　　　　　银付字第 10 号

摘　　要	借方总科目	明细科目	金　　额	记账符号
支付生产车间办公费	制造费用		1 000	
合　　计			1 000	

25.

转 账 凭 证

转字第 12 号

摘　　要	总账科目	明细科目	借方金额	贷方金额	记账符号
结转制造费用	生产成本	A 产品	31 080		
		B 产品	20 720		
	制造费用			51 800	
附原始凭证　略　张		合　　计	51 800	51 800	

26.

转 账 凭 证

转字第 13 号

摘　　要	总账科目	明细科目	借方金额	贷方金额	记账符号
结转完工A产品成本	库存商品	A产品	179 480		
	生产成本	A产品		179 480	
附原始凭证　略　张		合　　计	179 480	179 480	

27.

收 款 凭 证

借方科目：银行存款　　　　　　　　　　　　　　　　　　银收字第 3 号

摘　　要	贷方总科目	明细科目	金　　额	记账符号
出售A产品	主营业务收入	A产品	40 000	
	应交税费	增值税(销项税额)	6 800	
合　　计			46 800	

28(1)

转 账 凭 证

转字第 14 号

摘　　要	总账科目	明细科目	借方金额	贷方金额	记账符号
出售B产品	应收账款	红光公司	40 000		
	主营业务收入	B产品		40 000	
附原始凭证　略　张		合　　计	40 000	40 000	

28(2)

转 账 凭 证

转字第 15 号

摘 要	总账科目	明细科目	借方金额	贷方金额	记账符号
出售B产品	应收账款	红光公司	6 800		
	应交税费	增值税		6 800	
附原始凭证 略 张		合 计	6 800	6 800	

29.

收 款 凭 证

借方科目：银行存款　　　　　　　　　　　　　　　　　　　　　银收字第 4 号

摘 要	贷方总科目	明细科目	金 额	记账符号
收到红星公司预交购货款	预收账款	红星公司	20 000	
合 计			20 000	

30(1)

转 账 凭 证

转字第 16 号

摘 要	总账科目	明细科目	借方金额	贷方金额	记账符号
出售C产品	预收账款	红星公司	10 000		
	主营业务收入	C产品		10 000	
附原始凭证 略 张		合 计	10 000	10 000	

30(2)

转 账 凭 证

转字第 17 号

摘 要	总账科目	明细科目	借方金额	贷方金额	记账符号
出售C产品	预收账款	红星公司	1 700		
	应交税费	增值税		1 700	
附原始凭证 略 张		合 计	1 700	1 700	

31(1)

付 款 凭 证

贷方科目:银行存款　　　　　　　　　　　　　　　　银付字第 11 号

摘 要	借方总科目	明细科目	金 额	记账符号
支付广告费	预付账款	广告费	12 000	
合 计			12 000	

31(2)

转 账 凭 证

转字第 18 号

摘 要	总账科目	明细科目	借方金额	贷方金额	记账符号
分配本月广告费	销售费用		3 000		
	预付账款	广告费		3 000	
附原始凭证 略 张		合 计	3 000	3 000	

32.

转 账 凭 证

转字第 19 号

摘 要	总账科目	明细科目	借方金额	贷方金额	记账符号
结算城建税	营业税金及附加		238		
	应交税费	城建税		238	
附原始凭证 略 张		合 计	238	238	

33.

转 账 凭 证

转字第 20 号

摘 要	总账科目	明细科目	借方金额	贷方金额	记账符号
结算教育费附加	营业税金及附加		102		
	应交税费	教育费附加		102	
附原始凭证 略 张		合 计	102	102	

34(1)

转 账 凭 证

转字第 21 号

摘 要	总账科目	明细科目	借方金额	贷方金额	记账符号
结转售出A、B产品成本	主营业务成本	A产品	22 000		
		B产品	42 000		
	库存商品	A产品		22 000	
		B产品		42 000	
附原始凭证 略 张		合 计	64 000	64 000	

34(2)

转 账 凭 证

转字第 22 号

摘 要	总账科目	明细科目	借方金额	贷方金额	记账符号
结转售出C产品成本	主营业务成本	C产品	5 500		
		C产品		5 500	
	库存商品	A产品			
		B产品			
附原始凭证 略 张		合 计	5 500	5 500	

35.

付 款 凭 证

贷方科目：银行存款　　　　　　　　　　　　　　　　　　　　　银付字第 12 号

摘　要	借方总科目	明细科目	金　额	记账符号
交纳税费	应交税费	增值税(已交增值税)	10 000	
		城建税	700	
		教育费附加	300	
合　计			11 000	

36.

转 账 凭 证

转字第 23 号

摘　要	总账科目	明细科目	借方金额	贷方金额	记账符号
提取工会经费	管理费用		3 000		
	其他应付款	工会经费		3 000	
附原始凭证　略　张		合　计	3 000	3 000	

37.

转 账 凭 证

转字第 24 号

摘　要	总账科目	明细科目	借方金额	贷方金额	记账符号
提取职工教育费	管理费用		2 250		
	其他应付款	职工教育费		2 250	
附原始凭证　略　张		合　计	2 250	2 250	

38.

收 款 凭 证

借方科目：银行存款　　　　　　　　　　　　　　　　　　　银收字第 5 号

摘　要	贷方总科目	明 细 科 目	金　额	记 账 符 号
出售甲材料	其他业务收入		2 000	
	应交税费	增值税(销项税额)	340	
合　　计			2 340	

39.

转 账 凭 证

转字第 25 号

摘　要	总账科目	明 细 科 目	借方金额	贷方金额	记 账 符 号
结算售出甲材料成本	其他业务成本		1 600		
	原材料	甲材料		1 600	
附原始凭证　略　张		合　计	1 600	1 600	

40.

转 账 凭 证

转字第 26 号

摘　要	总账科目	明 细 科 目	借方金额	贷方金额	记 账 符 号
没收包装物押金	其他应付款	红光公司	1 000		
	营业外收入			1 000	
附原始凭证　略　张		合　计	1 000	1 000	

41.

付 款 凭 证

贷方科目：银行存款　　　　　　　　　　　　　　　　　　　　　　　　银付字第 13 号

摘　　要	借方总科目	明细科目	金　　额	记账符号
支付环保部门罚款	营业外支出		3 000	
合　　计			3 000	

42.

付 款 凭 证

贷方科目：银行存款　　　　　　　　　　　　　　　　　　　　　　　　银付字第 14 号

摘　　要	借方总科目	明细科目	金　　额	记账符号
支付银行结算手续费	财务费用		553	
合　　计			553	

43.

付 款 凭 证

贷方科目：库存现金　　　　　　　　　　　　　　　　　　　　　　　　现付字第 2 号

摘　　要	借方总科目	明细科目	金　　额	记账符号
王明出差借款	其他应收款	王明	2 000	
合　　计			2 000	

44(1)

收 款 凭 证

借方科目：库存现金　　　　　　　　　　　　　　　　　　　　　　　　现收字第 1 号

摘　　要	贷方总科目	明细科目	金　　额	记账符号
王明报销差旅费	其他应收款	王明	300	
合　　计			300	

44(2)

转 账 凭 证

转字第 27 号

摘　　要	总账科目	明细科目	借方金额	贷方金额	记账符号
王明报销差旅费	管理费用		1 700		
	其他应收款	王明		1 700	
附原始凭证　略　张		合　计	1 700	1 700	

45(1)

付 款 凭 证

贷方科目：银行存款　　　　　　　　　　　　　　　　　　　　　　　银付字第 16 号

摘　　要	借方总科目	明细科目	金　　额	记账符号
支付办公楼装修费	预付账款	办公楼装修费	4 000	
合　　计			4 000	

45(2)

转 账 凭 证

转字第 28 号

摘　　要	总账科目	明细科目	借方金额	贷方金额	记账符号
分配办公楼装修费	管理费用		1 000		
	预付账款	办公楼装修费		1 000	
附原始凭证　略　张		合　计	1 000	1 000	

46.

转 账 凭 证

转字第 29 号

摘　　要	总账科目	明细科目	借方金额	贷方金额	记账符号
结转本月收入	主营业务收入		140 000		
	其他业务收入		2 000		
	营业外收入		1 000		
	本年利润			143 000	
附原始凭证　略　张		合　　计	143 000	143 000	

47(1)

转 账 凭 证

转字第 30 号

摘　　要	总账科目	明细科目	借方金额	贷方金额	记账符号
结转本月费用	本年利润		71 440		
	主营业务成本			69 500	
	其他业务成本			1 600	
	营业税金及附加			340	
附原始凭证　略　张		合　　计	71 440	71 440	

47(2)

转 账 凭 证

转字第 31 号

摘　　要	总账科目	明细科目	借方金额	贷方金额	记账符号
结转本月费用	本年利润		51 303		
	销售费用			3 000	
	管理费用			47 450	
	财务费用			853	
附原始凭证　略　张		合　　计	51 303	51 303	

47(3)

转 账 凭 证

转字第 32 号

摘 要	总账科目	明细科目	借方金额	贷方金额	记账符号
结转本月费用	本年利润		3 000		
	营业外支出			3 000	
附原始凭证 略 张		合 计	3 000	3 000	

48.

转 账 凭 证

转字第 33 号

摘 要	总账科目	明细科目	借方金额	贷方金额	记账符号
结算应交所得税费用	所得税费用		5 000		
	应交税费	所得税		5 000	
附原始凭证 略 张		合 计	5 000	5 000	

49.

转 账 凭 证

转字第 34 号

摘 要	总账科目	明细科目	借方金额	贷方金额	记账符号
结转所得税费用	本年利润		5 000		
	所得税费用			5 000	
附原始凭证 略 张		合 计	5 000	5 000	

50.

付 款 凭 证

贷方科目：银行存款　　　　　　　　　　　　　　　　　　银付字第 15 号

摘　要	借方总科目	明细科目	金　额	记账符号
支付工会活动费	其他应付款	工会经费	800	
合　计			800	

51.

转 账 凭 证

转字第 35 号

摘　要	总账科目	明细科目	借方金额	贷方金额	记账符号
提取盈余公积金	利润分配		1 222		
		盈余公积		1 222	
附原始凭证　略　张		合　计	1 222	1 222	

52.

转 账 凭 证

转字第 36 号

摘　要	总账科目	明细科目	借方金额	贷方金额	记账符号
结算应付投资者利润	利润分配		350 000		
		应付股利		350 000	
附原始凭证　略　张		合　计	350 000	350 000	

53.

转 账 凭 证

转字第 37 号

摘 要	总账科目	明细科目	借方金额	贷方金额	记账符号
结转本年利润	本年利润		12 257		
	利润分配			12 257	
附原始凭证 略 张		合 计	12 257	12 257	

可以看出，收款凭证的借方只有库存现金和银行存款两种可能，因此将借方科目设计在表格的外部。同样的道理，付款凭证的贷方只有库存现金和银行存款两种可能，将贷方科目设计在表格的外部。

需要注意的是，填写记账凭证时，应当在空白的金额行位置划线占位，以防止篡改。填写记账凭证需要使用黑色或蓝黑色水性笔。改错、冲销记账内容等特殊情况下才使用红色。

通用记账凭证的格式与转账凭证格式相同，区别在于通用记账凭证可以登记所有经济业务，而转账凭证只登记不涉及货币资金增减的经济业务。

另外，为了能够填制以贷方作为汇总依据的"汇总转账凭证"，编制转账凭证时，贷方只能有一个账户，从而明确账户之间的对应关系。有些经济业务涉及的会计科目较多，所以有拆开编制会计分录的情况。

下面根据第 4 章例 4-3、例 4-4、例 4-5 经济业务，介绍通用记账凭证的填制方法。

通 用 记 账 凭 证

第 3 号

摘 要	总账科目	明细科目	借方金额	贷方金额	记账符号
取得银行季度借款	银行存款		60 000		
	短期借款			60 000	
附原始凭证 略 张		合 计	60 000	60 000	

通 用 记 账 凭 证

第 4 号

摘 要	总账科目	明细科目	借方金额	贷方金额	记账符号
结算借款利息	财务费用		300		
	应付利息			300	
附原始凭证 略 张		合 计	300	300	

通 用 记 账 凭 证

第 5 号

摘　　要	总账科目	明细科目	借方金额	贷方金额	记账符号
偿还季度借款本金及利息	短期借款		60 000		
	应付利息		900		
	银行存款			60 900	
附原始凭证　略　张		合　　计	60 900	60 900	

第四节　会计凭证的传递与保管

一、会计凭证的传递

(一) 会计凭证传递的作用

会计凭证的传递，是指会计凭证从取得、填制开始，到归档保管为止，在企业内部各有关部门及人员之间的传递程序和传递时间。只有合理组织会计凭证传递，才能及时掌握经济业务情况，提供会计信息，发挥会计监督作用。

由于企业的规模大小不同、生产经营组织形式不同，在企业管理方面要求也不相同。因此，在会计凭证的传递中，需要根据具体情况设计每一种会计凭证的传递程序和传递方法。

合理组织会计凭证的传递，有以下作用。

(1) 能够促进会计核算工作及时进行。从经济业务的发生到编制凭证和登记账簿，有一定的时间间隔，通过合理组织会计凭证的传递，使会计部门尽快了解经济业务发生和完成情况，及时记录经济业务，进行会计核算和监督。

(2) 能够完善经济责任制度。会计核算是由若干责任人共同负责、分工完成的。通过会计凭证的传递，明确各阶段和步骤的责任，提高会计工作的质量和效率。

(二) 会计凭证传递的原则

会计凭证的传递，包括合理的传递路线、传递时间以及传递过程中的签收制度。企业根据本身的特点、机构设置和人员的分工，设计会计凭证的联数和传递程序，能够保证会计凭证经过必要的环节进行处理和审核，同时避免在不必要的环节停留，使有关部门和人员及时了解企业生产经营的信息。

科学、合理的会计凭证传递程序，应该是会计凭证沿着最快捷、最合理的流向运行。为保证会计凭证传递工作顺利进行，应当遵循以下原则。

(1) 认真确定会计凭证传递路线。根据企业自身特点，认真确定会计凭证在各个环节的传递路线，避免不必要环节进行会计凭证的处理和审核，提高传递效率。

(2) 合理安排会计凭证传递时间。充分考虑各部门及相关人员的工作内容和工作量，确定完成会计凭证工作需要的时间，从而分配各传递环节的停留时间，不能拖延和积压会计凭证，保证传递速度。传递会计凭证要在会计核算期及时完成，否则会影响会计核算的准确性和时效性。

(三) 严格执行会计凭证的交接和签收制度

为了保证会计凭证传递各环节的顺利进行，需要建立会计凭证的交接和签收制度，指定专门人员办理交接手续，提高各部门及相关人员的责任心，保证会计凭证的安全和完整。严密的会计凭证的交接和签收制度，能够明确各个部门和相关人员之间的经济责任。

二、会计凭证的保管

会计凭证在经过各环节的传递，并根据会计凭证登记账簿后，需要由会计部门整理、装订、归档保管。会计凭证是企业经济活动的历史记录，是重要的经济档案，需要妥善整理和保管，不能遗失或任意销毁。会计凭证保管要求如下。

(一) 定期整理装订

会计凭证登记账簿后，在检查记账凭证及其所附原始凭证完整无缺后，需要定期将记账凭证、原始凭证，按照编号顺序，连同凭证封面装订成册，便于日后查阅。

(二) 查阅办理手续

会计凭证要由专人负责保管，年终决算完成后，移交财会档案，登记归档。查阅原始凭证应经过批准，办理手续。

(三) 按要求期限销毁

会计凭证的保管期限一般为 15 年。在凭证的保管期限内，不能随意销毁。到期会计凭证按规定销毁时，需要列出清单，经过批准，由企业档案部门和会计部门共同执行销毁工作，并将销毁情况送报企业负责人。

课后练习题

一、名词解释

1. 会计凭证　　2. 原始凭证　　3. 自制原始凭证　　4. 外来原始凭证
5. 一次凭证　　6. 汇总原始凭证　　7. 累计凭证　　8. 记账编制凭证
9. 记账凭证　　10. 转账凭证

二、简答题

1. 会计凭证的作用有哪些？
2. 原始凭证有哪些分类？

3．简述原始凭证和记账凭证的区别。

4．简述原始凭证的基本内容。

5．简述原始凭证的填制要求。

6．简述原始凭证的审核内容。

7．记账凭证有哪些分类？

8．简述记账凭证的基本内容。

9．简述记账凭证的填制要求。

10．简述记账凭证的审核内容。

11．怎样合理组织会计凭证的传递？

12．会计凭证的保管要求有哪些？

三、填空题

1．会计凭证按照填制程序和用途不同，分为_____、_____。

2．原始凭证按照来源不同，分为_____、_____。

3．自制原始凭证按照填制手续不同，分为_____、_____、_____、_____。

4．自制原始凭证按填制手续分类，"限额领料单"属于_____；"发出材料汇总表"属于_____；"固定资产折旧计算表"属于_____。外来原始凭证一般都是_____。

5．在一定时期内连续记录多次同类经济业务的原始凭证，称为_____。

6．记账凭证按适用会计主体的不同，分为_____、_____。

7．专用记账凭证，按照记录经济业务是否与货币资金收付有关，分为_____、_____、_____。

8．使用专用记账凭证的企业，对于货币资金之间划转业务，按规定只填制一张_____，避免重复记账。

9．一项经济业务需要填制多张记账凭证，可采用_____对记账凭证进行编号。

10．财会部门根据"领料单"，应选择专用记账凭证中的_____编制会计分录。出售产品，部分货款收到存入银行，部分货款对方暂欠，应当填制_____和_____两张记账凭证。

四、操作题

1．根据下列经济业务，填制通用记账凭证。

(1) 以银行存款支付生产车间办公费 680 元(购货发票、转账支票存根各一张)。

(2) 生产 A 产品消耗丙材料 1150 元(领料单一张)。

(3) 本月完工 C 产品 35 000 元，进行账务处理(入库单一张)。

(4) 收到明星公司预交购货款 10 000 元存入银行(收款收据记账联一张)。

(5) 出售 B 产品 40 000 元，增值税 6 800 元，款项收到存入银行(增值税销货发票记账联、银行进账单各一张)。

(6) 结算本月应交城建税 21 000 元。

1.

通用记账凭证

第 号

摘 要	总账科目	明细科目	借方金额	贷方金额	记账符号
附原始凭证　　张					

2.

通用记账凭证

第 号

摘 要	总账科目	明细科目	借方金额	贷方金额	记账符号
附原始凭证　　张					

3.

通用记账凭证

第 号

摘 要	总账科目	明细科目	借方金额	贷方金额	记账符号
附原始凭证　　张					

4.

通用记账凭证

第　号

摘　要	总账科目	明细科目	借方金额	贷方金额	记账符号

附原始凭证　　　张

5.

通用记账凭证

第　号

摘　要	总账科目	明细科目	借方金额	贷方金额	记账符号

附原始凭证　　　张

6.

通用记账凭证

第　号

摘　要	总账科目	明细科目	借方金额	贷方金额	记账符号

附原始凭证　　　张

2. 根据下列经济业务，填制收款凭证、付款凭证或转账凭证。

(1) 收到红达公司归还的前欠货款 45 860 元存入银行(收款收据记账联、银行进账单各一张)。

(2) 以银行存款交纳增值税 6 800 元(税费缴款书记账联一张)。

(3) 购入甲材料费 20 000 元，增值税 3 400 元，款项以银行存款支付(增值税购货发票、银行转账支票存根各一张)。

(4) 购入设备一台,价款 77 800 元,款项暂欠华新工厂(购货发票一张)。

(5) 收到金通公司投资货币资金 60 000 元存入银行(银行进账单一张)。

(6) 月末结转主营业务收入 55 000 元。

(7) 月末结转主营业务成本 22 000 元。

1.

收 款 凭 证

借方科目　　　　　　　　　　　　　　　　　　　　　　　　　　收字第　　号

摘　要	贷方总科目	明细科目	金　额	记账符号
附原始凭证　　张		合　计		

2.

收 款 凭 证

借方科目　　　　　　　　　　　　　　　　　　　　　　　　　　收字第　　号

摘　要	贷方总科目	明细科目	金　额	记账符号
附原始凭证　　张		合　计		

3.

付 款 凭 证

贷方科目　　　　　　　　　　　　　　　　　　　　　　　　　　收字第　　号

摘　要	借方总科目	明细科目	金　额	记账符号
附原始凭证　　张		合　计		

4.

付 款 凭 证

贷方科目　　　　　　　　　　　　　　　　　　　　　　　　　收字第　　号

摘　要	借方总科目	明细科目	金　额	记账符号
附原始凭证　　张		合　　计		

5.

转 账 凭 证

　　　　　　　　　　　　　　　　　　　　　　　　　　　　　　转字第　　号

摘　要	总账科目	明细科目	借方金额	贷方金额	记账符号
附原始凭证　　张		合　　计			

6.

转 账 凭 证

　　　　　　　　　　　　　　　　　　　　　　　　　　　　　　转字第　　号

摘　要	总账科目	明细科目	借方金额	贷方金额	记账符号
附原始凭证　　张					

7.

转 账 凭 证

转字第　　号

摘　　要	总账科目	明细科目	借方金额	贷方金额	记账符号
附原始凭证　　张					

第7章 账　簿

学习目标与要求

　　通过本章学习，掌握账簿的概念和分类；了解账簿的作用；了解总账、明细账、日记账的登记方法；掌握总账、明细账的平行登记要点；掌握账簿启用与登记规则、错账的更正方法；了解对账、结账的内容。

第7章 账簿

第一节 账簿概述

一、账簿的作用

(一) 账簿的概念

账簿是以会计凭证为依据,由具有专门格式、相互联系的账页组成,用以序时、分类记录经济业务的簿籍。设置和登记账簿是编制财务报告的基础,是会计核算的方法之一。

企业日常发生的经济业务,都必须取得和填制会计凭证。会计凭证虽然可以及时、准确地记录经济业务的具体内容,但是凭证数量繁多,缺乏系统性、条理性,不能将企业一定时期的经济业务全面、连续、系统地反映出来。为了便于了解某一时期企业全部经济活动情况,需要设置和登记账簿,取得经营管理所需要的各种会计信息,并为编制财务报告提供依据。

账簿连接了会计凭证与财务报告,是会计核算的中间环节。账簿的设置与登记,对于全面、系统、序时、分类反映各项经济业务,加强企业的经营管理水平,提高会计工作质量具有重要意义。

(二) 账簿的作用

设置和登记账簿是会计核算工作的重要环节,在企业经营管理中具有重要作用。

1. 为经营管理提供信息

通过账簿记录,能提供序时、分类的核算资料,反映会计要素在一定时期的增减变化情况及其结果。企业经营管理人员能够全面、及时地了解经营活动状况,考核和控制经济活动,合理使用经济资源,加强和改善经营管理。同时,根据账簿提供的信息资料,可以确保企业各项财产物资的安全。

2. 为编制财务报告提供资料

会计凭证提供的信息不能全面、系统地反映经济业务的完成情况,不能作为财务报告的资料来源。账簿的设置与登记,将会计凭证提供的大量核算资料归类到各种账簿中,为财务报告提供完整、系统的信息。账簿是财务报告的资料来源和编制依据。账簿设置是否合理、数据是否真实可靠、登记是否准确及时,将会直接影响财务报告的编制工作。

3. 为会计检查提供依据

账簿记录可以提供各项资产、负债、所有者权益、成本和利润等经济指标,便于了解有关方针、政策、制度的贯彻情况,考核财务报告项目以及成本、利润计划的执行情况,分析企业的财务状况和经营成果,为企业管理层和工商、税务等行政管理部门监管会计工作和企业经营活动提供依据。

二、账簿的种类

为了满足经营管理活动的需要,充分发挥账簿的作用,在会计核算中需要设置各种类型的账簿。这些账簿的用途、形式、内容和登记方法各不相同。下面对企业设置的账簿从不同角度进行分类。

(一) 账簿按用途分类

账簿按用途的不同,分为序时账簿、分类账簿和备查账簿。

1. 序时账簿

序时账簿又称日记账簿。是按照经济业务发生时间的先后顺序,逐日逐笔连续进行登记的账簿。

序时账簿按登记内容的不同,分为普通日记账和特种日记账。普通日记账是按照每天发生的经济业务先后顺序,逐项编制会计分录,然后登记在账簿中。普通日记账是登记全部经济业务发生情况的日记账。特种日记账是对某一特定类别经济业务,按时间先后顺序逐日逐笔登记的账簿。例如,为了加强企业货币资金的管理,单独设置库存现金日记账和银行存款日记账,专门提供库存现金和银行存款收付情况的详细资料。会计核算中的其他内容,一般不需要设置日记账。

2. 分类账簿

分类账簿简称分类账,是对全部经济业务按照总分类账户和明细分类账户进行分登记的账簿。

按照分类账簿提供指标的详细程度,可将其分为总分类账簿和明细分类账簿,简称总账和明细账。总账是按照总分类账户开设的,用于总括登记资产、负债、所有者权益、收入、费用、利润的全部经济业务的账簿。总账只能提供价值量指标。明细账是总账的补充,是按照总账户所属的明细账户开设,用于详细核算某一类经济业务的账簿。明细账能够提供价值量指标实物量指标。

分类账簿能够各项资产、负债、所有者权益、收入、费用、利润的增减变动情况及其结果。分类账簿提供的会计信息是编制财务报告的主要依据。

分类账簿与序时账簿在会计核算中有不同的作用。序时账簿提供货币资金连续、系统的信息,能够反映资金运动的全貌。分类账簿归集、汇总各类信息,反映资金运动的各种状态。在账簿体系中,分类账簿占有重要地位。

3. 备查账簿

备查账簿又称辅助账簿。备查账簿是指对某些在序时账簿和分类账簿中未能登记反映的经济业务事项,或者记录不全面的经济业务事项进行补充登记的账簿。备查账簿具有备忘参考和补充信息的作用,与其他账簿没有依存关系。例如,以经营租赁方式租入的固定资产设置的登记簿、受托加工材料登记簿、代销商品登记簿等。备查账簿不是每个企业都需要设置的,各企业根据经济业务的需要进行选择和设置。

(二) 账簿按外表形式分类

按照账簿外表形式的不同,可分为订本式账簿、活页式账簿和卡片式账簿。

1. 订本式账簿

订本式账簿是将具有专门格式、按照顺序编号的账页装订成册的账簿。这种账簿能够防止账页散失和被非法抽换,保证账簿记录的安全和完整。对于登记货币资金等重要内容的,以及具有总括功能的账簿一般采用订本式,例如库存现金日记账、银行存款日记账、总账等。订本式账簿需要预留账页,登记账簿时,只能由一人完成,不便于会计分工,也不能根据记账需要增减账页。

2. 活页式账簿

活页式账簿是将零散的账页根据需要组合成的账簿。这类账簿的账页可以根据需要进行增减或重新排列账页,使用灵活,便于会计人员的分工。不过账页容易散失或被抽换,因此,填写完成的账页应当及时编号,更换新账后要装订成册,妥善保管。在实际工作中,各种明细账采用活页式账簿形式。

3. 卡片式账簿

卡片式账簿是由具有一定格式的零散卡片组成的账簿。这类账簿的优点与活页账相同,便于随时查阅和分类整理,但容易散失或抽换。卡片式账簿使用不是很广泛,但个别企业的固定资产明细账采用卡片账形式。

(三) 账簿按表格形式分类

按照账簿表格形式的不同,分为三栏式账簿、多栏式账簿和数量金额式账簿。

1. 三栏式账簿

三栏式账簿是指账页表格的主要栏目由借方、贷方和余额组成的账簿。这类账簿适用于总账、库存现金日记账、银行存款日记账以及反映企业债权、债务情况的明细账,如表7-1所示。

2. 多栏式账簿

多栏式账簿是根据需要在借方、贷方设置若干专栏的账簿。这类账簿适用于费用、收入类等一些明细账。多栏式账簿可分为借方多栏式、贷方多栏式和借贷均为多栏式三类,如表7-2至表7-4所示。

3. 数量金额式账簿

数量金额式账簿在收入、发出、结存三个栏目中设置数量、单价和金额栏,用以反映财产物资的数量和金额。这类账簿适用于原材料明细账和库存商品明细账,如表7-5所示。

表7-1 银行存款日记账

年		凭证号数	摘要	对方科目	借方	贷方	余额
月	日						

表 7-2 费用明细账

年		凭证号数	摘要	借方(项目)			合计	贷方	余额
月	日								

表 7-3 收入明细账

年		凭证号数	摘要	借方	贷方(项目)		合计	余额
月	日							

表 7-4 本年利润明细账

年		凭证号数	摘要	借方		合计	贷方		合计	借或贷	余额
月	日										

表 7-5 数量金额式明细账

类别：　　　　　　　　　　　　　　　　　　　　编　　号：
品名或规格：　　　　　　　　　　　　　　　　　存放地点：
储备定额：　　　　　　　　　　　　　　　　　　计量单位：

年		凭证号数	摘要	收入			发出			结存		
月	日			数量	单价	金额	数量	单价	金额	数量	单价	金额

第二节 账簿的设置与登记

一、账簿的设置原则

账簿的设置，包括确定账簿的种类、登记内容和登记方法。企业应当根据自身经济业务特点和经营管理的需要设置账簿。设置账簿遵循下列原则。

(一) 账簿设置应满足提供会计信息的要求

通过账簿记录，确保取得全面、系统、及时的会计核算资料，满足各方面了解企业财务状况和经营成果的需要，并为编制财务报告提供资料。

(二) 账簿设置应科学严密

账簿之间要互相衔接，互相补充，互相制约，能清晰反映账簿之间的对应关系，既能反映全部经济业务内容，又要避免重复。

(三) 账簿设置应考虑会计分工的需要

根据企业规模大小和业务繁简，在满足需要的前提下，合理配置会计人员，提高会计核算效率。企业规模大、业务复杂、会计人员多、分工较细的单位，设置的账簿可以多一些；业务简单、规模小、会计人员少的单位，账簿设置则应当简化一些。

二、账簿的基本内容

由于账簿登记的经济业务内容不同，账簿格式多样。账簿一般包括以下基本内容。

(一) 封面

封面需要注明账簿名称，如库存现金日记账、银行存款日记账、总分类账等。封面一般是纸板纸。

(二) 扉页

扉页主要由科目索引和账簿经管人员一览表构成，一般将科目索引安排在账页的最前面，然后是账簿经管人员一览表，包括账簿的启用日期、会计主管和记账人员签章，以及会计人员更换交接时间等。

扉页格式如表 7-6、表 7-7 所示。

表 7-6　科目索引

页 数	科 目	页 数	科 目	页 数	科 目	页 数	科 目	页 数	科 目

表 7-7 账簿经管人员一览表

单位名称						印 鉴	
账簿名称							
账簿编号							
账簿页数	自第　　　页起至第　　　页止 共　　页						
启用日期	年　　月　　日						
经管人员	负责人		会计主管		复　核		记　账
	姓名	签章	姓名	签章	姓名	签章	姓名	签章
交接记录	经管人员		接　管		交　出			
	职　别	姓　名	年 月 日	签章	年 月 日	签章		
备注								

(三) 账页

账页是账簿中的主要部分,各种账页格式一般包括以下几个方面。

(1) 账户名称,即会计科目。

(2) 登记日期栏。

(3) 凭证种类栏。

(4) 凭证号数栏。

(5) 摘要栏。

(6) 借方金额、贷方金额、余额方向、余额栏。

(7) 总页次和分户页次。

三、账簿的设置与登记

(一) 序时账簿的设置与登记

1. 库存现金日记账的设置与登记

库存现金日记账是用来反映每天现金的增加、减少和余额情况的特种日记账。库存现金日记账设置成三栏式订本账。由于现金的收付每天很频繁,为了方便对账,在摘要栏后设置对方科目栏。

库存现金日记账由出纳人员根据审核后的涉及库存现金变动的记账凭证,逐日逐笔顺序登记。借方栏根据现金收款凭证登记,贷方栏根据现金付款凭证登记。每日登记完毕后,分别计算借方和贷方合计数,并结算出账面余额。将库存现金日记账余额与库存现金实存额核对一致。库存现金日记账格式如表7-8所示。

表7-8 库存现金日记账(三栏式)

年		凭证号数	摘 要	对方科目	借 方	贷 方	余 额
月	日						

2. 银行存款日记账的设置与登记

银行存款日记账是用来反映每天银行存款的增加、减少和余额情况的特种日记账。银行存款日记账同样设置成三栏式订本账。通过银行存款日记账的设置与登记,可以加强对银行存款进行日常的监督和管理,便于与开户银行进行账项的核对。

银行存款日记账也是由出纳人员根据审核后的涉及银行存款变动的记账凭证,逐日逐笔顺序登记的。银行存款日记账借方栏根据银行存款收款凭证登记,贷方栏根据银行存款付款凭证登记。每日登记完毕后,分别计算借方和贷方合计数,并结算出账面余额,以利于检查监督银行存款的增减变化情况。月末,将银行存款日记账余额与开户银行对账单逐笔核对。银行存款日记账格式见前面表7-1。

(二) 分类账簿的设置与登记

1. 总账的设置与登记

总账是按照总分类账户分类登记全部经济业务的账簿。总账设置成三栏式订本账。在总账中,按照会计科目的编码顺序在账页中进行登记,并为每个账户预留若干账页。由于总账能总括、全面反映经济活动情况,并为编制财务报告提供数据资料,因此所有会计主体都需要设置总账。总账可以根据记账凭证逐笔登记,也可以根据汇总后的记账凭证进行登记。总账的格式如表 7-9 所示。

表 7-9 总账

会计科目：

年		凭证号数	摘要	借方	贷方	借或贷	余额
月	日						

2. 明细账的设置与登记

明细账是按照总科目所属明细科目设置，用以记录某一类经济业务详细核算资料的账簿。明细账对于反映和监督财产物资的收发和保管、往来款项的结算、收入的取得以及费用开支的构成情况等，起着重要作用。明细账是对总账内容的具体反映和补充。明细账内容根据记账凭证或所附原始凭证随时登记，月末结账。

明细账采用活页式账簿，账页格式根据经济业务内容和经济管理的要求，采用三栏式、多栏式或数量金额式。三栏式明细账格式如表 7-10 所示。

表 7-10 明细账

二级或明细科目：

年		凭证号数	摘要	借方	贷方	借或贷	余额
月	日						

3. 总账与明细账的平行登记

平行登记，指对每一项经济业务，都要根据会计凭证在总账上进行概括登记，又同时在总账所属的明细账上进行具体登记。进行平行登记时，应该遵循以下要点。

（1）登记依据相同。根据会计凭证所记录的经济业务，既要在总账上进行登记，又要在所属明细账上进行登记，采用的依据相同。

(2) 登记方向一致。指登记的借、贷方向要一致。总账登记在借方，所属明细账同样登记在借方；总账登记在贷方，明细账同样登记在贷方。

(3) 登记金额相等。登记在总账的金额必须与登记在各个所属明细账的金额之和相等。

四、账簿登记实例

(一) 日记账的登记

以第 5 章记账凭证填制实例中编制的银行存款收款凭证和付款凭证为例，介绍银行存款日记账的登记。期初余额假定为 1 000 000 元。登记方法如表 7-11 所示(本月合计及余额代表红字，该行上下应各划一条红线，表示一个月的结账工作结束)。

表 7-11　银行存款日记账

年	凭证号数	摘　要	对方科目	借方	贷方	余　额
						1 000 000
略	银收 1	收到投资货币资金	实收资本	500 000		1 500 000
	银收 2	取得银行季度借款	短期借款	60 000		1 560 000
	银付 1	偿还季度借款本金、利息	短期借款、应付利息		60 900	1 499 100
	银付 2	购入甲材料	在途物资、应交税费		11 700	1 487 400
	银付 3	偿还光明工厂货款	应付账款		23 400	1 464 000
	银付 4	预交光辉工厂购货款	预付账款		40 000	1 424 000
	银付 5	购入甲、乙材料	在途物资、应交税费		70 200	1 353 800
	银付 6	支付甲、乙材料采购费	在途物资		8 800	1 345 000
	银付 7	支付水、电费	制造费用、管理费用		18 300	1 326 700
	银付 8	支付职工工资	应付职工薪酬		150 000	1 176 700
	银付 9	支付生产设备租赁费	预付账款		3 300	1 173 400
	银付 10	支付生产车间办公费	制造费用		1 000	1 172 400
	银收 3	出售产品	主营业务收入、应交税费	46 800		1 219 200
	银收 4	收到红星公司预交货款	预收账款	20 000		1 239 200
	银付 11	支付广告费	预付账款		12 000	1 227 200
	银付 12	交纳税费	应交税费		11 000	1 216 200
	银收 5	出售甲材料	其他业务收入、应交税费	2 340		1 218 540
	银付 13	支付环保部门罚款	营业外支出		3 000	1 215 540
	银付 14	支付银行结算手续费	财务费用		553	1 214 987
	银付 15	支付工会活动费	其他应付款		800	1 214 187
	银付 16	支付办公楼装修费	预付账款		4 000	1 210 187
		本月合计及余额		629 140	418 953	1 210 187

(二) 分类账的登记

根据第 5 章收、付、转凭证,介绍原材料总账的登记(期初余额假定 100 000 元),具体如表 7-12 所示。

表 7-12 总账

会计科目:

年		凭证号数	摘要	借方	贷方	借或贷	余额
月	日						
略						借	100 000
		转字 3	结转验收甲材料成本	11 000			
		转字 6	结转验收甲、乙材料成本	68 800			
		转字 7	生产 A 产品领材料		80 000		
		转字 8	设备领用机物料		1 000		
		转字 23	结算售出甲材料成本		1 600		
			本月合计及余额	79 800	82 600	借	97 200

第三节 账簿的启用与登记规则

一、账簿的启用规则

账簿从不同角度记录企业全部经济活动内容,是重要的会计档案。新的账簿在启用时,需要填写扉页的"账簿经管人员一览表",并且加盖记账人员和负责人个人名章及单位公章,明确责任。账簿使用过程中,遇到会计人员的更换,要注明交接人员、交接时间及监交人员。另外,账簿按规定粘贴印花税票,交纳印花税。

二、账簿的登记规则

账簿根据审核后的会计凭证进行登记。登记账簿时,应当遵循以下规则。

(1) 账簿项目、内容要根据会计凭证逐项登记入账,字迹清晰准确,登账及时。为了避免漏记或重复登记,在记账凭证的记账符号栏标注"√",表示已经登记入账。

(2) 账簿中书写的文字和数字要规范,并紧靠底线,并留有适当空位,一般占表格高度的占 1/2,以方便发生错误的更正工作。

(3) 账簿要逐页连续登记,不能跳行、隔页。如果发生这类错误,应将空行、空页划红字对角线注销,注明"此行空白"或"此页空白",并由记账人员签章。

(4) 期末结算出余额后,应在"借或贷"栏内填写"借"或"贷"字样。没有余额的账户,填写"平"字,并在余额栏的"元"位置处用"0"表示。

(5) 账页的最后一行不登记具体经济业务内容,在摘要栏红字写出"转次页",并将本页借方、贷方计算出合计数,确定余额。在下一页摘要栏红字写出"承前页",抄写借方、贷方合计数及余额。

(6) 登记账簿要使用蓝黑或黑色墨水书写,不能使用圆珠笔或铅笔书写。下列情况可以使用红色墨水记账:①更正错误的账簿记录时;②需要冲销账簿记录时;③会计制度规定的用红字登记的其他记录。

(7) 实行会计电算化企业,总账和各类明细账要定期打印,库存现金日记账和银行存款日记账要每天打印。

(8) 账簿记录发生笔误,不能随意涂改,要按照规定的方法进行更正。

三、错账的更正方法

在登记账簿过程中发生错误,以及审核中发现问题,要分清错误类型,使用一定方法进行更正。

(一) 划线更正法

划线更正法适用于记账凭证正确,只是在登记账簿时发生笔误的情况。错误形式是文字或金额方面发生的笔误。采用划线更正法,在错误的文字、数字上划一条红线,表示注销。在上方空白处书写正确的文字、数字。记账人员需要在更正处加盖名章,明确责任。需要注意的是,在数字错误的更正时,要将全部数字用一条红线划掉。

(二) 红字更正法

红字更正法适用于记账凭证中的会计科目或数字错误,并登记账簿的情况。数字错误,所记金额大于应记金额。

更正会计科目错误时,首先用红字填制一张与错误凭证相同的记账凭证,在摘要栏注明"注销×年×月×日×号凭证",并以红字登记入账。这样处理,将错误的凭证和账簿记录注销。然后填制正确记账凭证,在摘要栏注明"订正×年×月×日×号凭证",并登记入账。

更正金额错误时,将多记金额用红字填制记账凭证,在摘要栏注明"冲销×年×月×日×号凭证",并以红字登记入账。这样处理,将凭证和账簿记录的多记金额冲销。

例 7-1 收到红星公司预交购货款 5 000 元存入银行。根据凭证已经登记入账。

记账凭证填写成:

借:银行存款   5 000
    贷:预付账款——红星公司   5 000

显然会计科目出现错误,先用红字填制一张与错误凭证相同的记账凭证,并以红字登记入账。红字凭证如下(用框代表红字凭证):

借:银行存款 |5 000|
    贷:预付账款——红星公司 |5 000|

填制一张正确凭证,并登记账簿,错误更正结束。正确记账凭证如下:

借:银行存款   5 000
    贷:预收账款——红星公司   5 000

例 7-2　以现金支付厂部办公费 690 元。根据凭证已经登记入账。

记账凭证填写成：

借：管理费用　　　　　　　　　　　　　　　　　　　　　　　960

　　贷：库存现金　　　　　　　　　　　　　　　　　　　　　960

所记金额大于应记金额。填制一张红字记账凭证，填写多记金额 270 元(960－690)，并以红字登记入账。经过凭证和账簿的冲销，将错误之处更正完毕。红字凭证如下：

借：管理费用　　　　　　　　　　　　　　　　　　　　　　　270

　　贷：库存现金　　　　　　　　　　　　　　　　　　　　　270

(三) 补充登记法

补充登记法适用于记账凭证中的数字错误，并登记账簿的情况。数字错误，所记金额小于应记金额。

更正金额错误，将少记金额填制记账凭证，在摘要栏注明"补记×年×月×日×号凭证金额"，并登记入账。这样处理，将凭证和账簿记录的少记金额补充正确。

例 7-3　提取生产用固定资产折旧 6 000 元。根据凭证已经登记入账。

记账凭证填写成：

借：制造费用　　　　　　　　　　　　　　　　　　　　　　　600

　　贷：累计折旧　　　　　　　　　　　　　　　　　　　　　600

所记金额小于应记金额。填制一张记账凭证，填写少记金额 5 400 元(6 000－600)，并登记入账。经过凭证和账簿的补记，将错误之处更正完毕。更正凭证如下：

借：制造费用　　　　　　　　　　　　　　　　　　　　　　5 400

　　贷：累计折旧　　　　　　　　　　　　　　　　　　　　5 400

第四节　对账与结账

一、对账

对账是指账簿记录的核对工作。账簿记录根据有关会计凭证登记完成后，需要进行核对，及时发现更正记账过程中的错误，保证账簿记录准确无误，为编制财务报告提供数据资料。对账工作包括下列内容。

(一) 账证核对

账证核对是指账簿记录与记账凭证及其所附原始凭证进行核对。与记账凭证核对，重点是涉及的账户、记账方向和金额方面；与原始凭证核对，重点是经济业务的真实性、合法性方面。账证核对主要是在记账环节中进行。

(二) 账账核对

账账核对是指各种相关账簿之间内容的核对。主要包括以下几方面。

(1) 总账记录的核对。总账各账户本期借方发生额合计与贷方发生额合计核对相等；

总账各账户期末借方余额合计与贷方余额合计核对相等。

(2) 总账与所属明细账的核对。总账各账户的发生额与所属明细账的发生额合计数核对相等;总账各账户的期末余额与所属明细账的期末余额合计数核对相等。

(3) 总账与序时账簿的核对。总账的现金和银行存款账户发生额与库存现金日记账和银行存款日记账发生额核对相等;总账的现金和银行存款账户余额与库存现金日记账和银行存款日记账余额核对相等。

(4) 财会部门账簿与财产物资保管部门相关登记簿的核对。财会部门各种财产物资发生额、余额的账簿记录要与财产物资保管使用部门的登记簿记录核对相等。

(三) 账实核对

账实核对是指对货币资金、实物资产和债权债务的账面余额与实存数额的核对。账实核对是通过财产清查来完成的。主要包括以下内容。

(1) 每天库存现金日记账余额与财会部门金库现金实际数额核对一致。

(2) 每月企业银行存款日记账余额与开户银行交来的对账单余额核对一致。核对银行存款通过编制"银行存款余额调节表"进行。

(3) 实物资产明细账余额与保管使用部门的实物资产结存数核对一致。

(4) 各种债权、债务明细账余额与债权、债务单位账面记录核对一致。

有关财产清查具体内容将在第7章介绍。

二、结账

结账是指将一定时期(月末、季末或年末)发生的经济业务全部登入账,并确定发生额和余额的方法。账簿记录在核对无误的基础上才能进行结账工作。通过结账,取得各类经济活动情况和结果,为各方面提供所需的会计信息。

(一) 结账的内容

(1) 结账前,要将属于本期的经济业务全部登记入账。不能将未发生的经济业务提前登记入账,也不能将本期经济业务延至以后登记入账。

(2) 按照权责发生制原则,调整确定计入本期的收入、费用数额。

(3) 结转有关账户发生额。期末将需要结转账户的发生额进行结转,制造费用账户发生额需要分配转入生产成本账户;损益类账户发生额转入本年利润账户。

(4) 结算出各账户的发生额和期末余额。在全部经济业务登记入账,并进行试算平衡基础上,确定各账户的发生额和期末余额。

(二) 结账的方法

1. 月结

每月结账时,在各账户本月登记的最后一行经济业务内容下面,划一条通栏红线,摘要栏红字填写"本月合计"或者"本月发生额及余额",确定填写本期借方发生额、贷方发生额和月末余额,写出余额方向。最后在此行下面再划一条通栏红线,表示完成月结工作。

2. 季结

在本季末最后一个月的"月结"红线下面，摘要栏红字填写"本季合计"或者"本季发生额及余额"，确定填写本季三个月的借方、贷方发生额合计和季末余额，写出余额方向。最后在此行下面再划一条通栏红线，表示完成季结工作。

3. 年结

在第四季度季结的红线下面，摘要栏红字填写"本年合计"或者"本年发生额及余额"，确定填写本年度借方发生额、贷方发生额年末余额，写出余额方向。年结行下面摘要栏红字写出"年初余额"，并在发生额位置填写出来具体数额。接着一行摘要栏红字写出"结转下年"，在发生额相应位置填写该账户年末余额。

在年结三行金额填写完成后，将三行借方、贷方计算合计数，合计金额应相等。并在摘要栏红字写出"合计"字样。最后在此行下面划两条通栏红线，表示完成年结工作。

三、账簿的更换与保管

(一) 账簿的更换

按照规定，一个会计年度结束后，库存现金日记账、银行存款日记账、总账及各类明细账每年都需要启用新账簿。但固定资产明细账可以继续使用，不需要每年更换新账簿。

更换账簿时，年终结账工作要全部完成。在新账簿账页的第一行摘要栏红字写出"上年结转"或"年初余额"，将上年年末余额登记在余额栏，并写出余额方向。登记内容不需要编制记账凭证。

(二) 账簿的保管

账簿是企业重要的核算资料和经济档案。会计人员必须在一个会计年度结束后，将各类活页账簿装订成册，统一编号，与订本账一起归档，根据统一规定的保管年限妥善保管，便于日后查阅。保管期满后，按照规定的审批程序报经批准后，进行销毁。

课后练习题

一、名词解释

1. 账簿　2. 序时账簿　3. 特种日记账　4. 分类账簿　5. 备查账簿
6. 总账　7. 明细账　8. 平行登记　9. 对账　10. 结账

二、简答题

1. 账簿的作用有哪些？
2. 简述账簿的设置原则。
3. 简述对账的内容。
4. 账账核对包括哪些内容？

5．结账的工作内容有哪些？
6．简述平行登记的要点。

三、填空题

1．账簿按用途不同，分为_____、_____、_____。
2．序时账簿按登记内容不同，分为_____、_____。
3．分类账簿按照提供指标的详细程度，分为_____、_____。
4．账簿按外表形式不同，分为_____、_____、_____。
5．外表形式采用订本式的账簿有_____、_____、_____。
6．账簿按表格形式不同，分为_____、_____、_____。
7．一般采用三栏式订本账的账簿是_____、_____、_____。
8．原材料明细账、库存商品明细账一般采用的账簿表格形式为_____，外表形式为_____。
9．管理费用明细账、制造费用明细账一般采用的账簿表格形式为_____，外表形式为_____。
10．应收账款明细账、应付账款明细账一般采用的账簿表格形式为_____，外表形式为_____。
11．账簿一般包括以下基本内容：_____、_____、_____。
12．错账的更正方法有_____、_____、_____。
13．对账的内容包括_____、_____、_____。其中_____即_____，是会计核算方法之一。

四、练习题

根据下列经济业务所做的记账凭证及其登记账簿情况，确定使用哪种错账的更正方法。

1．购入甲材料费 10 000 元，增值税 1 700 元，款项以银行存款支付。记账凭证填制成：
借：在途物资——甲材料   10 000
    应交税费——增值税(进项税额)   1 700
    贷：银行存款   11 700
在登记明细账应交税费账户时，写成 170。

2．收到明星公司预交购货款 50 000 元存入银行。记账凭证填制成：
借：银行存款   50 000
    贷：预付账款——明星公司   50 000
并根据记账凭证登记有关账簿。

3．购入设备 6 900 元，款项以银行存款支付。记账凭证填制成：
借：固定资产   9 600
    贷：银行存款   9 600
并根据记账凭证登记有关账簿。

4．结算应交所得税 5 500 元。记账凭证填制成：
借：所得税费用   6 500
    贷：应交税费——所得税   6 500

并根据记账凭证登记有关账簿。

5. 以银行存款交纳城建税 8 000 元,记账凭证填制成:

借:应交税费——城建税　　　　　　　　　　　　　　3 000
　　贷:银行存款　　　　　　　　　　　　　　　　　　　　3 000

并根据记账凭证登记有关账簿。

6. 完工 B 产品 9 600 元验收入库,记账凭证填制成:

借:库存商品——B 产品　　　　　　　　　　　　　　9 000
　　贷:生产成本——B 产品　　　　　　　　　　　　　　　9 000

并根据记账凭证登记有关账簿。

7. 收到银行存款利息 51 500 元。记账凭证填制成:

借:银行存款　　　　　　　　　　　　　　　　　　　5 110
　　贷:营业外收入　　　　　　　　　　　　　　　　　　　5 110

并根据记账凭证登记有关账簿。

五、操作题

1. 练习总账管理费用账户的登记

根据本书第 5 章编制的收、付、转凭证实例,登记总账管理费用账户(见表 7-13)。

表 7-13　总账

会计科目:

年		凭证号数	摘　要	借　方	贷　方	借或贷	余　额
月	日						
略							

2. 练习银行存款日记账的登记

根据本书第 4 章课后企业经营过程练习题编制的会计分录,登记银行存款日记账(假定期初余额为 800 000 元)(见表 7-14)。

表 7-14　银行存款日记账

年		凭证号数	摘要	对方科目	借方	贷方	余额
月	日						
略							

3. 练习总账应交税费账户的登记

假定企业总账应交税费账户期初贷方余额 11 000 元,根据本书第五章编制的收款凭证、付款凭证和转账凭证实例,登记总账应交税费账户(见表 7-15)。

表 7-15　总账

会计科目：

年		凭证号数	摘要	借方	贷方	借或贷	余额
月	日						
略							

第 8 章 财产清查

学习目标与要求

通过本章学习,了解财产清查的概念和作用;掌握财产清查的种类;了解财产清查前的准备工作;了解实物资产的账面结存方法和实物资产的清查方法;重点掌握银行存款余额调节表的填制方法;掌握财产清查结果的账务处理。

第一节　财产清查概述

一、财产清查的作用

（一）财产清查的概念

财产清查是指通过对实物资产、库存现金的实地盘点，对银行存款、债权债务的核对，以确定各项财产物资、货币资金、债权债务的实存数，并查明实存数与账存数是否相符的一种专门方法。财产清查不仅是会计核算的一项重要方法，也是财产物资管理的一项重要制度，对企业生产经营进行科学有效管理发挥着重要作用。

企业财产物资包括库存现金、银行存款等货币资金；原材料、在产品、库存商品、固定资产等实物资产；各种应收、预付款项，应付、预收款项等结算资金，这些内容在企业生产经营中具有重要的作用。虽然通过会计核算的一系列方法，记录和反映了各项财产物资的增减变动及其结存情况，但只有账面记录还不能满足需要。因为企业在日常的生产经营过程中，会出现账簿记录与实际情况不相符合的现象。例如由于手续不全、制度不严密、工作疏忽造成的原材料、库存商品的收发计量差错；由于保管不善造成的实物资产的变质、毁损、丢失等情况；或者保管期限过长的自然损耗；等等。为保证账簿记录的准确无误，确保账实相符，需要进行财产清查工作。

（二）财产清查的作用

财产清查作为会计核算的一种专门方法，在发挥会计职能，提高会计工作质量上有以下作用。

1. 能够保证会计核算资料的真实可靠

通过财产清查，可以确定各项财产物资的实存数，将实存数与账存数进行对比，查明实存数与账存数的差异，及时调整账面记录，使账面和实际情况相符合，保证会计核算资料的真实可靠。

2. 能够加强经济责任制，保证财产物资的安全完整

通过财产清查，可以掌握各项财产物资的动态，保管使用情况是否良好，是否有霉烂、变质、毁损丢失或被挤占挪用等情况，出现问题分清责任，查明情况，及时解决，保证财产物资的安全完整。

3. 能够挖掘财产物资潜力，提高使用效率

通过财产清查，可以了解财产物资的储备和利用情况，有无储备不足或积压情况，对于长期得不到利用的财产物资要采取措施，及时处理。合理占用资金，挖掘财产物资潜力，加速资金周转，提高使用效率。

4. 能够维护财经纪律，保证结算制度的贯彻执行

通过财产清查，可以查明企业在财经纪律和有关结算制度的执行情况，有无贪污、拖欠现象，有无不合理债权债务情况，是否认真执行结算制度的有关规定，及时发现问题和解决问题，维护财经纪律和商业信誉。

二、财产清查的种类

财产清查工作,可以从清查范围、清查时间、清查执行的单位不同进行分类。

(一) 按清查范围分类

财产清查,按清查范围的大小,分为全面清查和局部清查。

1. 全面清查

全面清查是指对实物资产、货币资金和债权债务进行全面的盘点和核对。全面清查范围广、内容多,需要清查人员多、工作量大。以下几种情况要进行全面清查。

(1) 年终决算前,需要进行全面清查,以保证年度财务报告的真实可靠。全面清查工作一般安排在第四季度初进行,避免年终会计核算工作过于集中。

(2) 企业撤销、合并、改制、改变隶属关系,股份制改造,需要进行全面清查,以明确经济责任。

(3) 进行清产核资、开展资产评估,进行资本验证时,需要进行全面清查,以摸清家底,掌握资金供求。

(4) 单位主要负责人调离工作岗位,进行离任审计,需要进行全面清查,以品评业绩,进行褒奖或处罚。

全面清查的对象具体包括以下内容。

(1) 库存现金、银行存款的货币资金。
(2) 各种原材料、半成品、库存商品的存货。
(3) 房屋、建筑物、机器设备等固定资产。
(4) 各种应收、应付、预收、预付等往来款项。
(5) 在途材料。
(6) 委托其他单位加工、保管的材料、物资。

2. 局部清查

局部清查是指根据管理需要或有关规定对一部分清查对象所进行的盘点和核对。局部清查的对象一般是流动性较大的财产物资和贵重物资。局部清查的范围小、内容少、需要的清查人员不多。

局部清查的对象具体包括以下内容。

(1) 库存现金。出纳人员每日营业结束时清查一次。
(2) 银行存款。每月至少核对一次。
(3) 流动性较大的存货。应当定期清查。
(4) 各种债权债务。每年至少清查两三次。
(5) 贵重资产。每月至少清查一次。

(二) 按清查时间分类

财产清查,按照清查时间是否固定,分为定期清查和不定期清查。

1. 定期清查

定期清查是指根据管理制度规定或预先安排所进行的财产清查活动。定期清查一般在月末、季度末、半年末、年末结账前进行。定期清查的范围不固定，可以是全面清查，也可以是局部清查。一般情况下，年末决算前进行全面清查，以保证年度财务报告的准确无误。月末、季末、半年末进行局部清查。

定期清查的目的是保证会计核算资料的真实准确。例如出纳员每天对库存现金进行盘点，以及每月对银行存款进行核对，都属于定期清查。

2. 不定期清查

不定期清查是指事先没有时间安排，根据需要进行的临时性清查活动。不定期清查多数属于局部清查。这类清查的目的是分清责任，查明情况。例如企业更换出纳员，对库存现金和银行存款的清查工作，就属于不定期清查。

(三) 按清查执行单位分类

财产清查，按照清查中组织清查的单位不同，分为内部清查和外部清查。

1. 内部清查

内部清查是指企业内部相关部门自行组织的清查小组进行的财产清查工作。一般进行的财产清查都属于内部清查。

2. 外部清查

外部清查是指由上级主管部门、审计机关、税务机关、司法机关、注册会计师根据有关规定组织的财产清查工作，企业应协助财产清查的顺利进行。

三、财产清查前的准备工作

财产清查是一项复杂、细致的工作。进行财产清查，尤其是全面清查，所需要参与的人员多，工作量大，涉及部门广、持续时间长。因此，必须有组织、有计划、按步骤进行。为了将清查工作顺利进行，要在组织和业务上进行准备。

(一) 组织准备

在进行财产清查前，成立清查领导小组，由有关领导会同企业相关部门共同进行清查工作。清查小组的工作内容如下：

(1) 根据财产清查的目的，制订清查计划，明确清查对象和程序，合理安排清查步骤，并组织相关人员进行专业学习。

(2) 按财产清查工作量配置清查人员，明确各类清查人员工作任务，按职责分工开展清查工作。

(3) 财产清查过程中，认真检查监督工作进程和清查质量，及时研究和处理清查过程中出现的问题。

(4) 财产清查完毕，根据清查实际情况，及时写出清查报告，介绍财产清查结果，提出建议和处理意见。

(二) 业务准备

财产清查的业务准备是搞好财产清查工作的前提条件，相关部门和人员要高度重视，特别是企业的会计部门和财产物资保管部门积极主动配合财产清查工作。在财产清查前，财会部门和相关部门在清查小组指导下，应做好以下业务准备工作。

(1) 财会部门要完成货币资金、实物资产、债权债务总账明细账的登记与核对工作，并进行结账，保证账证相符，账账相符，使账簿记录准确无误。

(2) 财产物资的保管使用部门要将截止清查日的票据、凭证、整理清楚，完成登记簿的登记和余额结算工作。要将清查对象摆放整齐，手续准备齐全。

(3) 财产清查中需要的计量器具校正精确，清查中需要的表格账册，如盘存表、实存账存对比表等准备充分，方便使用。

第二节 财产清查的方法

一、实物资产的清查

实物资产，是指企业那些具有实物形态的各种资产，包括原材料、半成品、在产品、固定资产等。对实物资产进行财产清查，是将实际库存数量与金额与账面数量与金额进行核对，查明实存账存是否相符的一种专门方法。实物资产的清查，首先需要确定账面结存数额，然后确定结存数额，最后核对是否一致。

(一) 实物资产的账面结存方法

实物资产的盘点是财产清查的重要环节。为了使盘点工作顺利进行，需要建立一定的盘存制度。实物资产的账面结存方法，又称盘存制度，是指企业实物资产期末账面余额的确定方法。账面结存方法有两类：永续盘存制和实地盘存制。

1. 永续盘存制

永续盘存制又称账面盘存制，是指会计人员平时根据会计凭证，对各项实物资产的增加、减少数，在有关账簿中进行连续登记，并随时结算出账面结存数的一种方法。

永续盘存制的优点是各项实物资产的增减变动及其结存，能在账簿中及时反映，手续严密，便于进行会计监督；能够随时掌握实物资产的占用情况及动态，有利于加强实物资产的管理。永续盘存制的缺点是增加会计人员的日常核算工作量，并且账簿内容是根据会计凭证登记，可能发生账实不符的情况。因此，采用永续盘存制，需要对实物资产进行财产清查。实际工作中采用永续盘存制对实物资产进行核算。这种方法实物资产账面余额的确定公式为

$$账面期末余额＝账面期初余额＋本期增加额－本期减少额$$

2. 实地盘存制

实地盘存制是指会计人员平时只对实物资产的增加数，根据会计凭证登记账簿，不登记减少数。月末结账时，根据实地盘点，确定结存数量，倒推出减少数。

实地盘存制,优点是减少了账簿登记的工作量,简化了财产物资的日常核算工作。缺点是日常核算没有严密手续,不能及时掌握实物资产的动态,并且减少数额是倒推确定的,正常消耗和毁损、丢失不能区分,不利于实物资产的安全和完整。实地盘点的工作量也很大。实地盘存制很少采用。实地盘存制本期减少数的确定公式为

本期减少数＝账面期初余额＋本期增加额－本期减少额

(二) 实物资产的清查方法

实物资产的清查对象主要是原材料、库存商品、固定资产等财产物资。实物资产在企业的资产中比重很大,是财产清查工作的重点。由于实物资产的数量大、规格多,根据不同情况,可以采用不同的清查方法。

1. 实地盘点法

实地盘点法是指对实物资产进行逐一清点或使用计量器具计量,从而确定清查对象实存数量的一种财产清查方法。实物资产在数量不多的情况下,普遍采用实地盘点法。这种方法取得的数字准确可靠,但工作量较大。

2. 技术推算法

技术推算法是指通过推算的形式,对无法逐一清点、计量的实物资产确定实存数量的一种财产清查方法。这种方法通过量方计尺换算的方法对大量的实物资产数量进行推算,虽然工作量不大,但清查结果不够准确。

在财产清查过程中,实物资产的保管人员和财产清查人员需要同时在场。清查结果数据,可填写在"盘存单"上,反映实物资产的实有数量。根据盘存单数据与财会部门账簿余额进行核对,出现不一致时,需要设计填制"实存账存对比表",列明实物资产的盘盈盘亏数额。"实存账存对比表"可以作为调整账簿记录的原始凭证,也是分析盈亏原因,明确经济责任的重要依据。"盘存单"和"实存账存对比表"格式如表 8-1、8-2 所示。

表 8-1 盘存单

单位名称: 编　号:
财产类别: 　　年　月　日 存放地点:

序号	名称	规格	计量单位	数量	单价	金额	备注

盘点人: 实物保管人:

表 8-2 实存账存对比表

编　号:
单位名称: 　　年　月　日

序号	名称	规格	计量单位	单价	实存		账存		盘盈		盘亏		备注
					数量	金额	数量	金额	数量	金额	数量	金额	

会计主管: 制表:

二、债权债务的清查

债权债务的清查,主要指对各种应收应付款项、预收预付款项、其他应收应付款项等债权债务的清查。这类清查对象一般采用询证核对法进行账实核对工作,即通过电函、信函或当面咨询等形式进行核对。与债务单位的核对,可设计"往来款项对账单"进行。清查时,将账面各项应收、应付等往来款项登记在对账单上一式两份送达债权或债务单位进行核对。核对后相符,在回联单加盖公章退回。核对中如果发现问题,需要在回单上注明原因,待进一步查找。对债权或债务单位的账面记录确认清楚或收到回执后,填写"债权债务清查报告表"。对于发现的问题,查明原因,及时解决。"债权债务清查报告表"格式如表 8-3 所示。

表 8-3 债权债务清查报告表

会计科目: 年 月 日

明细科目	账面结存金额	清查结果		发生时间	核对不符的原因分析					备注
		相符	不符		记账错误	拖欠款项	争执款项	无法收付	其他	

三、货币资金的清查

(一) 库存现金的清查

库存现金的清查,采用实地盘点法进行。首先实地盘点库存现金的实有数额,然后与库存现金日记账进行核对,确定账实是否相符。

除了每天出纳员对库存现金进行清查外,根据企业实际需要,组织人员对出纳员的现金保管情况进行抽查。清点现金时出纳人员必须在场,对库存现金的账存实存进行核对。清查时注意有无违反现金管理制度规定的白条抵库、挪用现金、超限留存现金等情况。

现金清查结束后,应填制"库存现金盘点报告表"。发生账实不符,该表可作为调整账面的原始凭证。"库存现金盘点报告表"格式如表 8-4 所示。

表 8-4 库存现金盘点报告表

单位名称: 年 月 日 单位:元

账存金额	实存金额	实存账存对比		备注
		盘盈	盘亏	

负责人: 盘点人: 出纳员:

(二) 银行存款的清查

银行存款的清查采用核对账目法，通过银行存款日记账余额与企业开户银行交来的对账单之间核对，查明是否相符的方法。

在企业银行存款日记账准确无误基础上，与银行交来的对账单进行核对。由于办理结算手续和结算凭证传递时间不一致，即使企业银行存款日记账和银行对账单均无问题，银行对账单余额和企业银行存款日记账余额也会不相等。一般是由于未达账项形成的。

平时银行存款的清查工作主要是每月的月初，对上月的银行存款查找未达账项，编制银行存款余额调节表，确定平衡关系。经过调整后两个余额仍然不一致，就需要进一步查找，是漏记、错记的问题，还是其他原因。

所谓未达账项是指企业和银行之间，由于结算凭证传递和办理转账手续的时间不同，形成的一方已登记入账而另一方尚未登记入账的款项。未达账项有以下四种类型。

1. 企业已收，银行未收的款项

企业已经收到结算凭证，已经登记银行存款增加，而银行尚未收到结算凭证，未登记银行存款增加的款项。

2. 企业已付，银行未付的款项

企业已经收到结算凭证，已经登记银行存款减少，而银行尚未收到结算凭证，未登记银行存款减少的款项。

3. 银行已收，企业未收的款项

银行已经收到结算凭证，已经登记银行存款增加，而企业尚未收到结算凭证，未登记银行存款增加的款项。

4. 银行已付，企业未付的款项

银行已经收到结算凭证，已经登记银行存款减少，而企业尚未收到结算凭证，未登记银行存款减少的款项。

编制银行存款余额调节表，一般采用补记式余额调节法。对于找出的全部未达账项，哪一方未登记增加或减少，则在这一方进行补记，原理可通过公式表示为

企业银行存款日记账余额＋银行已收企业未收的款项－银行已付企业未付的款项
＝银行对账单余额＋企业已收银行未收的款项－企业已付银行未付的款项

如某企业月末银行存款日记账余额 56 000 元，银行对账单余额 74 000 元，经核对有下列未达账项。

(1) 29 日，企业收到转账支票 2 000 元存入银行，银行尚未入账。

(2) 30 日，企业开出转账支票 18 000 元支付货款，银行尚未入账。

(3) 30 日，企业委托银行代收款项 10 000 元，银行已入账，企业尚未入账。

(4) 31 日，银行代付水费 8 000 元，企业尚未入账。

根据上述资料，编制银行存款余额调节表，如表 8-5 所示。

表 8-5　银行存款余额调节表

单位：元

项　　　目	金　　额	项　　　目	金　　额
企业银行存款日记账余额	56 000	银行对账单余额	74 000
加：银行已收企业未收款项	10 000	加：企业已收银行未收款项	2 000
减：银行已付企业未付款项	8 000	减：企业已付银行未付款项	18 000
调节后余额	58 000	调节后余额	58 000

补记式余额调节法调整后余额，是企业当时可使用的银行存款数额。银行存款余额调节表是进行银行存款清查使用的表格，不能作为调整账面记录的原始凭证。

对于发生的未达账项，企业应当在收到有关结算凭证后登记入账，不能根据银行存款余额调节表对未达账项进行处理。

第三节　财产清查结果的账务处理

一、财产清查结果的处理步骤

对于财产清查中发现的账实不符情况，要根据盘盈、盘亏、毁损的原因，提出处理意见，按照会计制度规定进行处理。当实存数大于账存数时，称为盘盈；当实存数小于账存数时，称为盘亏；财产物资保管使用中出现质量问题，不能按照原来用途使用，或需要处理报废，称为毁损。财产清查结果的处理步骤如下。

(1) 核准数字，查明原因。对盘盈、盘亏数字核实准确，分析调查产生差异的原因，明确责任。并按规定程序将处理意见报请企业有关部门审批处理。

(2) 调整账簿记录，做到账实相符。差异数额明确后，为了保证会计信息真实准确，根据财产清查中填写的原始凭证，对盘盈、盘亏、毁损等情况进行账务处理，将账面记录调整与实际相一致，保证账实相符。

(3) 报经批准，进行盈、亏原因的账务处理。根据财产清查结果的原因分析和责任认定，经过有关部门及负责人审批后，编制记账凭证，对处理结果进行会计核算。

二、财产清查结果的账务处理

(一) 账户设置

为核算监督财产清查中发现的盘盈、盘亏、毁损及其处理情况，设置"待处理财产损溢"账户。该账户属于资产类账户，核算等待处理的实物资产盘盈、盘亏、毁损情况，是具有双重性质的账户。借方登记等待处理的实物资产盘亏、短缺、毁损数额及报经批准转销的盘盈数额，贷方登记等待处理的实物资产盘盈、溢余数额及报经批准转销的盘亏、短缺、毁损数额。企业发生的实物资产盘盈、盘亏，需要在期末结账前处理完毕，会计期末尚未批准的待处理问题，先按照规定处理，并在财务报告中作出附注说明。企业在年末前应当将待处理财产损溢账户登记内容处理完毕。

只有实物资产,即存货、固定资产通过待处理财产损溢账户核算。货币资金、债权债务不通过该账户核算。

(二) 财产清查结果的账务处理

1. 库存现金长、短款的账务处理

库存现金流动性大,在收、付过程中容易出现长、短款情况,可通过"其他应付款""其他应收款"账户进行核算,然后分清情况分别处理。

例 8-1 财产清查中发现现金长款 55 元,待查。

借:库存现金 55
　　贷:其他应付款——库存现金长款 55

例 8-2 发现现金短款 32 元,待查。

借:其他应收款——库存现金短款 12
　　贷:库存现金 12

例 8-3 经查长款原因不明,冲减管理费用。

借:其他应付款——库存现金长款 55
　　贷:管理费用 55

例 8-4 短款现金经查为职工王明报销差错所致,王明交来现金 12 元。

借:库存现金 12
　　贷:其他应收款——库存现金短款 12

2. 存货盈亏的账务处理

财产清查中发现存货盘盈盘亏,应及时根据有关原始凭证,调整账面记录,完成账实相符工作。然后查明原因,经批准进行账务处理。存货盈亏的原因及处理有以下几种情况:

(1) 存货盘盈,属于收发计量错误及自然升溢等原因形成的,经批准冲减管理费用。

(2) 存货盘亏,根据不同情况进行处理:

自然损耗、收发计量等原因造成的,计入管理费用;

超定额短缺、毁损,责任人原因造成的,由过失人或保险公司赔偿,计入其他应收款;企业负担的,计入管理费用。

非常损失造成的,由保险公司理赔,计入其他应收款;企业负担的,计入营业外支出。

例 8-5 财产清查中,发现盘盈甲材料 1 200 元,原因待查。

借:原材料——甲材料 1 200
　　贷:待处理财产损溢 1 200

例 8-6 盘盈材料经调查为自然升溢所形成的,经批准冲减管理费用。

借:待处理财产损溢 1 200
　　贷:管理费用 1 200

例 8-7 财产清查中,发现短缺 A 产品 800 元,待查。

借:待处理财产损溢 800
　　贷:库存商品——A 产品 800

例 8-8 短缺产品经调查有 300 元为保管员张明原因，确定由其赔偿；其他为收发计量原因造成的，计入管理费用。

　　借：其他应收款——张明　　　　　　　　　　　　　　　　　300
　　　　管理费用　　　　　　　　　　　　　　　　　　　　　　500
　　　　　贷：待处理财产损溢　　　　　　　　　　　　　　　　　　800

例 8-9 财产清查中，发现短缺丙材料 400 元，增值税 68 元，待查。

原材料盘亏后，相应的增值税需要进行注销，因此给企业造成的影响是材料成本与增值税之和。会计分录为：

　　借：待处理财产损溢　　　　　　　　　　　　　　　　　　　468
　　　　贷：原材料——丙材料　　　　　　　　　　　　　　　　　400
　　　　　　应交税费——增值税(进项税额转出)　　　　　　　　　　68

例 8-10 上月短缺的 D 产品 4 350 元原因查明，为非常损失所致。确认保险公司赔偿 350 元，其余企业负担。

　　借：其他应收款——保险公司　　　　　　　　　　　　　　　350
　　　　营业外支出　　　　　　　　　　　　　　　　　　　　4 000
　　　　　贷：待处理财产损溢　　　　　　　　　　　　　　　　4 350

3. 固定资产盈亏的账务处理

固定资产盘盈一般是自制设备完工交付使用后未能及时入账所致，应作为前期差错计入"以前年度损益调整"账户。盘盈固定资产的入账价值，参考同类固定资产的市场价格，扣除该项固定资产的估计折旧额，登记入账。借记"固定资产"，贷记"以前年度损益调整"。

固定资产盘亏主要是自然灾害、责任事故、丢失等原因。根据不同情况对固定资产净值分别进行处理：自然灾害造成的固定资产毁损，由保险公司赔偿，计入其他应收款，企业负担，计入营业外支出；责任事故造成的固定资产毁损，应由责任人酌情赔偿，企业负担部分，计入营业外支出；丢失的固定资产，经批准计入营业外支出。

例 8-11 财产清查中，发现短缺设备一台，账面原值 2 800 元，已提折旧 1 000 元。

短缺设备净值＝2 800－1 000＝1 800 元

　　借：待处理财产损溢　　　　　　　　　　　　　　　　　　1 800
　　　　累计折旧　　　　　　　　　　　　　　　　　　　　　1 000
　　　　　贷：固定资产　　　　　　　　　　　　　　　　　　2 800

例 8-12 经查短缺设备确认为丢失，计入营业外支出。

　　借：营业外支出　　　　　　　　　　　　　　　　　　　　1 800
　　　　贷：待处理财产损溢　　　　　　　　　　　　　　　　　1 800

4. 债权债务清查结果的账务处理

债权债务清查后发现问题，不通过"待处理财产损溢"账户核算。对于确认无法支付的应付款项，经审批程序直接计入营业外收入；无法收回的应收款项，计入管理费用，提取坏账准备金的企业在"坏账准备"账户核算。

例 8-13 财产清查中，发现前欠光明工厂货款 5 000 元无法支付，经批准转作营业外收入。

借：应付账款——光明工厂　　　　　　　　　　　　　　　　　　　　5 000
　　　贷：营业外收入　　　　　　　　　　　　　　　　　　　　　　5 000

例 8-14　财产清查中，确认红光工厂所欠款项 3 300 无法收回，经批准转作管理费用。
借：管理费用　　　　　　　　　　　　　　　　　　　　　　　　　3 300
　　　贷：应收账款——红光工厂　　　　　　　　　　　　　　　　3 300

课后练习题

一、名词解释

1．财产清查　　2．全面清查　　3．局部清查　　4．定期清查　　5．不定期清查
6．永续盘存制　　7．实地盘存制　　8．实地盘点法　　9．技术推算法
10．未达账项

二、简答题

1．财产清查的作用有哪些？
2．企业在什么情况下需要进行全面清查工作？
3．进行财产清查需要进行哪些方面的业务准备工作？
4．简述永续盘存制与实地盘存制的优缺点。实际工作中采用哪种盘存制度？
5．简述未达账项的类型。
6．简述财产清查结果的处理步骤。

三、填空题

1．财产清查按范围分为_____、_____。
2．财产清查按时间分为_____、_____。
3．实物资产的账面结存方法有_____、_____。
4．实物资产的清查方法一般有两种：_____、_____。
5．进行存货清查工作，需要填制_____或_____，其中_____可作为调整账面记录的原始凭证。
6．库存现金的清查方法一般采用_____。
7．银行存款日记账余额与银行对账单余额往往不一致，一般是由于_____形成的。
8．银行存款的清查采用_____，通过_____与_____之间的核对进行。
9．债权债务的清查一般采用_____进行清查工作。
10．债权债务清查后发现问题，不通过_____账户进行核算，确认后直接进行账务处理。

四、计算题

根据下列资料填制银行存款余额调节表。

企业月末银行存款日记账余额 60 000 元，银行对账单余额 62 000 元，经核对有下列未达账项：

(1) 29 日，企业开出转账支票 2 000 元支付货款，银行尚未入账。

(2) 30 日，企业存入银行转账支票 3 200 元，银行尚未入账。

(3) 30 日，企业委托银行代收款项 4 000 元，银行已入账，企业尚未入账。

(4) 31 日，银行代付水费 500 元，企业尚未入账。

(5) 31 日，企业存入银行转账支票 300 元，银行尚未入账。

项　　目	金　　额	项　　目	金　　额
企业银行存款日记账余额		银行对账单余额	
调节后余额		调节后余额	

五、练习题

根据下列经济业务编制会计分录：

(1) 财产清查中，盘盈 B 产品 135 元，原因待查。

(2) 经查盘盈 B 产品为收发计量原因所致，冲减管理费用。

(3) 财产清查中，发现盘亏甲材料 300 元，增值税 51 元，原因待查。

(4) 经查盘亏甲材料为保管员赵东责任，确认由其赔偿。

(5) 前期短缺待查的乙材料为非常损失原因造成，损失 2 340 元处理如下：保险公司负担 500 元，企业负担 1 840 元。

(6) 财产清查中，发现现金短款 16 元，待查。

(7) 经查短款原因不明，经批准计入管理费用。

(8) 财产清查中，发现现金长款 32 元，待查。

(9) 财产清查中，发现短缺旧设备一台，账面原值 1 500 元，已经提取折旧 700 元，待查。

(10) 经批准短缺设备计入营业外支出。

第9章 财务报告

学习目标与要求

通过本章学习，了解财务报告的概念、作用和组成；掌握财务报表的分类和编制要求；了解资产负债表的概念、结构和编制方法；掌握利润表的概念、结构和编制方法；了解财务评价指标的组成。

第9章 财务报告

第一节 财务报告概述

一、财务报告的作用

(一) 财务报告的概念

财务报告是指反映企业某一特定日期财务状况、某一会计期间经营成果等会计信息的书面文件。财务报告是企业提供会计信息的重要手段，编制财务报告是会计工作的一项重要内容，是会计核算的专门方法之一。

企业日常的会计信息，分布在大量的会计凭证和各类账簿中。虽然账簿与凭证相比，内容具有条理化、系统化的特点，能完整反映企业一定时期的经济活动情况，不过数据资料还是分散在不同的账簿中。会计信息要提供给企业外部使用者及企业内部经营管理者，凭证和账簿不能满足需要。为了使分散的会计信息集中、系统、有机地联系在一起，总括反映一定时期的会计信息和资料，使企业的财务状况和经营成果一目了然，及时、准确、清晰、集中地反映经济活动全貌，就需要通过编制财务报告的手段达到目的。

财务报表是财务报告的最主要组成部分。资产负债表反映企业在某一特定日期所拥有的资产数额、需要偿还的债务数额，以及企业所有者拥有的净资产数额。利润表反映企业在一定会计期间的经营成果，即利润或亏损情况，表明企业拥有资产的获利能力。现金流量表反映企业一定会计期间现金和现金等价物的流入流出情况。会计报表从各个角度全面、概括、系统地描述企业的经营状态，构成完整的指标体系。

(二) 财务报告的作用

企业及时、准确编制和使用财务报告，对于提高企业经营管理水平，满足会计信息使用者的需要，具有重要作用。财务报告的作用具体表现在以下几方面。

1. 财务报告为企业管理层了解企业财务状况、经营成果等方面情况提供信息

通过财务报告，可以分析企业资产分布和利用情况、权益的结构、成本费用变动以及盈利水平、偿债能力，分析检查各项计划执行情况，及时发现经营中的问题，改善管理水平，增强经营能力。

2. 财务报告为企业投资者、债权人了解企业经营状态提供信息

通过财务报告，投资者、债权人能够了解企业财务状况和经营成果信息，分析企业的经营业绩、获利能力、偿债能力等，从而取得投资与信贷的决策信息。

3. 财务报告为工商、税务、银行、审计等部门加强对企业的指导和监督提供信息

通过财务报告，有关行政管理部门可以检查监督企业的资金运用情况，遵守财经制度和结算、信贷、税收纪律情况，引导、控制或落后企业，扶持、壮大优势企业，保证经济的可持续发展。

4. 财务报告为企业上级主管部门和各级政府宏观管理提供信息

通过财务报告，了解各企业、各部门、各地区的经济发展情况和趋势，为宏观经济调

控和预测、决策提供依据。引导、控制落后企业,扶持、壮大优势企业,大力发展节能、环保企业,保证经济的可持续发展。

二、财务报告的组成

财务报告主要包括财务报表、报表附注和其他需要披露的资料。财务报表是财务报告的主要构成部分。

(一) 财务报表

通过表格形式,为会计信息使用者提供概括资料。财务报表由主表、附表组成。主表包括资产负债表、利润表、现金流量表、所有者权益(股东权益)变动表。附表包括利润分配表、应交增值税明细表等。资产负债表、利润表是企业需要报送的最主要报表。

(二) 报表附注

报表附注是对在资产负债表、利润表、现金流量表和所有者权益变动表中列示项目的文字描述或明细资料,以及未能在这些报表中列示项目的说明等。

(三) 其他需要披露的资料

除财务报表、报表附注外,企业还应根据会计信息使用者的需要,披露一些相关信息,方便会计信息使用者对企业进行全面了解。如企业的业务性质、主要经营活动、组织形式等。

下面对有关财务报表问题进行介绍。

三、财务报表的种类

会计主体的具体情况不同,所编制的财务报表也不尽相同。企业的财务报表可以从不同角度进行分类。

(一) 财务报表按照经济内容分类

按经济内容分类,有财务状况报表、财务成果报表、成本费用报表。

反映财务状况报表如资产负债表、现金流量表;反映财务成果报表如利润表、利润分配表;反映费用成本报表如管理费用表、制造费用表等。

(二) 财务报表按照报送对象分类

按报送对象分类,有对外报表和对内报表。

对外报表是企业向外部提供的,满足企业外部会计信息使用者需要的财务报表,如资产负债表、利润表、现金流量表、利润分配表等。对外报表有统一的格式和报送周期,企业在经营管理中同样需要对外报表提供的会计信息。

对内报表是满足企业内部经营管理的需要而编制的财务报表,主要是一些成本、费用报表。对内报表没有统一格式,根据需要自行设计编报。

(三) 财务报表按照报送时间分类

按报送时间分类,有中期报表和年度报表。中期报表是以短于一个完整会计年度的报告期间为基础编制的财务报表，包括月度报表、季度报表和半年报表。月份报表和年度报表是按照时间分类的主要报表。与年度财务报表相比，中期财务报表的附注披露可适当简略。

月度报表，是根据每月会计核算资料编制的周期最短的财务报表，反映月度企业财务状况和经营成果。月度报表简明扼要，能够及时提供会计信息。属于月度报表的是资产负债表和利润表。

季度报表，是根据一个季度的会计核算资料编制的财务报告，反映企业季度财务状况和经营成果。季度财务报告提供的会计信息比月度财务报告详细。每个季度最后一个月的资产负债表，就是该季度的财务报表。

半年报表，是根据六个月的会计核算资料编制的财务报告，反映半年来企业的财务状况和经营成果。半年中期报表包括企业所有会计报表。在不违背会计信息质量要求的前提下，可以适当简化。半年报表包括资产负债表、利润表、现金流量表等。

年度报表，又称年度决算报表，是编制周期最长的财务报表。年度报表反映企业全年的财务状况和经营成果，包括企业全部财务报表，披露完整，反映全面。

(四) 财务报表按编制主体分类

按编制主体分类，有个别会计报表和合并会计报表。

个别会计报表是指单一会计主体在自身会计核算基础上，对账簿记录进行加工而编制的，独立反映本身财务状况、经营成果的财务报表。

合并会计报表，是指以母公司和子公司组成的企业集团为一个会计主体，在各自个别会计报表基础上，由母公司编制的反映企业集团财务状况和经营成果的财务报表。

(五) 财务报表按反映的资金运动分类

按照资金运动状况，有静态报表和动态报表。

静态报表是反映企业某一特定日期财务状况的报表。静态报表反映企业某一时点的财务状态，如资产负债表。

动态报表是企业某一特定时期经营成果或财务状况变动的报表。动态报表反映企业一段时间内经营成果或财务指标的变动，如利润表、现金流量表。

四、财务报表的编制要求

财务报表是传递会计信息的主要手段，是企业外部各方面了解、掌握企业情况的主要形式，为了保证财务报表及时、准确地提供给使用者，满足财务报表使用者的需要，企业在编制财务报表时，应遵循以下原则。

(一) 数字真实

财务报表的编制依据是真实完整、准确无误的账簿记录。报表的数据不能估计，更不能弄虚作假，篡改、伪造数字。

在财务报表编制前，需要核对凭证与账簿记录，保证账证、账账相符，必要时进行财产清查，保证账实相符，发现问题应及时处理。按期结账，不能提前或延后。

(二) 内容完整

企业要按照规定的报表格式和内容填制财务报表，不能漏编、漏报报表内容和项目。企业经营活动所有情况，在报表中要进行全面反映。报表中需要说明的项目，应当另附文字解释便于报表使用者的理解和运用。

(三) 计算准确

财务报表中的各个项目金额，少数内容直接来自账簿记录，多数资料是通过对账簿信息进行分析计算填写的。并且报表项目之间以及各个报表之间的指标，还存在一定对应关系，因此需要采用正确的计算方法，保证计算结果准确。

(四) 编报及时

财务报表要按照规定的期限和程序，及时编制和报送，便于财务报表使用者及时掌握企业的经营动态，便于财务报表的汇总单位和部门工作的顺利进行。为了保证报表编制工作的顺利进行，财务部门要组织好日常的会计核算工作，做好报表编制前的必要准备工作，加强企业内部相关部门的合作，相互配合，按期完成任务。

(五) 指标可比

财务报表中的指标，在较长时间内尽可能计算口径相同，计算方法一致，以利于财务报表使用者对企业不同时期的财务状况和经营成果进行对比，并且不同企业之间也具有比较的基础。需要变动调整的项目，应当指出造成的影响。只有这样，财务报表使用者才能正确确定同一企业在不同时期以及不同企业之间的财务状况、经营成果的差异。

第二节　资产负债表

一、资产负债表的作用

资产负债表是反映企业在某一特定日期财务状况的报表。资产负债表属于静态报表，每月报表数据是该月最后一天的资产、负债和所有者权益总额及构成。资产负债表的编制依据是会计恒等式(资产＝负债＋所有者权益)，因此资产负债表是平衡表。资产负债表反映企业在特定日期所拥有的全部资产及其来源之间的对应关系。

资产负债表是企业编制的最主要的财务报表之一。资产负债表的作用如下。

(一) 了解企业拥有或控制的经济资源及其分布情况，有利于分析预测企业的短期偿债能力

企业拥有或控制的经济资源，包括流动资产、固定资产和其他资产，而短期债务的偿还能力，主要体现在流动资产尤其是货币资金、债权等占有合理比例。通过企业资产构成的分析研究，确定企业资产分布是否合理，比例是否恰当，短期债务到期时，企业是否有足够的货币资金顺利偿还。

(二) 了解企业经济资源的来源及构成情况,有利于分析确定企业长期偿债能力及财务状况的稳定性

企业经济资源的来源及其构成,是指权益总额中负债和所有者权益,以及负债中流动负债与长期负债、所有者权益中投入资本和留存收益(盈余公积与未分配利润)等方面的构成比例。企业负债与所有者权益相对比例的大小,直接关系到债权人和企业所有者的投资经营风险,以及企业的长期偿债能力。负债比重越大,债权人的风险越大,企业的长期偿债能力越弱。相反,负债比重越小,企业的长期偿债能力越强,债权人的风险越小,企业的财务也越稳定。

(三) 可以预测企业未来的财务趋势,为报表使用者提供决策依据

企业未来经营能力的强弱,获利能力大小,直接关系到是否能够给予投资者较高回报,是否能够按期向债权人还本付息。通过资产负债表提供的数据,可以了解企业经济资源的占用数量以及分布状况,分析企业未来的获利能力,评价预测企业未来的财务趋势。

二、资产负债表的结构和内容

资产负债表的结构有报告式和账户式两种。报告式资产负债表中,所反映的资产、负债和所有者权益三部分内容采用垂直分布形式,具体项目在报表中按所属类别顺序排列。报告式资产负债表按照资产－负债＝所有者权益为基础编制,因此,不能清晰地反映资产与负债、所有者权益的平衡关系。报告式资产负债表简化格式如表9-1所示。

表9-1　资产负债表(报告式)

年　　月　　日

编制单位:　　　　　　　　　　　　　　　　　　　　　　　　　　　　　　　单位:元

项　　目	期　末　余　额	年　初　余　额
资产		
流动资产:		
货币资金		
应收账款		
预付款项		
其他应收款		
存货		
非流动资产:		
固定资产		
无形资产		
其他非流动资产		
资产合计		
负债		
流动负债:		
短期借款		

续表

项　目	期末余额	年初余额
应付账款		
预收款项		
应付职工薪酬		
应交税费		
应付股利		
应付利息		
非流动负债：		
长期借款		
负债合计		
所有者权益		
实收资本		
资本公积		
盈余公积		
未分配利润		
所有者权益合计		

填表日期：　　年　月　日

账户式资产负债表，报表分成左右两方，类似于账户。左方列示资产，右方列示负债和所有者权益，左右两方具有平衡关系。我国资产负债表采用这种结构。

在账户式资产负债表中，左方的资产按流动资产和非流动资产排列，所列项目主要有货币资金、应收账款、预付款项、其他应收款、存货、固定资产、无形资产等。右方的负债按照流动负债和非流动负债排列，所列项目有短期借款、应付账款、预收款项、其他应付款、应交税费、应付股利、应付职工薪酬等。在负债下方排列的是所有者权益，所列项目有实收资本(股本)、资本公积、盈余公积和未分配利润。资产负债表的简化格式如表9-2所示。

表9-2　资产负债表(账户式)

年　月　日

编制单位：　　　　　　　　　　　　　　　　　　　　　　　　　　　　单位：元

资　产	期末余额	年初余额	负债和所有者权益	期末余额	年初余额
流动资产：			流动负债：		
货币资金			短期借款		
应收账款			应付账款		
预付款项			预收款项		
应收利息			应付职工薪酬		
应收股利			应交税费		
其他应收款			应付利息		
存货			应付股利		

续表

资　　产	期末余额	年初余额	负债和所有者权益	期末余额	年初余额
1年内到期的非流动资产			其他应付款		
其他资产合计			流动负债合计		
流动资产合计			非流动负债：		
非流动资产：			长期借款		
长期应收款			非流动负债合计		
固定资产			负债合计		
在建工程			所有者权益：		
工程物资			实收资本		
无形资产			资本公积		
商誉			盈余公积		
其他非流动资产			未分配利润		
非流动资产合计			所有者权益合计		
资产总计			负债所有者权益合计		

填表日期：　　年　　月　　日

三、资产负债表的资料来源和编制原理

资产负债表的数据资料，是根据总账及所属明细账期末余额填制的。不同项目的填写有所区别，编制原理有以下几种。

(1) 根据总账账户余额直接填写的项目。例如短期借款、实收资本项目，根据总账各账户期末余额直接填写。

(2) 根据几个总账账户期末余额之和填写的项目。例如货币资金、存货。

(3) 根据相关账户抵消后净额填写的项目。例如固定资产，根据固定资产总账余额减累计折旧总账余额后的金额填写。

(4) 根据总账及所属明细账期末余额分析填写的项目。例如应收账款项目，根据应收账款明细账户借方金额及预收账款明细账户借方余额之和填写；预付款项项目，根据预付账款明细账户借方余额和应付账款明细账户借方余额之和填写。

(5) 出现相反方向余额以"－"号填写的项目。例如应交税费项目，根据总账户贷方余额填写，借方余额，以"－"号填写。同样类型的还有应付职工薪酬等。未分配利润项目根据本年利润和利润分配总账户余额之和填写，贷方金额直接填写，借方金额以"－"号填写。

四、资产负债表主要项目的填制方法

资产负债表的主要项目如下。

(1) 货币资金项目，反映货币资金的合计数，根据库存现金与银行存款总账户期末余额合计数填列。

(2) 应收账款项目，反映企业因销售商品或提供劳务而向购买单位收取的各种款项。

根据应收账款明细账户借方余额与预收账款明细账户借方余额合计数填列。

(3) 预付款项项目，反映企业按购销合同的规定预付给供应商的货款。根据预付账款明细账户借方余额与应付账款明细账户借方余额合计数填列。

(4) 应收利息项目，反映企业拥有的交易性金融资产应收取的利息。根据应收利息账户期末借方余额填列。

(5) 应收股利项目，反映企业应收取的其他单位分配的利润。根据应收股利账户期末借方余额填列。

(6) 其他应收款项目，反映企业对其他单位或个人除其他债权外应收和暂付的款项。根据其他应收款明细账户借方余额与其他应付款明细账户借方余额合计数填列。

(7) 存货项目，反映企业除固定资产外的有形资产实际成本。根据在途物资、原材料、生产成本、库存商品总账账户余额之和填列。

(8) 固定资产项目，反映企业固定资产净值。根据固定资产与累计折旧总账户余额求差填列。

(9) 短期借款项目，反映企业由金融机构借入的期限一年以内的款项。根据短期借款总账户余额填列。

(10) 应付账款项目，反映企业购买材料或接受劳务应付给供应单位的款项。根据应付账款明细账户贷方余额与预付账款明细账户贷方余额合计数填列。

(11) 预收款项项目，反映企业按购销合同的规定预收购买单位的货款。根据预收账款明细账户贷方余额与应收账款明细账户贷方余额合计数填列。

(12) 应付职工薪酬项目，反映企业应付未付发职工工资及各种薪酬。根据应付职工薪酬总账户贷方余额填列。如果为借方余额，以"－"号填列。

(13) 应交税费项目，反映企业应交未交的各种税费。根据应交税费总账户贷方余额填列。如果为借方余额，以"－"号填列。

(14) 应付利息项目，反映企业应付未付的利息。根据应付利息账户期末贷方余额填列。

(15) 应付股利项目，反映企业尚未支付的现金股利。根据应付股利总账户贷方余额填列。

(16) 其他应付款项目，反映企业应付和暂收其他单位和个人的除其他流动负债外的各种款项。根据其他应付款明细账户贷方余额与其他应收款明细账户贷方余额合计数填列。

(17) 实收资本项目，反映企业各投资者实际投入的资本(股本)。总额根据实收资本总账户余额填列。

(18) 资本公积项目，反映企业资本公积金的期末余额。根据资本公积总账户余额直接填列。

(19) 盈余公积项目，反映企业盈余公积金的期末余额。根据盈余公积总账户余额直接填列。

(20) 未分配利润项目，反映企业期末尚未分配的利润或尚未弥补的亏损。根据本年利润、利润分配总账户余额之和填列。如果合计余额为贷方，直接填列；如果合计余额为借方，以"－"号填列。

第三节 利润表

一、利润表的作用

利润表是反映企业在一定会计期间经营成果的报表。利润表属于动态报表。通过利润表，可以反映企业一定会计期间的收入实现情况和费用支出的构成情况。利润表的编制是以收入－费用＝利润这一公式为理论依据，是企业最重要财务报表之一。

利润表的作用表现在如下几方面。

(1) 利润表反映了企业一定时期实现的利润情况。通过利润表提供的利润数据，可以考核企业利润计划的实现情况，评价企业经营者的业绩。

(2) 利润表反映了企业利润的形成情况。通过利润表的利润形成资料，可以分析企业企业利润增减变动原因，为企业管理层提高经营管理水平提供依据。

(3) 通过利润表及相关资料，财务报表使用者可以评价企业盈利能力，预测企业未来的盈利趋势，为经营决策提供依据。

二、利润表的结构和内容

利润表是根据"收入－费用＝利润"的原理编制的。将企业一定时期取得的收入与发生的费用、支出，按照一定标准和形式，在表格中排列而成的。

利润表的结构有单步式和多步式两种。

(一) 单步式利润表

单步式利润表将本期所有收入排列在一起，确定收入合计；将所有费用支出排列在一起，确定费用、支出合计。然后将收入与费用支出相减，一次性确定出企业的盈亏损益。单步式利润表如表9-3所示。

表9-3 利润表(单步式)

年　月　　　　　　　　　　　　　　　　　　　　单位：元

项　目	本 期 金 额	上 期 金 额
一、营业收入和收益		
其中：主营业务收入		
其他业务收入		
营业外收入		
二、营业费用和损失		
其中：主营业务成本		
营业税金及附加		
其他业务成本		
销售费用		
管理费用		
财务费用		

续表

项 目	本期金额	上期金额
营业外支出		
三、利润总额		
减：所得税费用		
四、净利润		

填表日期：　　年　　月　　日

(二) 多步式利润表

多步式利润表按企业利润的形成过程，以及收入、费用支出的属性以及与企业经营的关系程度，分别通过计算营业利润、利润总额和净利润几个层次进行反映。

多步式利润表提供的信息具体详细，能够对企业利润构成进行比较分析，有利于预测企业未来的盈利能力。我国利润表采用多步式结构。

在多步式利润表中，能反映出营业利润的构成要素：营业收入、营业成本、营业税金及附加、销售费用、管理费用、财务费用等，求差取得营业利润指标。

能反映利润总额的构成要素：在营业利润基础上，考虑营业外收入、营业外支出要素，确定利润总额。

能反映净利润构成要素，在利润总额基础上，减去所得税费用，取得净利润指标。

多步式利润表的简化形式如表9-4所示。下面我们对多步式利润表进行具体介绍。

表9-4　利润表(多步式)

年　　月　　　　　　　　　　　　　　　　　　单位：元

项 目	本期金额	上期金额
一、营业收入		
减：营业成本		
营业税金及附加		
销售费用		
管理费用		
财务费用		
二、营业利润		
加：营业外收入		
减：营业外支出		
三、利润总额		
减：所得税费用		
四、净利润		

填表日期：　　年　　月　　日

三、利润表的资料来源和填制方法

利润表的数据资料，是根据总账中损益类账户发生额填制的。在损益类账户借、贷两个方向均有发生额时,按月末转入本年利润账户的数额填制。利润表项目的填制方法如下。

(1) 营业收入项目,反映企业经营活动取得的收入总额。根据总账中主营业务收入和其他业务收入账户发生额合计数填列。当收入账户出现借方发生额时,按月末转入本年利润账户的数额填列。

(2) 营业成本项目,反映企业经营活动的实际成本。根据总账中主营业务成本和其他业务成本账户发生额合计数填列。当成本账户出现贷方发生额时,按月末转入本年利润账户的数额填列。

(3) 营业税金及附加项目,反映企业经营活动应负担的营业税、消费税、城建税、资源税和教育费附加等。根据营业税金及附加项目发生额填列。

(4) 销售费用项目,反映企业在销售商品和提供劳务等主要经营活动过程中所发生的各项销售费用。根据销售费用账户发生额填列。

(5) 管理费用项目,反映企业本期发生的管理费用。根据管理费用账户发生额填列。

(6) 财务费用项目,反映企业本期筹集资金发生的费用。根据财务费用账户发生额填列。

(7) 营业利润项目,反映企业各项经营业务所实现的利润。根据上述项目求差确定。相减后如果是负数,为企业亏损数额,以"—"表示。

(8) 营业外收入项目,反映企业经营活动以外取得的收入。根据营业外收入账户发生额填列。

(9) 营业外支出项目,反映企业经营活动以外发生的支出。根据营业外支出账户发生额填列。

(10) 利润总额项目,反映企业实现的利润总数。根据上述项目求差确定。相减后如果是负数,为企业亏损数额,以"—"表示。

(11) 所得税费用项目,反映企业按照税法规定,应交纳的所得税数额。根据所得税费用账户发生额填列。

(12) 净利润项目,反映企业取得的净收益。根据根据上述项目求差确定。相减后如果是负数,为企业亏损数额,以"—"表示。

第四节 现金流量表的编制

一、现金流量表的作用

现金流量表是反映企业一定会计期间现金和现金等价物流入和流出情况的报表,属于动态报表。现金流量是以现金为基础,按照收付实现制原理编制。这里的现金是指企业库存现金以及可以随时用于支付的存款,具体包括库存现金、存放在银行等金融机构随时支取的银行存款、其他货币资金及现金等价物。其中其他货币资金是指企业存放在金融机构有特定用途的资金,如外埠存款、银行汇票存款、银行本票存款、信用证保证金存款、信用卡存款等。现金等价物是指企业持有期限短、流动性强、易于转换为已知金额现金、价值变动很小的短期投资。通过现金流量表,能够为财务报表使用者提供一定会计期间内现金和现金等价物流入和流出的信息，了解和评价企业获得现金和现金等价物的能力，据以预测企业未来的现金流量。现金流量表可以评价企业经营业绩、衡量企业财务资源和财务风险及预测企业未来前景。现金流量表还可以评价企业支付能力、偿债能力和周转能力，分析企业收益质量及影响现金净流量的因素，等等。

二、现金流量表的结构和内容

在现金流量表中，按照经营活动、投资活动和筹资活动的现金流量的分析，分项列示。经营活动是指企业投资活动和筹资活动以外的所有交易和事项。包括销售商品、提供劳务、购买商品、接受劳务，制造产品、广告宣传、推销产品、交纳税金等。投资活动是指企业长期资产的构建和不包括在现金及现金等价物范围内的投资及其处置活动。包括构建固定资产、无形资产、其他长期资产，处置固定资产、无形资产、取得投资收益等。筹资活动是指导致企业资本及债务规模和构成发生变化的活动。包括吸收投资、发行股票、发行债券、分配利润等。

现金流量表的格式一般采用报告式，分类反映经营活动产生的现金流量、投资活动产生的现金流量和筹资活动产生的现金流量，最后汇总反映企业某一期间现金及现金等价物的净增加额。

现金流量表的基本结构包括正表和补充资料两部分。

现金流量表的正表包括以下内容：①经营活动产生的现金流量；②投资活动产生的现金流量；③筹资活动产生的现金流量；④汇率变动对现金的影响；⑤现金及现金等价物的净增加额；⑥期末现金及现金等价物余额。

在三类现金流量中，分别计算出现金流入小计和现金流出小计。

(1) 经营活动产生的现金流量，主要包括的项目有：①销售商品、提供劳务收到的现金；②收到的税费返还；③收到的其他与经营活动相关的现金，如罚没收入、流动资产损失中的个人赔偿部分等；④购买商品、接受劳务支付的现金；⑤支付给职工及为职工支付的现金，不包括退休人员工资及相关费用和在建工程人员的工资及相关费用；⑥支付的各项税费，如增值税、城建税、营业税、消费税、所得税等，不包括计入固定资产价值的有关税费；⑦支付的其他与经营活动相关的现金。如销售费用、罚没支出等。

(2) 投资活动产生的现金流量，主要包括的项目有：①收回投资收到的现金；②取得投资收益收到的现金；③处置固定资产、无形资产和其他长期资产收到的现金净额；④处置子公司及其他营业单位收到的现金净额；⑤收到的其他与投资活动有关的现金；⑥购建固定资产、无形资产和其他长期资产支付的现金；⑦投资支付的现金；⑧为子公司及其他营业单位支付的现金净额；⑨支付的其他与投资活动有关的现金。

(3) 筹资活动产生的现金流量。主要包括的项目有：①吸收投资收到的现金，如发行股票、债券收到的现金，收到投资者投入的现金；②取得借款收到的现金；③收到的其他与筹资活动相关的现金，如接受现金资产捐赠等；④偿还债务支付的现金。如债务本金；⑤分配股利、利润或偿付利息所支付的现金；⑥支付的其他与筹资活动有关的现金，如现金捐赠支出、融资租入固定资产支付的租金等。

补充资料内容包括：①将净利润调节为经营活动的现金流量；②不涉及现金收支的重大投资和筹资活动；③现金及现金等价物净变动情况。

三、现金流量表的资料来源和填制方法

现金流量表的填制方法有直接法和间接法两种。直接法是通过现金收入和现金支出的主要类别反映来自企业经营活动的现金流量。采用直接法确定经营活动的现金流量,一般以利润表中的营业收入为计算起点,调整与经营活动有关的项目增减变动,从而计算出经营活动的现金流量。间接法是以本期净利润为起算点,调整不涉及现金的收入、费用、营业外收支等有关项目的增减变动,从而计算出经营活动中的现金流量。我国财务制度规定现金流量表采用直接法编制,所提供的信息有助于评价企业未来的现金流量。

现金流量表的编制方法如下。

(一) 经营活动产生的现金流量各项目的编制方法

1. "销售商品、提供劳务收到的现金"项目

该项目反映企业销售商品、提供劳务实际收到的现金(包括销售收入和应向购货单位收取的增值税)。确定形式是,本期销售收入、提供劳务收到的现金,以及前期销售和前期提供劳务本期收到的现金和本期预收的账款,减去本期退回本期销售的商品和前期销售本期退回的商品支付的现金。企业销售材料和代购代销业务收到的现金,也在本项目反映。本项目根据"库存现金""银行存款""应收账款""应收票据""预收账款""主营业务收入""其他业务收入"等账户的记录分析填写。

2. "收到的税费返还"项目

该项目反映企业收到返还的各种税费,如收到的增值税、消费税、所得税、教育费附加返还等。本项目根据"库存现金""银行存款""营业税金及附加""补贴收入""应收补贴款"等账户的记录分析填写。

3. "收到其他与经营活动有关的现金"项目

该项目反映企业除了上述各项目外,收到的其他与经营活动有关的现金流量,如罚款收入、流动资产损失中由个人赔偿的现金收入等。本项目根据"库存现金""银行存款""营业外收入"等账户的记录分析填写。

4. "购买商品、接受劳务支付的现金"项目

该项目反映企业购买材料、商品、接受劳务实际支付的现金,包括本期购入材料、商品、接受劳务支付的现金(包括增值税进项税额),以及本期支付前期购入商品、接受劳务的未付款项和本期预付款项。本期发生的购货退回收到的现金应从本项目内扣除。本项目根据"库存现金""银行存款""应付账款""应付票据""主营业务成本"等账户的记录分析填写。

5. "支付给职工以及为职工支付的现金"项目

该项目反映企业实际支付给职工,以及为职工支付的现金,包括本期实际支付给职工的工资、奖金、各种津贴和补贴等,以及为职工支付的其他费用。不包括支付给离退休人员的各项费用和支付给在建工程人员的工资等。企业支付给离退休人员的各项费用,包括

支付的统筹退休金以及未参加统筹的退休人员的费用，在"支付的其他与经营活动有关的现金"项目中反映；支付给在建工程人员的工资，在"购建固定资产、无形资产和其他长期资产所支付的现金"项目中反映。本项目根据"应付工资""库存现金""银行存款"等账户的记录分析填写。企业为职工支付的养老、失业等社会保险基金、补充养老保险、住房公积金、支付给职工的住房困难补助，以及企业支付给职工或为职工支付的其他福利费用等，应按职工的工作性质和服务对象，分别在本项目和在"购建固定资产、无形资产和其他长期资产所支付的现金"项目反映。

6．"支付的各项税费"项目

该项目反映企业按规定支付的各项税费，包括本期发生并支付的税费，以及本期支付以前各期发生的税费和预交的税金，如支付的教育费附加、矿产资源补偿费、印花税、房产税、土地增值税、车船使用税、预交的营业税等。不包括计入固定资产价值、实际支付的耕地占用税等。也不包括本期退回的增值税、所得税，本期退回的增值税、所得税在"收到的税费返还"项目反映。本项目根据"应交税费""库存现金""银行存款"等账户的记录分析填写。

7．"支付的其他与经营活动有关的现金"项目

该项目反映除上述项目外，支付的其他与经营活动有关的现金流出，如罚款支出、支付的差旅费、业务招待费现金支出、支付的保险费等。其他现金流出如果数额较大的，应单列项目反映。本项目应根据有关账户的记录分析填写。

(二) 投资活动产生的现金流量各项目的编制方法

1．"收回投资所收到的现金"项目

该项目反映企业出售、转让或到期收回出现金等价物以外的短期投资、长期股权投资而收到的现金，以及收回长期债权投资本金而收到的现金。不包括长期债权投资收回的利息，以及收回的非现金资产。本项目根据"短期投资""长期股权投资""库存现金""银行存款"等账户的记录分析填写。

2．"取得投资收益所收到的现金"项目

该项目反映企业因股权性投资和债权性投资而取得的现金股利、利息，以及从子公司、联营企业和合营企业分回利润收到的现金。不包括股票股利。本项目根据""库存现金""银行存款""投资收益"等账户的记录分析填写。

3．"处置固定资产、无形资产和其他长期资产收到的现金净额"项目

该项目反映企业处置固定资产、无形资产和其他长期资产所取得的现金，减去为处置这些资产而支付的有关费用后的净额。由于自然灾害所造成的固定资产等长期资产损失而收到的保险赔偿收入，也在本项目反映。本项目根据"固定资产清理""库存现金""银行存款"等账户的记录分析填写。

4．"收到的其他与投资活动有关的现金"项目

该项目反映企业除了上述各项以外。收到的其他与投资活动有关的现金流入。其他现

金流入如数额较大的,应单列项目反映。本项目根据有关账户的记录分析填写。

5. "购建固定资产、无形资产和其他长期资产支付的现金"项目

本项目反映企业购买、建造固定资产,取得无形资产和其他长期资产所支付的现金,不包括为购建固定资产而发生的借款利息资本化的部分,以及融资租入固定资产支付的租赁费、借款利息和融资租入固定资产支付的租赁费,在筹资活动产生的现金流量中反映。本项目根据"固定资产""在建工程""无形资产""库存现金""银行存款"等账户的记录分析填写。

6. "投资支付的现金"项目

该项目反映企业进行权益性投资和债权性投资支付的现金,包括企业取得的除现金等价物以外的短期股票投资、短期债券投资、长期股权投资、长期债权投资支付的现金,以及支付的佣金、手续费等附加费用。本项目根据"长期股权投资""长期债权投资""短期投资""库存现金""银行存款"等账户的记录分析填写。企业购买股票和债券时,实际支付的价款中包含的已宣告但尚未领取的现金股利或已到付息期但尚未领取的债券的利息,应在投资活动的"支付的其他与投资活动有关的现金"项目反映;收回购买股票或债券时支付的已宣告但尚未领取的现金股利或已到付息期但尚未领取的债券的利息,也在投资活动的"支付的其他与投资活动有关的现金"项目反映。

7. "支付的其他与投资活动有关的现金"项目

该项目反映企业除了上述各项以外,支付的其他与投资活动有关的现金流出。其他现金流出如数额较大的,应单列项目反映。本项目根据有关账户的记录分析填写。

(三) 筹资活动产生的现金流量各项目的编制方法

1. "吸收投资收到的现金"项目

该项目反映企业收到的投资者投入的现金,包括以发行股票、债券等方式筹集的资金实际收到款项净额(发行收入减去支付的佣金等发行费用后的净额)。以发行股票、债券等方式筹集资金而由企业直接支付的审计、咨询等费用,在"支付的其他与筹资活动有关的现金"项目反映,不从本项目内减去。本项目根据"实收资本(或股本)""库存现金""银行存款"等账户的记录分析填写。

2. "取得借款收到的现金"项目

本项目反映企业举借各种短期、长期借款所收到的现金。本项目根据"短期借款""长期借款""库存现金""银行存款"等账户的记录分析填写。

3. "收到的其他与筹资活动相关的现金"项目

该项目反映企业除上述项目外,收到的其他与筹资活动有关的现金流入,如接受现金捐赠等。其他现金流入如数额较大的,应单列项目反映。本项目根据有关账户的记录分析填写。

4. "偿还债务支付的现金"项目

该项目反映以现金偿还债务的本金,包括偿还金融机构的借款本金、偿还债券本金等。企业偿还的借款利息、债券利息,在"分配股利、利润或偿付利息所支付的现金"项目反映。不包括在本项目内。本项目根据"短期借款""长期借款""库存现金""银行存款"等账户的记录分析填写。

5. "分配股利、利润或偿付利息所支付的现金"项目

该项目反映企业实际支付的现金股利,支付给其他投资单位的利润以及支付的借款利息、债券利息等。本项目根据"应付股利""财务费用""长期借款""库存现金""银行存款"等账户的记录分析填写。

6. "支付的其他与筹资活动有关的现金"项目

该项目反映企业除了上述各项外,支付的其他与筹资活动有关的现金流出,如捐赠现金支出、融资租入固定资产支付的租赁费等。其他现金流出如果数额较大的,应单列项目反映。本项目根据有关账户的记录分析填写。

(四)补充资料的编制方法

将净利润调节为经营活动现金流量各项目填写方法如下。

1. "资产减值准备"项目

该项目反映企业计提的各项资产减值准备。资产减值准备包括:坏账准备、存货跌价准备、投资性房地产减值准备、长期股权投资减值准备、持有至到期投资减值准备、固定资产减值准备、在建工程减值准备、工程物资减值准备、生物性资产减值准备、无形资产减值准备、商誉减值准备等。企业计提的各项资产减值准备,包括在利润表中,属于利润的减除项目,但没有发生现金流出。所以,在将净利润调节为经营活动现金流量时,需要转回。

本项目根据"管理费用""投资收益""营业外支出"等账户的记录分析填写。

2. "固定资产折旧"项目

该项目反映企业本期累计提取的折旧。计提的固定资产折旧,有的包含在管理费用中,有的包含在制造费用中,计入管理费用账户的固定资产,作为期间费用在计算净利润时已经扣除,但没有发生现金流出,在将净利润调节为经营活动现金流量时,需要予以转回。计入制造费用账户中的已经变现部分,在计算净利润时通过销售成本已经扣除,但没有发生现金流出。计入制造费用账户没有变现部分,既不涉及现金收支,也不影响企业当期净利润。由于在调节存活时已经扣除,所以在此处将净利润调节为经营活动现金流量时,需要进行转回。本项目根据"累计折旧"账户的贷方发生额分析填写。

3. "无形资产摊销"项目

该项目反映企业本期累计摊入成本费用的无形资产价值。本项目根据"无形资产"账户贷方发生额分析填写。

4. "长期待摊费用摊销"项目

该项目反映企业本期累计摊入成本费用的长期待摊费用。本项目根据"长期待摊费用"账户贷方发生额分析填写。

5. "处置固定资产、无形资产和其他长期资产的损失(减：收益)"项目

该项目反映处置固定资产、无形资产和其他长期资产的净损失。本项目根据"营业外收入""营业外支出""其他业务收入""其他业务成本"账户所属明细账户的记录分析填写。如果是净收益，以"－"号填写。

6. "固定资产报废损失"项目

该项目反映本期固定资产盘亏(减：盘盈)后的净损失。本项目根据"营业外收入""营业外支出"账户所属有关明细账户中固定资产盘亏损失减去固定资产盘盈收益后的差额填写。

7. "公允价值变动损失"项目

该项目反映企业在初始确认是划分为以公允价值计量且其变动计入当期损益的交易性金融资产或金融负债、衍生工具、套期等业务中，公允价值变动形成的应计入当期损益的利得或损失。企业发生的公允价值变动损益，通常与企业的投资活动或筹资活动有关，而且并不影响企业当期的现金流量。为此，应当将其从净利润中剔除。本项目可以根据"公允价值变动损益"账户的发生额分析填写。如为持有损失，在将净利润调节为经营活动现金流量时，应当转回；如为持有利得，在将净利润调节为经营活动现金流量时，应当扣除。

8. "财务费用"项目

该项目反映企业本期发生的应属于投资活动或筹资活动的财务费用。本项目根据"财务费用"账户本期借方发生额分析填写。如果是收益，以"－"号填写。

9. "投资损失"(减：收益)项目

该项目反映企业本期投资所发生的损失减去收益后的净损失。本项目根据利润表中的"投资收益"项目的数额填写。如果是投资收益，以"－"号填写。

10. "递延所得税资产减少"项目

11. "递延所得税负债增加"项目

12. "存货的减少"项目

本项目反映企业本期存货的减少(减：增加)。本项目根据资产负债表中的"存货"项目的期初、期末余额的差额填写。期末余额大于期初余额的，以"－"号填写。

13. "经营性应收项目的减少(减：增加)"项目

该项目反映企业本期经营性应收项目(包括应收账款、应收票据、和其他应收款中与经营活动有关的部分及应收的增值税销项税额等)的减少(减：增加)。

14. "经营性应付项目的增加(减：减少)"项目

该项目反映企业本期经营性应付项目(包括应付账款、应付票据、应付福利费、应交税费、其他应付款中与经营活动有关的部分以及应付的增值税进项税额等)的增减(减：减少)。

"不涉及现金收支的重大投资和筹资活动"反映企业一定期间内影响资产或负债但不形成该期现金收支的所有投资和筹资活动的信息。

不涉及现金收支的重大投资和筹资活动各项目填写方法如下。

(1) "债务转为资本"项目，反映企业不期转为资本的债务金额。

(2) "一年内到期的可转换公司债券"项目，反映企业一年内到期的可转换公司债券的本息。

(3) "融资租入固定资产"项目，反映企业本期融资租入固定资产计入"长期应付款"账户的金额。

表9-5 现金流量表

编制单位：　　　　　　　　　　　　年　月　　　　　　　　　　　　　单位：元

项　目	本期金额	上期金额
一、经营活动产生的现金流量：		
销售商品、提供劳务收到的现金		
收到的税费返还		
收到其他与经营活动有关的现金		
经营活动现金流入小计		
购买商品、提供劳务支付的现金		
支付给职工以及为职工支付的现金		
支付的各项税费		
支付其他与经营活动有关的现金		
经营活动现金流出小计		
经营活动产生的现金流量净额		
二、投资活动产生的现金流量：		
收回投资收到的现金		
取得投资收益收到的现金		
处置固定资产、无形资产和其他长期资产收回的现金净额		
处置子公司及其他营业单位收到的现金净额		
收到其他与投资活动有关的现金		
投资活动现金流入小计		
购建固定资产、无形资产和其他长期资产支付的现金		
投资支付的现金		
取得子公司及其他营业单位支付的现金净额		
支付其他与投资活动有关的现金		
投资活动现金流出小计		

续表

项　　目	本期金额	上期金额
投资活动产生的现金流量净额		
三、筹资活动产生的现金流量：		
吸收投资收到的现金		
取得借款收到的现金		
收到其他与筹资活动有关的现金		
筹资活动现金流入小计		
偿还债务支付的现金		
分配股利、利润或偿付利息支付的现金		
支付其他与筹资活动有关的现金		
筹资活动现金流出小计		
筹资活动产生的现金流量净额		
四、汇率变动对现金及现金等价物的影响		
五、现金及现金等价物净增加额		
加：期初现金及现金等价物余额		
六、期末现金及现金等价物余额		

现金流量表补充资料披露格式如表9-6所示。

表9-6　现金流量表补充资料

补　充　资　料	本期金额	上期金额
1．将净利润调节为经营活动现金流量：		
净利润		
加：资产减值准备		
固定资产折旧		
无形资产摊销		
长期待摊费用摊销		
处置固定资产、无形资产和其他长期资产的损失(收益以"－"号填列)		
固定资产报废损失(收益以"－"号填列)		
公允价值变动损失		
财务费用		
投资损失		
递延所得税资产减少		
递延所得税负债增加		
存货的减少		
经营性应收项目的减少		
经营性应付项目的增加		

续表

补 充 资 料	本期金额	上期金额
其他		
经营活动产生的现金流量净额		
2．不涉及现金收支的重大投资和筹资活动：		
债务转为资本		
一年内到期的可变换公司债券		
融资租入固定资产		
3．现金及现金等价物的净变动情况：		
现金的期末余额		
减：现金的期初余额		
加：现金等价物的期末余额		
减：现金等价物的期初余额		
现金及现金等价物的净增加额		

第五节　财务评价指标及其计算

一、财务评价指标内容

企业经营者不能直接根据会计核算的信息进行预测、决策。需要对会计信息进行加工、整理，计算一些评价指标。财务评价指标是以财务报表提供的资料为依据计算取得的，对企业财务状况、经营成果作出判断的一些指标。对于财务报告的使用者，通过这些评价指标，对企业进行全面认识。财务评价指标主要有偿债能力评价指标、营运能力评价指标、盈利能力评价指标。

二、财务评价指标的计算

(一) 偿债能力评价指标

1．资产负债率

资产负债率是指企业负债总额与全部资产的比率。该评价指标可以衡量企业利用债权人提供的资金进行经营活动的能力，同时反映债权人债务的安全程度。计算公式为

$$资产负债率 = \frac{负债总额}{全部资产总额} \times 100\%$$

企业的资产负债率越低，说明企业通过负债取得的资产越少。但从经营角度分析，资产负债率过低，说明企业运用外部资金的能力较差。

2．流动比率

流动比率是指企业流动资产与流动负债的比率。该指标可以衡量企业流动资产在短期

债务到期之前,变现用于偿还流动负债的能力。工业企业流动比率正常范围是 2∶1,计算公式为

$$流动比率 = \frac{流动资产}{流动负债}$$

3. 速动比率

速动比率是指企业速动资产与流动负债的比率。该指标可以衡量企业流动资产中立即用于偿还流动负债的能力。速动资产是流动资产扣除存货的余额,即流动速度超过流动资产的那部分资产,包括货币资金和债权。工业企业速动比率的正常范围是 1∶1,计算公式为

$$速动比率 = \frac{速动资产}{流动负债}$$

评价企业偿债能力指标中,资产负债率越低,企业偿还债务的能力越强;流动比率和速动比率越高,企业偿还债务的能力越强,这样对债权人有利。但对于企业来说,适度的负债经营,不仅是维持和扩大企业生产经营的一项重要筹资政策,同时也影响企业盈利水平。因此,偿债能力指标都有个适度范围,流动资产不仅要满足偿还流动负债的需要,还要满足正常生产经营活动的需要。

(二) 营运能力评价指标

1. 总资产周转率

总资产周转率是指企业营业收入净额与平均资产总额的比率,用来衡量企业全部资产的利用效率。总资产周转率越高,表明企业资产的利用效率越高。

$$总资产周转率 = \frac{营业收入净额}{平均资产总额}$$

2. 应收账款周转率

应收账款周转率是指企业赊销收入净额与平均应收账款余额的比率,用来衡量企业应收账款的流动程度,周转率越高,说明企业营运能力越强。赊销收入净额是营业收入扣除现销收入的余额,计算公式为

$$应收账款周转率 = \frac{赊销收入净额}{平均资产总额}$$

3. 存货周转率

存货周转率是指企业营业成本与平均存货余额的比率,衡量企业存货的流动性,确定企业存货是否过量。存货周转率越高,说明企业存货周转速度越快,企业销售越好,企业营运能力越强。计算公式为

$$存货周转率 = \frac{营业成本}{平均存货余额}$$

(三) 盈利能力评价指标

1. 总资产报酬率

总资产报酬率是指企业利润总额与平均资产总额的比率,衡量企业资产的利用效率。

计算公式为

$$总资产报酬率 = \frac{利润总额 + 利息支出}{平均资产总额} \times 100\%$$

2. 净资产收益率

净资产收益率是指企业净利润与平均净资产的比率,也称股东权益报酬率,衡量企业资本运行的综合效益。计算公式为

$$净资产收益率 = \frac{净利润}{平均净资产总额} \times 100\%$$

3. 营业利润率

营业利润率是指企业利润总额与营业收入净额的比率,衡量企业营业收益水平的指标。计算公式为

$$营业利润率 = \frac{利润总额}{营业收入净额} \times 100\%$$

4. 营业成本利润率

营业成本利润率是指企业利润总额与营业成本的比率,衡量企业营业成本的获利水平。计算公式为

$$营业成本利润率 = \frac{利润总额}{营业成本总额} \times 100\%$$

课后练习题

一、名词解释

1. 财务报告　　2. 资产负债表　　3. 利润表　　4. 流动比率　　5. 速动比率

二、简答题

1. 财务报告的作用有哪些?
2. 简述财务报表的编制要求。
3. 资产负债表的作用有哪些?
4. 利润表的作用有哪些?
5. 简述评价企业偿债能力指标的内容及作用。

三、填空题

1. 财务报告由三部分构成:_____、_____、_____。
2. 财务报表按经济内容分类有_____、_____、_____。
3. 财务报表按照报送对象分类有_____、_____。
4. 财务报表按照时间分类有_____、_____、_____、_____。
5. 资产负债表的编制依据是_____。因此资产负债表是_____。
6. 资产负债表的结构有两种形式:_____、_____。
7. 编制利润表的理论依据是_____。

8．利润表的结构有两种：_____、_____。
9．反映企业偿债能力的评价指标有_____、_____、_____。
10．工业企业流动比率的正常范围是_____，速动比率的正常范围是_____。
11．反映企业营运能力的评价指标有_____、_____、_____。
12．反映企业盈利能力的评价指标有_____、_____、_____、_____。

四、练习题

1．根据下列资料，填制资产负债表。
企业月末各账户余额如下：

会计科目	借方余额	贷方余额
库存现金	4 500	
银行存款	500 800	
应收账款	48 500	
——红光公司	57 000	
——红运公司		8 500
预付账款	8 000	
——光辉工厂	10 000	
——光大工厂		2 000
其他应收款	6 600	
在途物资	15 800	
原材料	66 500	
生产成本	70 000	
库存商品	126 000	
固定资产	1 494 800	
累计折旧		10 000
短期借款		75 000
应付账款		17 000
——光明工厂		22 000
——光彩工厂	5 000	
预收账款		50 000
——明星公司		35 000
——红星公司		15 000
应付职工薪酬		171 000
应交税费		6 100
应付利息		3 000
实收资本		1 649 000
资本公积		67 000
盈余公积		88 000
本年利润		353 400
利润分配	148 000	

资产负债表格式如表 9-7 所示。

表 9-7 资产负债表

编制单位：　　　　　　　　　　　　　　　　　　　　　　　　　　　　　　　单位：元

资　　产	期末余额	年初余额	负债和所有者权益	期末余额	年初余额
流动资产：			流动负债：		
货币资金			短期借款		
应收账款			应付账款		
预付款项			预收款项		
应收股利			应付职工薪酬		
应收利息			应交税费		
其他应收款			应付利息		
存货			应付股利		
1年内到期的非流动资产			其他应付款		
其他资产合计			流动负债合计		
流动资产合计			非流动负债：		
非流动资产：			长期借款		
长期应收款			非流动负债合计		
固定资产			负债合计		
在建工程			所有者权益：		
工程物资			实收资本		
无形资产			资本公积		
商誉			盈余公积		
其他非流动资产			未分配利润		
非流动资产合计			所有者权益合计		
资产总计			负债所有者权益合计		

2. 根据下列资料，填制利润表。

企业损益类账户本月发生额如下(单位：元)：

主营业务收入	580 000
其他业务收入	25 000
营业外收入	13 000
主营业务成本	210 000
营业税金及附加	1 100
其他业务成本	10 800
销售费用	7 000
管理费用	33 700
财务费用	200
营业外支出	8 000
所得税费用	86 800

利润表格式如表 9-8 所示。

表 9-8　利润表

单位：元

项　目	本　月　数	本年累计数
一、营业收入		
减：营业成本		
营业税金及附加		
销售费用		
管理费用		
财务费用		
二、营业利润		
加：营业外收入		
减：营业外支出		
三、利润总额		
减：所得税费用		
四、净利润		

第 10 章 会计核算组织程序

学习目标与要求

通过本章学习，了解会计核算组织程序的概念、作用和设计原则；掌握会计核算组织程序的种类；掌握记账凭证核算组织程序、科目汇总表组织程序和汇总记账凭证核算组织程序的特点、步骤、优缺点和适用范围。掌握科目汇总表、汇总收款凭证、汇总付款凭证、汇总转账凭证的编制方法。

第10章 会计核算组织程序

第一节 会计核算组织程序概述

一、会计核算组织程序的作用

会计核算组织程序,又称会计核算形式,是指在会计核算中,会计凭证、账簿和财务报告的种类、格式与记账程序相结合的方法和步骤。

企业进行会计核算,需要采用设置账户、复式记账、填制和审核凭证、登记账簿、成本计算等一系列会计专门方法来取得日常会计核算资料,并在此基础上,对日常会计核算资料进行加工,编制财务报告,以会计报表的形式,为会计信息的使用者提供反映企业财务状况和经营成果等方面的信息。填制和审核凭证、登记账簿、编制财务报告是会计核算中最主要的环节,这些方法互相联系、互相制约。财务报告是根据账簿资料编制的,财务报告的内容对账簿的种类、格式和记录内容具有制约作用;账簿是根据会计凭证登记的,账簿的种类、格式又决定于会计凭证的种类和格式。各个环节的相互结合,决定着会计核算工作的及时、准确、全面和系统。因此,需要选择合适的会计核算组织程序,将凭证之间、账簿之间、报表之间有机结合起来。科学合理的会计核算组织程序,有以下作用。

(1) 有利于提高会计工作质量。规范的会计核算工作,可以保证会计记录的完整、准确,会计信息的真实可靠。

(2) 有利于提高会计工作效率。选择适合本企业的核算组织程序,可以减少不必要的核算环节,减轻会计人员的工作量,保证会计信息的及时性。

(3) 有利于强化企业内部控制和会计监督。会计核算组织程序规定了凭证之间、账簿之间的相互关系,以及账务处理的步骤和方法,使各项核算工作相互牵制和约束。

二、设计会计核算组织程序的原则

企业选择适合本企业的会计核算组织程序,应当遵循以下原则。

(1) 结合本企业经济活动特点、规模大小和业务繁简情况,保证会计核算的分工和协作,有利于建立会计岗位责任制。

(2) 能够使企业的会计信息及时、准确、全面地提供给使用者,满足国家宏观管理的需要,满足企业内部经营管理的需要,满足投资者、债权人计划和决策的需要。

(3) 在保证会计核算质量的基础上,应当简化核算手续,节约人力、物力和财力,提高会计核算工作效率。

三、会计核算组织程序的种类

各企业自身情况、业务性质、规模大小各不相同,设置的账簿种类、格式和账簿之间的相互关系同样有很大区别。不同的记账方法和记账程序,不同的账簿体系和财务报告的编制过程,形成了不同的会计核算组织程序。每个企业都需要选择适合本单位的会计核算组织程序。按照登记总账的依据和方法不同,会计核算组织程序有:记账凭证核算组织程序、科目汇总表核算组织程序、汇总记账凭证核算组织程序、日记总账核算组织程序、多栏式日记账核算组织程序等。其中前三种是常见核算程序。

第二节　记账凭证核算组织程序

一、记账凭证核算组织程序的特点

记账凭证核算组织程序是根据原始凭证或原始凭证汇总表编制记账凭证，直接根据各种记账凭证逐笔登记总账的账务处理程序，是最基本的会计核算程序，其他核算程序都是以这种程序为基础。

记账凭证核算组织程序的特点：直接根据记账凭证逐笔登记总分类账。

记账凭证核算组织程序采用通用记账凭证；库存现金日记账、银行存款日记账和总账采用三栏式订本账；各类明细账根据登记内容不同以及经营管理的需要，采用三栏式、多栏式、数量金额式活页账。

二、记账凭证核算组织程序的步骤

具体步骤如下。
(1) 根据原始凭证或原始凭证汇总表填制记账凭证。
(2) 将涉及货币资金增减的记账凭证交给出纳员登记库存现金日记账和银行存款日账。
(3) 根据所有记账凭证及所附原始凭证登记各种明细账。
(4) 根据所有记账凭证登记总账。
(5) 月末，将日记账、总账和各类明细账相关账户发生额、余额核对相符。
(6) 根据总账、明细账数据资料编制财务报告。

记账凭证核算组织程序基本步骤如图 10.1 所示。

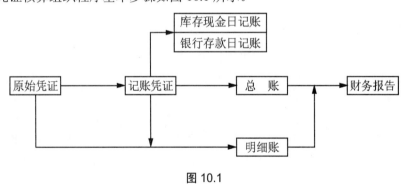

图 10.1

三、记账凭证核算组织程序的优缺点与适用范围

记账凭证核算组织程序的优点：核算程序简单明了，易于理解，便于掌握。总账根据记账凭证登记，详细反映经济业务情况，来龙去脉清楚，便于了解经济业务动态，便于进行账证核对工作。

这种核算程序的缺点：总账根据记账凭证直接登记，总账登记工作量较大；总账与明细账的内容相类似，起不到总括功能。这种核算形式适用于规模小、经济业务量较少的企业。

第三节 科目汇总表核算组织程序

一、科目汇总表核算组织程序的特点

科目汇总表核算组织程序是指对发生的经济业务，根据原始凭证或原始凭证汇总表编制记账凭证，定期根据记账凭证编制科目汇总表，再根据科目汇总表登记总账的会计核算组织程序。

科目汇总表核算组织程序的特点：定期编制科目汇总表，根据科目汇总表登记总账。这种核算程序，在记账凭证和总账之间增加科目汇总表，即试算平衡过程中的发生额平衡表。

科目汇总表核算组织程序采用通用记账凭证，并编制科目汇总表；库存现金日记账、银行存款日记账和总账采用三栏式订本账；各类明细账根据登记内容不同以及经营管理的需要，采用三栏式、多栏式、数量金额式活页账。

二、科目汇总表核算组织程序的步骤

具体步骤如下。
(1) 根据原始凭证或原始凭证汇总表填制记账凭证。
(2) 将涉及货币资金增减的记账凭证交给出纳员登记库存现金日记账和银行存款日账。
(3) 根据所有记账凭证及所附原始凭证登记各种明细账。
(4) 根据所有记账凭证编制科目汇总表。
(5) 根据科目汇总表登记总账。
(6) 月末，将日记账、总账和各类明细账相关账户发生额、余额核对相符。
(7) 根据总账、明细账数据资料编制财务报告。
科目汇总表核算组织程序基本步骤如图 10.2 所示。

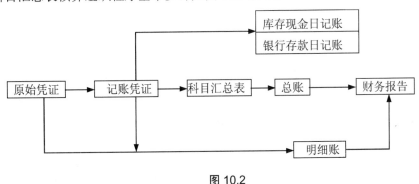

图 10.2

三、科目汇总表核算组织程序的优缺点与适用范围

科目汇总表核算组织程序的优点：采用科目汇总表登记总账，大大减轻了登记总账的工作量；通过科目汇总表的编制，可以对发生额进行试算平衡，能及时发现记账凭证填制和汇总中的错误。

这种核算程序的缺点：科目汇总表不能反映账户之间的对应关系，不能了解经济业务的具体内容。这种核算形式适用于规模较大、经济业务量较多的企业。

四、科目汇总表的编制方法

科目汇总表，又称记账凭证汇总表，是根据一定时期的全部记账凭证，按每一个会计科目归类，定期汇总每一个会计科目的借方发生额和贷方发生额而编制的记账凭证。对于库存现金和银行存款，也可以根据库存现金日记账和银行存款日记账相应合计数填列，可以简化汇总的工作量。科目汇总表格式如表 10-1 所示。

表 10-1 科目汇总表

年　　月　　　　　　　　　　　　　　　　　　　　　单位：元

会 计 科 目	借 方 金 额	贷 方 金 额
合　计		

科目汇总表编制方法：将所有总账科目，按照会计科目表所列顺序填写在科目汇总表中。不同的是，本年利润和利润分配两个会计科目要填列在最后两行。

根据所有记账凭证，按照总科目进行归类，分别汇总计算每一科目的借方发生额和贷方发生额，填写在科目汇总表的相应位置。每一科目的汇总过程一般通过丁字账进行。

最后计算合计金额，由于借贷记账法的"有借必有贷，借贷必相等"记账规则，所以其同样具有平衡关系。如果出现不平衡，可以通过丁字账按照一定方法进行查找。

下面以第 4 章经济业务编制的会计分录为例，介绍科目汇总表的填制方法。首先需要使用丁字账对会计分录(即记账凭证)进行汇总。按顺序排列登记。

1. 借方	库存现金	贷方		2. 借方	银行存款	贷方	
(44)	300	(7)	1 000	(1)	500 000	(5)	60 900
		(43)	2 000	(3)	60 000	(6)	11 700
				(27)	46 800	(10)	23 400
				(29)	20 000	(11)	40 000
				(38)	2 340	(13)	70 200
						(14)	8 800
						(18)	18 300
						(22)	150 000
						(23)	3 300
						(24)	1 000
						(31-1)	12 000
本期发生额:	300	本期发生额:	3 000			(28)	105 30
						(35)	11 000
						(41)	3 000
3. 借方	应收账款	借方				(42)	553
(28)	105 300					(45)	4 000
						(50)	800
本期发生额:	105 300	本期发生额:	—	本期发生额:	629 140	本期发生额:	4 189 553

4. 借方	预付账款	贷方		5. 借方	其他应收款	贷方	
(11)	40 000	(12)	35 100	(43)	2 000	(44)	2 000
(23)	3 300	(31-1)	3 000				
(31-1)	12 000	(45-2)	1 000				
(45-1)	4 000						
本期发生额: 59 300		本期发生额: 39 100		本期发生额: 2 000		本期发生额: 2 000	

6. 借方	在途物资	贷方		7. 借方	原材料	贷方	
(6)	10 000	(8)	11 000	(8)	11 000	(16)	80 000
(7)	1 000	(15)	68 800	(15)	68 800	(17)	1 000
(9)	20 000					(39)	1 600
(12)	30 000						
(13)	60 000						
(14)	8 800						
本期发生额: 129 800		本期发生额: 79 800		本期发生额: 79 800		本期发生: 82 600	

8. 借方	库存商品	贷方		9. 借方	固定资产	贷方
(26) 179 480		(34) 69 500		(2) 20 000		
本期发生额：179 480		本期发生额：69 500		本期发生额：20 000		本期发生额：—

10. 借方	累计折旧	贷方		11. 借方	短期借款	贷方
		(19) 14 000		(5) 60 000		(3) 60 000
本期发生额：—		本期发生额：14 000		本期发生额：60 000		本期发生额：60 000

12. 借方	应付账款	贷方		13. 借方	预收账款	贷方
(10) 23 400		(9) 23 400		(30) 11 700		(29) 20 000
本期发生额：23 400		本期发生额：23 400		本期发生额：11 700		本期发生额：20 000

14. 借方	应付职工薪酬	贷方
(22) 150 000	(20)	150 000
	(21)	21 000
本期发生额：150 000	本期发生额：171 000	

15. 借方	应交税费	贷方
(6) 1 700	(27)	6 800
(9) 3 400	(28)	15 300
(12) 5 100	(30)	1 700
(13) 10 200	(32)	238
(35) 11 000	(33)	102
(38) 340		
(48) 5 000		
本期发生额：31 400	本期发生额：29 480	

16. 借方	应付利息	贷方
(5) 900	(4)	300
本期发生额：900	本期发生额：300	

17. 借方	应付股利	贷方
	(52)	350 000
本期发生额：—	本期发生额：350 000	

18. 借方	其他应付款	贷方
(40) 1 000	(36)	3 000
(50) 800	(37)	2 250
本期发生额：1 800	本期发生额：5 250	

19. 借方	实收资本	贷方
	(1)	500 000
	(2)	20 000
本期发生额：—	本期发生额：520 000	

20. 借方	盈余公积	贷方
	(51)	1 222
本期发生额：—	本期发生额：1 222	

21. 借方	生产成本	贷方
(16) 80 000	(26)	179 480
(20) 100 000		
(21) 14 000		
(25) 51 800		
本期发生额：245 800	本期发生额：179 480	

22.

借方	制造费用	贷方	
(17)	1 000	(25)	51 800
(18)	17 000		
(19)	10 000		
(20)	20 000		
(21)	2 800		
(24)	1 000		
本期发生额：51 800		本期发生额：51 800	

23.

借方	主营业务收入	贷方	
(46)	140 000	(27)	40 000
		(28)	90 000
		(30)	10 000
本期发生额：140 000		本期发生额：140 000	

24.

借方	其他业务收入	贷方	
(46)	2 000	(38)	2 000
本期发生额：2 000		本期发生额：2 000	

25.

借方	营业外收入	贷方	
(46)	1 000	(40)	1 000
本期发生额：1 000		本期发生额：1 000	

26.

借方	主营业务成本	贷方	
(34)	69 500	(47)	69 500
本期发生额：69 500		本期发生额：69 500	

27.

借方	其他业务成本	贷方	
(39)	1 600	(47)	1 600
本期发生额：1 600		本期发生额：1 600	

28.

借方	营业税金及附加	贷方	
(32)	238	(47)	340
(33)	102		
本期发生额：340		本期发生额：340	

29.

借方	销售费用	贷方	
(31-2)	3 000	(47)	3 000
本期发生额：3 000		本期发生额：3 000	

30. 借方	管理费用	贷方		31. 借方	财务费用	贷方	
(18)	1 300	(47) 47 450		(4)	300	(47)	853
(19)	4 000			(42)	553		
(20)	30 000						
(21)	4 200						
(36)	3 000						
(37)	2 250						
(44)	1 700						
(45-2)	1 000						
本期发生额：47 450		本期发生额：47 450		本期发生额：853		本期发生额：853	

32. 借方	营业外支出	贷方		33. 借方	所得税费用	贷方	
(41)	3 000	(47)	3 000	(48)	5 000	(49)	5 000
本期发生额：3 000		本期发生额：3 000		本期发生额：5 000		本期发生额：5 000	

34. 借方	本年利润	贷方		35. 借方	利润分配	贷方	
(47)	125 743	(46) 143 000		(51)	1 222	(53)	12 257
(49)	5 000			(52)	350 000		
(53)	12 257						
本期发生额：143 000		本期发生额：143 000		本期发生额：351 222		本期发生额：12 257	

根据丁字账本期发生额汇总结果，编制科目汇总表。表中的会计科目按顺序进行排列，最后列出本年利润和利润分配科目，这样对账时容易查找。科目汇总表填制结果如表10-2所示。

表 10-2 科目汇总表

单位：元

会 计 科 目	借方发生额	贷方发生额
库存现金	300	3 000
银行存款	629 140	418 953
应收账款	105 300	—
预付账款	59 300	39 100
其他应收款	2 000	2 000
在途物资	129 800	79 800
原材料	79 800	82 600
库存商品	179 480	69 500
固定资产	20 000	—
累计折旧	—	14 000
短期借款	60 000	60 000
应付账款	23 400	23 400
预收账款	11 700	20 000
应付职工薪酬	150 000	171 000
应交税费	31 400	29 480
应付利息	900	300
应付股利	—	350 000
其他应付款	1 800	5 250
实收资本	—	520 000
盈余公积	—	1 222
生产成本	245 800	179 480
制造费用	51 800	51 800
主营业务收入	140 000	140 000
其他业务收入	2 000	2 000
营业外收入	1 000	1 000
主营业务成本	69 500	69 500
其他业务成本	1 600	1 600
营业税金及附加	340	340
销售费用	3 000	3 000
管理费用	47 450	47 450
财务费用	853	853
营业外支出	3 000	3 000
所得税费用	5 000	5 000
本年利润	143 000	143 000
利润分配	351 222	12 257
合　　计	2 549 885	2 549 885

第四节　汇总记账凭证核算组织程序

一、汇总记账凭证核算组织程序的特点

汇总记账凭证核算组织程序是指对发生的经济业务，根据原始凭证或原始凭证汇总表，编制收款凭证、付款凭证和转账凭证，根据专用凭证编制汇总记账凭证，再根据汇总记账凭证登记总账的会计核算组织程序。

汇总记账凭证核算组织程序的特点：定期将所有记账凭证按收款凭证、付款凭证和转账凭证分别归类编制汇总记账凭证，根据汇总记账凭证登记总账。这种程序，在记账凭证和总账之间增加汇总记账凭证。

汇总记账凭证核算组织程序采用收款凭证、付款凭证、转账凭证等专用记账凭证，并分类编制汇总记账凭证；库存现金日记账、银行存款日记账和总账采用三栏式订本账；各类明细账根据登记内容不同以及经营管理的需要，采用三栏式、多栏式、数量金额式活页账。

二、汇总记账凭证的编制方法

汇总记账凭证是指对一定时期内全部记账凭证，根据收款凭证、付款凭证和转账凭证的类别，按照以借方或贷方为依据进行汇总的一种记账凭证。在汇总记账凭证中，能够反映账户之间的对应关系。

汇总记账凭证按汇总内容不同，分为汇总收款凭证、汇总付款凭证、汇总转账凭证三种，格式如表 10-3、表 10-4、表 10-5 所示。

（一）汇总收款凭证的编制方法

汇总收款凭证是对一定时期的全部收款凭证按照借方设置、按照贷方进行归类汇总的一种记账凭证。汇总收款凭证有库存现金汇总收款凭证和银行存款汇总收款凭证两类。

汇总时，将与库存现金或银行存款相对应的贷方科目，按照会计科目表顺序填写在汇总收款凭证的表内，同一贷方科目的发生额相加，填写在金额栏，贷方科目的汇总过程可通过丁字账进行，出现问题便于查找。最后计算汇总收款凭证合计金额。

（二）汇总付款凭证的编制方法

汇总付款凭证是对一定时期的全部付款凭证按照贷方设置、按照借方进行归类汇总的一种记账凭证。汇总付款凭证有库存现金汇总付款凭证和银行存款汇总付款凭证两类。

汇总时，将与库存现金或银行存款相对应的借方科目，按照会计科目表顺序填写在汇总付款凭证的表内，同一借方科目的发生额相加，填写在金额栏，借方科目的汇总过程可通过丁字账进行，出现问题便于查找。最后计算汇总付款凭证合计金额。

（三）汇总转账凭证的编制方法

汇总转账凭证是对一定时期的全部转账凭证按照每一贷方设置、按照借方进行归类汇总的一种记账凭证。转账凭证贷方有几个不同会计科目，就需要填制相同张数的汇总转账凭证。

汇总时，转账凭证某一贷方科目填写在汇总转账凭证表格外，与该科目对应的借方科目按照会计科目表顺序填写在表内，同一借方科目的发生额相加，填写在金额栏，借方科目的汇总过程同样通过丁字账进行。最后计算汇总转账凭证合计金额。

由于汇总转账凭证是以贷方为依据进行汇总编制的，并且反映账户之间的对应关系，因此在转账凭证的填制时，只能是一个贷方科目与一个或几个借方科目相对应，即只能填制一借一贷或一贷多借的转账凭证。

表10-3 汇总收款凭证

借方科目：　　　　　　　　　　　　　年　　月　　　　　　　　　　　　第　　号

贷方科目	金额
合计	

表10-4 汇总付款凭证

贷方科目：　　　　　　　　　　　　　年　　月　　　　　　　　　　　　第　　号

借方科目	金额
合计	

表10-5 汇总转账凭证

贷方科目：　　　　　　　　　　　　　年　　月　　　　　　　　　　　　第　　号

借方科目	金额
合计	

三、汇总记账凭证核算组织程序的步骤

具体步骤如下。
(1) 根据原始凭证或原始凭证汇总表填制记账凭证。
(2) 将收款凭证、付款凭证交给出纳员登记库存现金日记账和银行存款日账。
(3) 根据所有记账凭证及所附原始凭证登记各种明细账。
(4) 根据所有记账凭证编制汇总记账凭证。
(5) 根据各种汇总记账凭证登记总账。
(6) 月末，将日记账、总账和各类明细账相关账户发生额、余额核对相符。
(7) 根据总账、明细账数据资料编制财务报告。
汇总记账凭证核算组织程序基本步骤如图 10.3 所示。

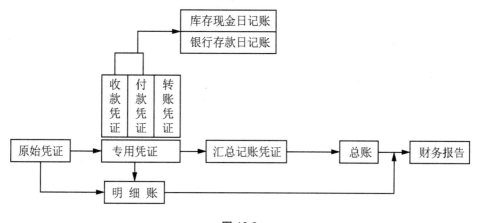

图 10.3

四、汇总记账凭证核算组织程序的优缺点与适用范围

汇总记账凭证核算组织程序与记账凭证程序和科目汇总表程序相比，其优点是，汇总记账凭证，是根据一定时期内全部记账凭证，按照账户对应关系进行归类、汇总编制的，便于通过有关科目之间的对应关系，了解经济业务的来龙去脉，克服了科目汇总表的缺点；在汇总记账凭证核算程序下，总账根据汇总记账凭证登记，减少了登记总账的工作量，克服了记账凭证核算程序的缺点。

这种核算程序的缺点是，汇总转账凭证是按照每一贷方科目，而不是按照经济业务的性质归类、汇总的，因此不利于会计核算的分工，汇总转账凭证的编制工作量较大。

汇总记账凭证核算组织程序适用于规模大、经济业务量繁多的企业。

五、汇总记账凭证编制实例

以第 5 章经济业务编制的银行存款收款凭证、付款凭证为例，介绍银行存款汇总收款凭证、汇总付款凭证的编制方法，如表 10-6、表 10-7 所示。

表 10-6　汇总收款凭证

借方科目：银行存款

贷方科目	金　额
短期借款	60 000
预收账款	20 000
应交税费	7 140
实收资本	500 000
主营业务收入	40 000
其他业务收入	2 000
合　计	629 140

表 10-7　汇总付款凭证

贷方科目：银行存款

借方科目	金　额
预付账款	59 300
在途物资	78 800
短期借款	60 000
应付账款	23 400
其他应付款	800
应付职工薪酬	150 000
应交税费	22 900
应付利息	900
制造费用	18 000
管理费用	1 300
财务费用	553
营业外支出	3 000
合　计	418 953

在编制银行存款汇总付款凭证时，由于银行存款付款凭证上涉及预付账款账户的发生额较多，为了提高汇总工作的准确性，出现差错容易查找，通过丁字账对预付账款进行汇总。汇总丁字账图如图 10.4 所示。

借方	预付账款	贷方
(11)　40 000		
(23)　3 300		
(31)　12 000		
(45)　4 000		
本期发生额：59 300		本期发生额：—

图 10.4

需要注意的是，丁字账只对付款凭证中银行存款进行汇总，借方对应的是预付账款账户。其他情况下的预付账款不应当考虑，所以预付账款贷方不进行登记。

课后练习题

一、名词解释

1. 会计核算组织程序　　2. 科目汇总表　　3. 汇总记账凭证　　4. 汇总收款凭证
5. 汇总付款凭证　　6. 汇总转账凭证

二、简答题

1. 会计核算组织程序的作用有哪些？
2. 设计会计核算组织程序的原则有哪些？
3. 简述记账凭证核算组织程序的特点、优缺点和适用范围。
4. 简述记账凭证核算组织程序的账务处理步骤。
5. 简述科目汇总表核算组织程序的特点、优缺点和适用范围。
6. 简述科目汇总表核算组织程序的账务处理步骤。
7. 简述汇总记账凭证核算组织程序的特点。与记账凭证核算组织程序和科目汇总表核算组织程序相比，汇总记账凭证核算组织程序有哪些优缺点。该程序适用什么类型企业？
8. 简述汇总记账凭证核算组织程序的账务处理步骤。

三、填空题

1. 最基本的会计核算组织程序是_____。
2. 记账凭证核算组织程序登记总账的依据是_____。
3. 科目汇总表核算组织程序登记总账的依据是_____。
4. 汇总记账凭证核算组织程序登记总账的依据是_____。
5. 汇总收款凭证是按照_____设置，按照_____归类汇总的记账凭证。
6. 汇总付款凭证是按照_____设置，按照_____归类汇总的记账凭证。
7. 汇总转账凭证是按照_____设置，按照_____归类汇总的记账凭证。
8. 为保证汇总转账凭证的编制，在填写转账凭证时，会计分录只能有两种类型：_____、_____。

四、练习题

1. 企业本月发生下列经济业务：

(1) 购入设备一台，价值 24 000 元，款项以银行存款支付。
(2) 收到投资甲材料费 20 000 元，增值税 3 400 元。
(3) 购入丙材料费 30 000 元，增值税 5 100 元，款项暂欠光明工厂。
(4) 以银行存款交纳上月城建税 1 400 元，教育费附加费 600 元。
(5) 以银行存款支付产品广告费 2 600 元，产品展销费 2 000 元。
(6) 出售产品 10 000 元，增值税 1 700 元，款项光辉工厂暂欠。

(7) 从银行取得季度借款 65 000 元存入企业账户。
(8) 以银行存款支付环保部门处罚支出 4 000 元。
(9) 提取生产部门用固定资产折旧费 5 500 元。
(10) 以银行存款支付厂部水电费 2 800 元。
(11) 生产 A 产品领用甲材料费 4 400 元，生产 B 产品领用甲材料 3 500 元。
(12) 结算应付生产车间人员工资费用 50 000 元。
(13) 提取生产车间人员职工福利费 7 000 元。
(14) 结算售出产品成本 4 500 元。
(15) 以银行存款归还到期的半年期借款本金 50 000 元。
(16) 结算本月应交城建税 2 800 元，教育费附加 1 200 元。
(17) 月末结转制造费用，其中 A 产品负担 32 500 元，B 产品负担 30 000 元。
(18) 完工 B 产品 12 800 元，转账。
(19) 月末结转主营业务成本 4 500 元，营业税金及附加 4 000 元。
(20) 月末结转销售费用 4 600 元，管理费用 2 800 元，营业外支出 4 000 元。

要求：(1) 根据以上经济业务编制会计分录。
(2) 根据会计分录填制科目汇总表(发生额较多账户可通过丁字账汇总)(见表 10-8)。

表 10-8 科目汇总表

会 计 科 目	借 方 金 额	贷 方 金 额
合　　计		

2. 根据本书第 4 章练习题编制的会计分录，填制银行存款汇总收款凭证和汇总付款凭证，结果填入表 10-9 和表 10-10 中。

表 10-9　汇总收款凭证

借方科目：

贷方科目	金　额
合　计	

表 10-10　汇总付款凭证

贷方科目：

借方科目	金　额
合　计	

第11章　会计工作的组织与管理

学习目标与要求

通过本章学习，了解会计工作组织的含义、作用；了解会计机构的含义；掌握会计工作的组织形式；了解会计人员的从业资格和主要职责；了解会计法律规范的三个层次；了解主要会计档案的保管期限。

第一节 会计工作组织的作用与要求

一、会计工作组织的作用

为了充分发挥会计核算在企业经营管理中的作用，保证会计工作的顺利进行，发挥会计职能，必须结合企业自身特点和会计工作的具体情况，合理组织会计核算工作。

会计工作组织是指对会计机构的设置、会计人员的配备、会计制度的制定与执行等工作所做的统筹安排。科学组织会计工作，有以下作用。

（一）能够提高会计工作的质量和效率

会计工作是具有严密程序的管理工作，会计所记录的经济业务错综复杂，对经济活动从会计凭证到账簿最后到财务报告，需要计算、记录、分类、汇总、分析、检查等一系列处理程序。为了保证会计工作的顺利进行，需要有专职机构和人员，有具体工作制度和工作程序，才能提高会计核算的质量和效率。

（二）能够提高整个企业经济管理水平

会计工作作为经济管理工作的重要组成部分，企业所发生的各项经济活动，都需要会计的参与，进行反映核算、监督控制。会计工作与其他管理工作互相补充、相互协调。正确组织会计工作，对于提高企业各个部门的管理水平，具有重要作用。

（三）能够加强企业内部经济责任制

经济责任制是企业提高经营管理水平的重要手段。企业实行内部经济责任制离不开会计的核算和监督工作。企业经营的预测、决策、业绩评价、考核等，也离不开会计工作。科学地组织会计工作，是履行经济责任制，管好用好资金，增收节支的必要前提。

二、组织管理会计工作的基本要求

做好会计工作，提高会计工作质量和效率，需要遵循以下要求。

（一）遵守国家对会计工作的统一规定

国家对会计工作有统一的法规规定，这些法规性文件对于指导企业日常会计工作具有重要意义。企业会计工作要严格按照国家有关会计的法规、制度进行，只有这样才能使各企业会计信息具有可比性，满足社会各方面的需求。

（二）适应本企业的经营管理特点

会计工作和会计核算方法有许多选择余地，企业应该根据自身特点设置会计机构、配备会计人员、制定会计规章制度，选择适合本企业的会计核算形式，合理组织会计工作。

（三）符合精简节约的原则

在保证会计核算质量的前提下，会计工作力求精简节约。会计机构和会计人员设置合理精干，会计凭证、账簿及财务报告的设置与填制合理高效，会计核算过程简单实用，能够提高会计核算效率和会计信息处理水平。

第二节　会计机构与会计人员

一、会计机构的设置

会计机构是指直接从事和组织会计工作的职能部门。建立和健全会计机构，是保证会计工作顺利进行的前提条件。

独立核算企业都应当设置会计机构。个别规模小、业务简单企业，可以在有关机构中设置会计人员并指定会计主管人员；不具备设置条件的，应当委托中介机构代理记账。

会计机构是综合性经济管理部门，需要与企业其他职能部门、生产经营部门协调工作，并接受上级管理机构、国家财政、税务、审计等行政管理部门的指导与监督。

二、会计工作的组织形式

企业会计工作的组织形式，一般分为集中核算和非集中核算两种。

集中核算就是企业所有会计工作都集中在会计部门进行。企业内部其他部门和下属单位只负责本部门发生经济业务填制原始凭证。具体的会计核算工作，原始凭证的审核、记账凭证的填制、账簿的登记、财务报告的编制，均由企业财会部门完成。

非集中核算就是将会计工作分散在企业有关部门进行，各部门或下属机构在企业财会部门指导下负责本部门范围内的会计工作，厂级财会部门只负责汇总工作。

一个企业的会计工作组织形式，是采用集中核算还是非集中核算，主要取决于规模大小和经营管理的需要。一般来说，企业规模较大，实行分级管理、分级核算时，采用非集中核算，有利于各部门经营活动的日常考核，经营管理出现问题能够及时解决。企业规模小，日常经济业务不多，需要采用集中核算，从而减少核算层次，精简会计机构和会计人员，提高会计工作效率。

三、会计工作的岗位责任制

企业会计机构工作划分为若干岗位，每个岗位规定职责和要求，以利于合理使用人力，提高各岗位会计人员的责任感和纪律性。

企业会计岗位一般有：会计主管、出纳、财产物资核算、工资核算、成本费用核算、收入利润核算、往来结算、总账和财务报告、稽核等。每个工作岗位的会计人员所承担的职责，要作出具体规定。

会计工作岗位可以实行一人一岗、一人多岗或一岗多人，但出纳人员不能兼任稽核、会计档案保管和收入、费用、债权、债务账簿的登记工作，避免发生弄虚作假、监守自盗的情况。

实行岗位责任制，并不要求会计人员长期固定在某一工作岗位上。会计人员之间应该有计划地进行轮换，以便会计人员全面熟悉其他会计工作，提高业务水平。

四、会计人员

(一) 会计人员的从业资格

有关会计人员从业资格的规定如下。

(1) 基本条件。坚持原则,具有良好的道德品质;遵守国家法律法规;具备一定的会计专业知识和技能;热爱会计工作,秉公办事。

(2) 取得会计从业资格。具备大学专科以上会计专业学历,符合基本条件的人员,直接申请取得从业资格。不具备规定学历的,需要通过考试取得会计从业资格。

(二) 会计人员的主要职责

会计人员的主要职责如下。

(1) 进行会计核算。会计人员按照会计制度的规定,做好记账、算账、报账工作。会计核算是会计基本职能,也是会计人员的基本职责。通过会计核算,保证各类会计资料的准确无误,正确计算企业盈亏,及时提供会计信息,满足各方面的需要。

(2) 实行会计监督。通过会计工作,对企业各项经济业务和会计手续的合法性、合理性进行监督。对不真实、不合法的原始凭证不予受理,对账实不符的问题按照有关规定及时进行处理。会计人员要对企业生产经营活动和会计核算各个环节进行监督,以提高经营管理水平,保证会计信息质量。

(3) 拟定本单位办理会计事务的具体办法。企业要根据国家颁布的会计法规,结合本企业特点和需要,建立企业内部使用的会计事项的处理办法,包括会计人员岗位责任制度、钱财分管制度、内部稽核制度、财产清查制度、成本计算办法、会计政策的选择以及会计档案的保管制度等。

(4) 办理其他会计事务。做好有关经济管理工作,参与企业计划、预测、决策工作,普及会计知识,提高企业经营管理水平。

(三) 会计人员的权限

会计人员的权限如下。

(1) 有权要求各部门和人员执行国家的计划、预算,遵守国家财经纪律和财务会计制度。

(2) 有权参加企业有关生产、经营管理方面的会议,有权提出有关财务开支和经济效益方面的问题和意见。

(3) 有权监督检查各部门的财务收支、资金使用和财产保管、收发、计量检验等情况。

(4) 有权要求企业有关部门、人员提供同会计工作有关的情况和资料。

(5) 对于违反法令、制度、规定的事情,有权拒绝办理。

(6) 对于执行职务中发现的问题,有权向企业领导、上级、财政部门报告,提请处理。

(四) 会计人员职业道德的规范

财会部门是企业重要的经济管理部门,会计工作是企业重要的经济管理工作,因此会计人员需要具备较高的职业道德素质。

1. 职业素养

会计人员要不断学习和钻研专业技术知识，关注国家经济发展，及时掌握财会政策法规的变化，认真履行会计工作职责，提高会计工作的质量。

2. 道德素养

会计人员要忠于职守，廉洁奉公，诚实守信。在日常会计工作中严格遵守会计法规制度办事，坚持原则，抵制和反对各种违法乱纪行为。

(五) 会计人员的法律责任

会计人员应避免如下法律责任。

(1) 企业有下述行为之一的，由县以上人民政府财政部门责令限期改正，可以对单位并处 3 000 元以上 50 000 元以下的罚款；对其直接负责的主管人员和其他直接责任人员，可以处 2 000 元以上 20 000 元以下的罚款；属于国家工作人员的，还应当由其所在单位或者有关单位依法给予行政处分。有下列行为之一，构成犯罪的，依法追究刑事责任。

会计人员有下列行为之一，情节严重的，由县级以上人民政府财政部门吊销会计从业资格证书。有关法律另有规定的，依照有关法律的规定办理。

① 不依法设置账簿的。

② 私设会计账簿的。

③ 未按照规定填制、取得原始凭证或者填制、取得的原始凭证不符合规定的。

④ 以未经审核的会计凭证为依据登记会计账簿或者登记会计账簿不符合规定的。

⑤ 随意变更会计处理方法的。

⑥ 向不同的会计资料使用者提供的财务会计报告编制依据不一致的。

⑦ 未按照规定使用会计记录文字或者记账本位币的。

⑧ 未按照规定保管会计资料，致使会计资料毁损、灭失的。

⑨ 未按照规定建立并实施单位内部会计监督制度或者拒绝依法实施的监督或者不如实提供有关会计资料及有关情况的。

⑩ 任用会计人员不符合会计法规定的。

(2) 伪造、变造会计凭证、会计账簿，编制虚假财务会计报告，构成犯罪的，依法追究刑事责任。尚不构成犯罪的，由县级以上人民政府财政部门予以通报，可以对单位并处 5 000 元以上 100 000 元以下的罚款；对其直接负责的主管人员和其他直接责任人员，可以处 3 000 元以上 50 000 元以下的罚款；属于国家工作人员的，还应当由其所在单位或者有关单位依法给予撤职直至开除的行政处分；对其中的会计人员，并由县级以上人民政府财政部门吊销会计从业资格证书。

(3) 隐匿或者故意销毁依法应当保存的会计凭证、会计账簿、财务会计报告，构成犯罪的，依法追究刑事责任。尚不构成犯罪的，由县级以上人民政府财政部门予以通报，可以对单位并处 5 000 元以上 100 000 元以下的罚款；对其直接负责的主管人员和其他直接责任人员，可以处 3 000 元以上 50 000 元以下的罚款；属于国家工作人员的，还应当由其所在单位或者有关单位依法给予撤职直至开除的行政处分；对其中的会计人员，并由县级以上人民政府财政部门吊销会计从业资格证书。

(4) 授意、指使、强令会计机构、会计人员及其他人员伪造、变造会计凭证、会计账簿，编制虚假财务会计报告或者隐匿、故意销毁依法应当保存的会计凭证、会计账簿、财务会计报告，构成犯罪的，依法追究刑事责任；尚不构成犯罪的，可以处5 000元以上50 000元以下的罚款；属于国家工作人员的，还应当由其所在单位或者有关单位依法给予降级、撤职、开除的行政处分。

(5) 单位负责人对依法履行职责、抵制违反本法规定行为的会计人员以降级、撤职、调离工作岗位、解聘或者开除等方式实行打击报复，构成犯罪的，依法追究刑事责任；尚不构成犯罪的，由其所在单位或者有关单位依法给予行政处分。对受打击报复的会计人员，应当恢复其名誉和原有职务、级别。

(6) 财政部门及有关行政部门的工作人员在实施监督管理中滥用职权、玩忽职守、徇私舞弊或者泄露国家秘密、商业秘密，构成犯罪的，依法追究刑事责任；尚不构成犯罪的，依法给予行政处分。

(六) 会计人员的专业技术职务与总会计师制度

会计人员的专业技术职务分为：会计员、助理会计师、会计师、高级会计师。我国会计人员的专业技术职务任职资格采取考试制度。考试分为会计员、助理会计师和会计师资格考试，按在会计岗位的工作年限，逐级申请报考。高级会计师职务采用资格考试与评定相结合方式确定。

会计人员必须首先取得专业技术职务任职资格，然后由各企业根据会计工作需要和本人的工作表现，按规定聘任专业技术职务。

总会计师是在企业负责人的领导下，主管经济核算和财务会计工作的负责人。大中型企业需要设置总会计师，小型企业要指定企业副职行使总会计师的职权。按照会计法规定，国有或国有资产占控股地位或者主导地位的大中型企业必须设置总会计师。

总会计师是企业领导成员，协助企业主要行政领导的工作，直接对企业领导负责。总会计师组织领导本企业的财务管理、成本管理、预算管理、会计核算和会计监督等方面的工作，参与本企业重要经济问题的分析与决策，并具体组织本企业执行国家有关财经法律、法规、政策和制度。

需要注明的是，总会计师是一个行政职务，不是会计人员专业技术职务。

第三节 会计法律规范

我国会计法律规范是以《会计法》为中心，以国家统一的会计制度为基础的相对比较完整的法规体系。我国企业会计法规体系包括三个层次：第一层次是会计法，是从事会计工作、制定其他各种会计法规的依据；第二层次是会计准则，是财政部制定，报国务院批准后颁发，对会计核算具有约束力的规范；第三层次是企业会计制度，是根据会计法和会计准则制定的企业会计核算的具体规范和标准。

一、会计法

《会计法》是会计法律规范体系的最高层次，是调整会计关系、规范会计活动的基本法，是指导会计工作的最高准则。我国在1985年5月21日开始实施第一部会计法；1993年12月29日颁布实行了修改后的会计法；2000年7月1日开始执行第二次修改的会计法。

会计法的内容包括总则，会计核算，公司、企业会计核算的特别规定，会计监督，会计机构和会计人员，法律责任及附则。

会计法基本宗旨是规范会计行为，保证会计信息质量。会计法规定了会计核算和会计记账的基本制度和规则，规定了企业负责人对会计工作和会计资料真实性、完整性的责任制，并承担相应的法律责任；规定了会计人员的资格管理和会计活动的制约与监督，并明确对违法行为的处罚；提出了建立、健全单位内部会计监管制度，按照现代企业要求加强内部控制；明确了会计核算的确认和计量问题，要求国家实行统一的会计制度。

二、会计准则

会计准则又称会计原则，是将会计理论转化为会计方法和程序的指导思想，是处理会计工作的规范，是评价会计工作及会计信息质量的标准。我国在1992年发布了第一个会计准则——《企业会计准则——基本准则》，从1997年7月1日开始实施。随着社会经济的不断发展，会计环境变化很大。我国会计准则也在不断调整完善之中。2007年1月1日，我国开始执行新的企业会计准则。新企业会计准则包括1项基本准则和38项具体准则。基本准则内容包括总则、会计信息质量要求的规定、会计要素准则的规定、会计计量的规定、财务报告及会计报表体系的规定。具体准则涉及会计核算的具体业务，体现基本准则的要求，是进行会计处理和解决会计实务问题的依据。具体准则内容包括存货、投资性房地产、固定资产等38项，具体如表11-1所示。

表11-1　企业38项具体准则

序号	准则名称	序号	准则名称
1	存货	20	企业合并
2	长期股权投资	21	租赁
3	投资性房地产	22	金融工具确认和计量
4	固定资产	23	金融资产转移
5	生物资产	24	套期保值
6	无形资产	25	原保险合同
7	非货币性资产交换	26	再保险合同
8	资产减值	27	石油天然气开采
9	职工薪酬	28	会计政策、会计估计变更和差错更正
10	企业年金基金	29	资产负债表日后事项
11	股份支付	30	财务报表列报
12	债务重组	31	现金流量表
13	或有事项	32	中期财务报告
14	收入	33	合并财务报表
15	建造合同	34	每股收益
16	政府补贴	35	分部报告
17	借款费用	36	关联方披露
18	所得税	37	金融工具列报
19	外币折算	38	首次执行企业会计准则

三、企业会计制度

会计制度是处理会计事项的规范和标准。为保证各个企业会计工作有组织、有秩序地进行，充分发挥会计核算、会计监督的职能，需要制定科学合理的企业会计制度。在企业会计制度中，规定会计科目与账簿的设置、会计人员的配备、账务处理办法、财务报告的编制等。

建立完善、适用的企业会计制度是搞好会计核算工作的基础，是提高会计信息质量和企业经营管理水平的前提。

第四节 会计档案管理

一、会计档案的内容

会计档案是记录和反映企业经济事项的重要历史资料和证据，包括会计凭证、各种账簿和财务报告，以及其他有关财务会计工作应当集中保管的文件。

会计档案是国家经济档案的重要组成部分，是企业日常发生的各项经济活动的历史记录，是企业总结经营管理经验、进行预测、决策所需的主要资料，是检查经济财务问题、防止贪污舞弊的重要依据。企业的会计部门对会计档案要高度重视。大中型企业要建立会计档案室，小型企业要有会计档案柜，并指定专人负责。会计档案要建立严密的保管制度，不能丢失、损坏、抽换和任意销毁。

企业会计档案包括以下内容。

(1) 会计凭证类，如原始凭证、记账凭证、汇总凭证等。

(2) 账簿类，如总账、明细账、日记账等。

(3) 财务报告类，如月度、季度、半年及年度财务报告。

(4) 其他类，如银行存款调节表、银行对账单、会计档案移交清册、会计档案保管清册、会计档案销毁清册等。

二、会计档案的保管和销毁

会计档案要分类保管，调阅会计档案要履行一定手续。根据会计档案的不同特点，保管期限有定期和永久两类，定期保管分为 3 年、5 年、10 年、15 年、25 年，到期要予以销毁。

各种会计档案的保管期限如表 11-2 所示。

表 11-2 企业会计档案保管期限表

序 号	档案名称	保管期限
	一、会计凭证类	
1	原始凭证	15 年
2	记账凭证	15 年
3	汇总凭证	15 年

续表

序　号	档案名称	保管期限
	二、账簿类	
4	总账	15年
5	明细账	15年
6	库存现金、银行存款日记账	25年
	三、财务报告类	
7	月、季财务报告	3年
8	年度财务报告(决算)	永久
	四、其他会计资料类	
9	会计移交清册	15年
10	会计档案保管清册	永久
11	会计档案销毁清册	永久
12	银行存款余额调节表	5年
13	银行对账单	5年

各类会计档案保管期满后需要销毁。企业按照会计档案的管理规定，对销毁的会计档案填写清单，报经批准后实施，并由档案部门和会计部门进行监督。

课后练习题

一、名词解释

1. 会计工作组织　　2. 会计机构　　3. 集中核算
4. 非集中核算　　5. 总会计师　　6. 会计档案

二、简答题

1. 简述科学组织会计工作的作用。
2. 简述会计人员的主要职责。

三、填空题

1. 企业会计工作的组织形式，一般分为＿＿＿＿、＿＿＿＿。
2. 财会部门除＿＿＿＿外，其他会计人员可以一人一岗、＿＿＿＿、＿＿＿＿。
3. 企业都需要设置总会计师，主管经济核算和企业财务会计工作。小型企业可指定＿＿＿＿行使总会计师职权。
4. 我国企业会计法规体系包括三个层次：＿＿＿＿、＿＿＿＿、＿＿＿＿。
5. 会计档案的保管期限有＿＿＿＿和＿＿＿＿两类。
6. 库存现金日记账、银行存款日记账的保管期限是＿＿＿＿。

第12章 会计电算化

学习目标与要求

通过本章学习,了解会计电算化的概况;了解会计电算化的现状;了解会计电算化的发展趋势;了解电子商务和网络会计对会计的影响。

第一节 会计电算化概况

一、会计电算化的作用

自从 1946 年世界上第一台电子计算机在美国问世以来,计算机性能不断提高,应用飞速发展。会计是较早应用计算机的领域之一,会计的数据处理从手工转为电子计算机。1954 年,美国通用电气公司使用计算机核算工资,标志会计电算化时代的开始。计算机开始应用的初期,由于机器价格昂贵,程序设计复杂,未能得到广泛使用,普及和发展较慢。直到 20 世纪 70 年代以后,随着第三代电子计算机的大量生产和计算机软件的不断改进,特别是微型计算机的成功研制,使得电子计算机在会计领域开始普及。

会计电算化是以电子计算机为主的当代电子处理技术应用到会计中,使用计算机代替人工记账、算账与报账,以及部分代替人工完成对会计主体会计信息的处理、分析、预测、决策的过程。会计电算化已经成为跨会计学、管理学、电子计算机技术、信息工程科学的一门边缘学科。

会计电算化的发展历程。

(一) 初级电算化会计

初级电算化会计是利用电子计算机完成某一方面的会计数据处理。会计工作中,对那些计算方法简单、重复次数多、数据量大的单项业务,例如工资的计算、原材料的收发、库存商品的计量,使用电子计算机进行数据的加工处理。

(二) 中级电算化会计

中级电算化会计是将电子计算机的单项应用发展到系统应用,产生了电算化会计核算系统软件,利用电子计算机对所有经济业务的全过程进行综合、系统的会计处理。会计的核算过程,从会计凭证的审核、填制到账簿内容的登记、计算各类成本,从账簿记录生成财务报表,以及数据查询和输出等,实现了连续化、一体化。

(三) 高级电算化会计

高级电算化会计是将中级阶段的低水平应用发展到高水平系统应用和网络应用。这个阶段,不仅能够进行实时会计核算,而且能够进行随机会计核算,并实现会计核算系统软件的全覆盖。同时,通过网络技术,将电算化核算系统中的多台计算机实现会计数据的分散输入集中处理。随着计算机和通信科技的发展,电算化会计将进入远程网工作方式,资源共享,实现多用户、多任务的同时操作。

在会计核算中使用计算机技术,实现会计电算化,是经济和科技发展的必然结果,也是企业管理的必然选择。实现会计电算化具有重大的现实意义和深远的历史意义。

1. 会计电算化能够提高会计核算工作的准确性

会计核算工作数据多,加工处理工作量大,准确性要求高,时间性强。通过会计电算化,自动处理数据,减轻了会计人员的工作量,使会计工作快捷、及时,会计核算资料准确无误。

2. 会计电算化能够促进会计工作的规范化

在会计核算中使用计算机，对会计数据来源、核算方法、数据保存等提出了一系列规范化要求，解决了手工会计核算中的过程不规范弱点，避免了差错、遗漏的出现。通过计算机网络传送会计信息，加快了经济信息的时效性。

3. 会计电算化能够提高会计人员素质

采用计算机进行会计核算工作，提高了会计工作效率，会计人员可以有更多时间进行业务学习和参与企业的经营管理活动，不仅使会计人员的知识结构、个人素质得到了提高，也促进了会计职能从单纯的记录核算向监督控制的转变。

二、会计电算化系统的基本内容

会计电算化是会计技术与电子计算机技术相结合的产物。实现会计电算化的目的是提高会计信息的收集、整理、传输、反馈的效率，提高会计信息系的时效性和精确性，将会计人员从日常繁重的会计事务中解脱出来，更好地发挥了会计在预测经济前景、加强经济管理和参与经济决策等方面的重要作用，为提高企业管理水平服务。

会计电算化系统是一个组织处理会计业务、会计数据，并为企业内、外部信息使用者提供财务信息和有关决策所用的信息的人机系统。这个系统是由计算机硬件设备、计算机软件、电算化管理制度和财会人员以及有关的计算机应用人员组成。

（一）硬件

硬件是指构成会计电算化的计算机实物部分，包括输入设备、存储设备、输出设备和处理器等。输入设备是将会计数据输入到计算机进行存储的各种设备，如键盘、鼠标、扫描仪等。存储设备是用于存储会计数据的各种设备，分内存和外存两种。输出设备是将存储设备中的会计数据进行输出的各种设备，如显示器、打印机等。处理器是对会计信息进行加工处理的设备，包括运算器和控制器。

（二）软件

软件是指在计算机上运行的各种程序，包括系统软件和应用软件。系统软件为计算机使用者提供最基本的功能，可分为操作系统和支撑软件，其中操作系统是最基本的软件。应用软件是为了某种特定的用途而被开发的软件。系统软件并不针对某一特定应用领域，而应用软件则相反，不同的应用软件根据用户和所服务的领域提供不同的功能。会计软件就是一种应用软件，是利用系统软件设计的，专门应用于会计领域的应用程序。会计软件是完成会计电算化任务的技术手段和工具。

（三）电算化规章制度

电算化规章制度是指与会计电算化工作有关的法律和规范制度。进行会计电算化工作，需要严格遵守《会计法》《会计电算化工作规范》等法规条款。各个会计主体还应当结合本单位实际情况，自行制定会计电算化的工作制度、操作规范和内部控制规定。

(四) 应用人员

应用人员指参与电算化会计工作的所有人员，包括从事电算化会计软件的开发研制人员、系统维护人员、操作人员、电算化会计教学人员、电算化管理人员等。实际从事会计工作的人员是会计电算化的主体，会计人员的业务素质和计算机应用知识，直接影响会计电算化工作的质量。

三、会计电算化系统与手工会计系统的比较

会计电算化经济发展和科技进步的产物，是在传统会计工作的基础上，借助于计算机技术发展起来的。会计电算化系统不是一成不变的，随着会计理论和会计制度的调整、完善，也在不断丰富、发展中。

(一) 会计电算化系统与手工会计系统的联系

1. 会计电算化系统与手工会计系统基本原理相同

尽管会计电算化引起了会计操作技术的进步，但所遵循的会计基本原理相同，同样需要以复式记账为基本依据，对发生的经济业务按照复式记账原理编制会计分录，根据会计分录登记有关账簿，期末根据账簿所提供的数据资料完成财务报告填制工作。

2. 会计电算化系统与手工会计系统会计目标相同

无论是会计电算化系统还是手工会计系统，最终的会计目标都是运用会计手段和方法加工会计信息，提供给会计信息的使用者，为会计信息使用者进行经营决策服务。会计电算化提高了会计信息的质量和传输速度，比手工系统具有更多的优势。

3. 会计电算化系统与手工会计系统遵循的会计法规、准则和会计方法相同

国家规定的会计法规、会计准则和会计方法，是所有会计主体都应该严格遵守的会计规范。对于会计信息质量要求、会计假设和会计要素、会计基本等式等会计理论，无论是会计电算化系统还是采用手工会计系统，都应严格遵照执行。

4. 会计电算化系统与手工会计系统对会计档案的保管要求相同

会计档案是会计工作的成果，是重要的历史资料，需要妥善保管。对于手工系统下的纸质档案，需要定期整理，装订成册，归档保管；会计电算化系统下的磁介档案，需要复制和备份，并输出打印。无论哪种类型会计档案，都需要加强保管工作，以便于查询利用。

(二) 会计电算化系统与手工会计系统的区别

1. 会计科目分类编码方面

在电算化核算系统下，对于使用的会计科目采用数字形式分类编码，从而使会计科目系统化，变异计算机的分类、检索和排序等工作。手工会计核算情况下，对会计科目的分类编码不是过分强调。

2. 记账凭证的使用

在会计电算化系统下，可以使用普通日记账代替手工会计核算系统下的记账凭证，并

输入计算机，记账凭证的填制工作量减少。手工会计核算系统下，记账凭证种类繁多，而且填制工作量较大。

3. 账簿的登记与保存

电算化核算系统下，账簿的形式有磁介文件形式和打印文件形式。不同账簿存在状态，采用不同的保管形式。手工会计核算系统下，账簿有不同的外表形式，登记过程中容易出现差错。

4. 财务报表的填制

电算化会计核算系统下，根据不同的报表，按照计算机系统处理，自动生成会计报表，同时打印输出，也可以通过网络系统对外公布。手工会计系统下，会计报表由人工编制而成，并需要核对计算，检查无误才能报送。

第二节 会计电算化的现状与发展趋势

一、会计电算化现状

我国计算机应用于会计工作20世纪70年代，从单项应用起步，一些企业开发了会计电算化系统，与国外相比，虽然落后20年，但我国计算机的使用普及工作速度较快。20世纪80年代初期，我国会计电算化仍然处于探索阶段。随着电子技术的发展步伐不断加快，计算机价格大幅下降，计算机获得广泛的应用，领域不断扩大。到20世纪80年代末期，我国会计电算化进入快速发展时期，国家根据会计领域计算机应用的形势需要，先后颁布了《会计电算化管理办法》《会计核算软件基本功能规范》《会计电算化工作的规范》等文件，要求运用会计电算化的单位搞好推广普及工作，保证会计电算化的健康发展。

随着我国经济的快速发展和经济实力的增强，计算机技术的迅猛发展，使会计电算化工作成绩斐然，在各单位尤其大中型企业会计核算领域得到普及，极大地提高了会计工作的效率。一些企业建立内部经营管理信息系统，会计电算化系统成为企业整个信息系统的重要组成部分。同时，我国会计电算化工作进入了法制化、制度化的管理阶段。《中华人民共和国会计法》，对使用计算机进行会计核算的单位，在会计凭证的生成、会计账簿的登记和保管等等都进行了明确规定。同时颁布了一系列行政法规，以确保会计电算化工作的顺利开展。

不仅如此，为推动会计电算化的普及和发展，我国会计电算化软件市场已经具有相当规模，专业软件公司发展迅速，各种研制、开发、经营会计核算软件的公司实力不断增强，不断推出新产品，为我国会计电算化的普及奠定了坚实的基础。会计电算化的人才队伍也在不断地壮大，具有高等学历，通晓会计理论和计算机知识，能够熟练、应用会计处理软件的年轻人，陆陆续续充实会计人员队伍，促进了会计人员队伍素质的不断提高，促进了会计电算化工作的进一步发展。

尽管我国会计电算化工作获得可喜成绩，但在发展中仍存在很多不足。在各单位的普及范围看，大中型企业情况好于中小型企业；在全国范围看，沿海发达地区比内地情况好，大中城市比小城镇好，城镇比农村好。一些单位出于经济方面的考虑，以及管理观念落后，会计核算仍停留在手工会计阶段，阻碍了会计电算化的普及与推广工作。

二、会计电算化的发展趋势

随着世界经济一体化的不断发展，我国经济实力的不断增强，对会计电算化的要求越来越高，必将使会计核算工作获得空前的进步。

会计电算化进一步普及。面对会计电算化发展不平衡的现状，将中小企业、小城镇和农村作为推广普及的重点，借鉴成熟的经验，按照国家实行会计电算化的要求，从基础工作做起，扎实推进会计电算化的普及工作。

会计电算化软件通用化、专业化。会计软件的研制，不仅适用面不断拓宽，而且具有多种功能，在具有会计核算功能的基础上，还有会计监督、会计分析和会计预测等功能，各种管理功能紧密结合在一起，使会计电算化与管理现代化构成有机整体。

会计电算化向网络会计发展。网络技术的兴起和电子商务的发展，使人们的生活环境得以改变，企业的经营环境也发生变化。网络会计是基于国际互联网技术、企业互联网技术，以企业财务管理为核心，业务管理与财务管理一体化，支持电子商务，能够实现各种远程操作和动态核算，进行在线财务管理的一种全新的财务管理模式，是会计电算化的发展趋势。

2009年4月，我国财政部下达了关于全面推进会计信息化工作的指导意见。指导意见指出，会计信息化是国家信息化的重要组成部分，全面推进信息化工作，是贯彻落实国家信息化发展战略的重要举措，对于全面提升我国会计工作水平具有十分重要的意义。全面推进信息化工作的目标是：力争用5～10年的时间，建立健全会计信息化法规体系和会计信息化标准体系，全力打造会计信息化人才队伍，基本实现大型企事业单位会计信息化与经营管理信息化的融合；进一步提升企事业单位的管理水平和风险防范能力；进一步提升社会审计质量和效率，基本实现政府会计管理和会计监督的信息化；进一步提升会计管理水平和监管效能。通过全面推进会计信息化工作，使我国的会计信息化达到或接近世界先进水平。

课后练习题

一、名词解释

1．会计电算化　　2．高级电算化会计　　3．会计电算化系统

二、简答题

1．简述会计电算化的发展历程。
2．会计电算化的作业有哪些？
3．简述会计电算化系统的基本内容。
4．简述会计电算化系统与手工会计系统的关系。

附录

模拟试题一

一、名词解释(每小题2分,共10分)

1. 所有者权益　2. 会计科目　3. 复式记账
4. 序时账簿　　5. 财产清查

二、填空题(每空1分,共10分)

1. 会计恒等式是资产＝_____＋_____。
2. 借贷记账法的记账规则是_____、_____。
3. 会计凭证按填制程序和用途的不同分为_____、_____。
4. 财产物资盘存制度有_____、_____。
5. 月份财务报表是_____、_____。

三、单项选择题(每小题1分,共10分)

1. 会计的首要职能是(　　)。
   A. 核算　　　　B. 监督　　　　C. 决策　　　　D. 预测
2. 会计分录一般不做成(　　)。
   A. 一借一贷　　B. 一借多贷　　C. 一贷多借　　D. 多借多贷
3. 可设置成债权债务结算账户的是(　　)。
   A. 预收账款　　B. 应收账款　　C. 其他应付款　D. 应交税费
4. 限额领料单属于(　　)。
   A. 一次凭证　　B. 累计凭证　　C. 汇总凭证　　D. 复式凭证
5. 会计分录填写在(　　)。
   A. 一次凭证　　B. 记账凭证　　C. 汇总凭证　　D. 记账编制凭证
6. 总账属于(　　)。
   A. 序时账簿　　B. 分类账簿　　C. 联合账簿　　D. 备查账簿
7. 银行存款日记账应设置成(　　)。
   A. 三栏式订本账　B. 三栏式活页账　C. 多栏式订本账　D. 多栏式活页账
8. 库存现金清查采用(　　)。
   A. 实地盘点法　B. 核对账目法　C. 技术推算法　D. 加权平均法

9. 资产负债表的编制原理是(　　)。
   A. 复式记账　　　　　　　　　B. 账户结构
   C. 会计恒等式　　　　　　　　D. 收入－费用＝利润
10. 最基本的会计核算组织程序是(　　)。
    A. 记账凭证程序　　　　　　　B. 科目汇总表程序
    C. 汇总记账凭证程序　　　　　D. 日记总账程序

四、多项选择(每小题2分,共10分)

1. 反映财务状况的会计要素是(　　)。
   A. 资产　　　　B. 负债　　　　C. 所有者权益
   D. 收入与费用　E. 利润
2. 平行登记的要点是(　　)。
   A. 同期登记　　B. 方向相同　　C. 金额相等
   D. 人员一致　　E. 相互可比
3. 记账凭证按是否涉及货币资金分为(　　)。
   A. 收款凭证　　B. 付款凭证　　C. 转账凭证
   D. 记账编制凭证　E. 复式凭证
4. 错账的更正方法有(　　)。
   A. 划线更正法　B. 红字更正法　C. 补充登记法
   D. 借贷调节法　E. 移动平均法
5. 资产负债表的存货项目填写依据是(　　)。
   A. 在途物资　　B. 原材料　　　C. 生产成本
   D. 库存商品　　E. 固定资产

五、判断题(正确用"√"表示,错误用"×"表示,每小题1分,共10分)

1. 会计属于行政管理活动。　　　　　　　　　　　　　　　　　　(　　)
2. 任何经济业务的发生,都会引起会计等式左右发生变化。　　　　(　　)
3. 大多数账户是根据会计科目开设的。　　　　　　　　　　　　　(　　)
4. 累计折旧是固定资产的调整账户。　　　　　　　　　　　　　　(　　)
5. 从银行提现金应填写转账凭证。　　　　　　　　　　　　　　　(　　)
6. 租入固定资产登记簿属于分类账簿。　　　　　　　　　　　　　(　　)
7. 记账凭证正确,登记账簿时笔误应使用红字更正法。　　　　　　(　　)
8. 月末出纳人员对银行存款的核对属于定期清查。　　　　　　　　(　　)
9. 利润表的格式有单步式和多步式两种。　　　　　　　　　　　　(　　)
10. 库存现金属于盘存账户。　　　　　　　　　　　　　　　　　　(　　)

六、简答题(每小题5分,共10分)

1. 经济业务有哪四种基本类型? 以银行存款交纳税金属于哪种类型?
2. 什么是未达账项? 类型有哪些?

七、业务计算题(每小题20分,共40分)

(一) 某企业本月份发生的部分经济业务如下：

1. 接受华兴企业投资货币资金 200 000 元存入银行；全新设备一台，原值 100 000 元。

2. 购进甲材料，货款 50 000 元，增值税进项税额 8 500 元，款项以银行存款支付。

3. 上述材料验收入库，结转入库材料的实际成本。

4. 领用乙材料 32 000 元，其中：生产 A 产品 20 000 元，车间一般消耗 10 000 元行政管理部门 2 000 元。

5. 结算本月应付职工工资 80 000 元，其中：A 生产工人 50 000 元，车间管理人员 10 000 元，行政管理人员 20 000 元。

6. 计提固定资产折旧 26 000 元，其中：车间 20 000 元，行政管理部门 6 000 元。

7. 预提固定资产修理费 5 000 元，其中：车间 3 500 元，行政管理部门 1 500 元。

8. 销售 C 产品一批，货款 100 000 元，增值税销项税额 17 000 元，款项已收到并存入银行。

9. 以银行存款支付广告费 10 000 元。

10. 以银行存款支付污染罚款 5 000 元。

11. 结转已销 C 产品的生产成本 28 800 元。

12. 月末结转本月发生的各项收入、费用。

13. 结算本月应纳所得税额(所得税税率为 25%，写出计算过程)。

要求：根据上述经济业务，编制会计分录。

(二) 某企业本月发生与产品生产有关的经济业务如下：

1. A 产品期初在产品成本 5 000 元，B 产品期初无在产品。

2. 本月发生生产费用如下：A 产品直接材料费用 20 000 元，直接人工费用 13 000 元，B 产品直接材料费用 10 000 元，直接人工费用 6 500 元。制造费用总额 12 000 元。

3. 本月 A 产品的生产工时为 8 000 小时，B 产品的生产工时为 4 000 小时。

4. A 产品 100 件全部完工，B 产品 50 件全部未完工。

要求：

(1) 按 A、B 产品生产工时比例分配制造费用(写出计算过程)。

(2) 计算 A 产品的总成本和单位成本(写出计算过程)。

(3) 编制结转完工入库 A 产品实际生产成本的会计分录。

模拟试题二

一、单项选择题(每小题1分,共20分)

1. 按用途和结构分类,"本年利润"账户属于( )。
   A. 所有者权益类账户 B. 财务成果账户
   C. 损益类账户 D. 收入账户
2. 会计工作交接完毕,需要在移交清册上签名盖章的是( )。
   A. 接管人员 B. 移交人员
   C. 移交人员、接管人员 D. 移交人员、接管人员和监交人员
3. 下列各项中,需要进行全面清查的是( )。
   A. 更换出纳员 B. 库存商品遭受火灾
   C. 企业改变隶属关系 D. 应收账款发生坏账
4. 原始凭证按其来源不同,可分为( )。
   A. 自制原始凭证和外来原始凭证 B. 一次凭证和累计凭证
   C. 收款凭证和付款凭证 D. 汇总原始凭证和记账编制凭证
5. 填制记账凭证时,下列做法中不正确的是( )。
   A. 编制更正错误的记账凭证未附原始凭证
   B. 编制多借一贷的会计分录
   C. 一个月内的记账凭证连续编号
   D. 从银行提取现金,填制现金收款凭证
6. 本期发生的下列业务中,根据权责发生制原则,应确认为本期收入的是( )。
   A. 销售商品一批,价款100 000元尚未收到
   B. 收到出租固定资产押金3 500元存入银行
   C. 预收货款80 000元存入银行
   D. 收到上月销货款20 000元存入银行
7. 下列各项应在账户贷方登记的是( )。
   A. 应收账款的减少 B. 应收账款的增加
   C. 预付账款的增加 D. 预收账款的减少
8. 结账前,若发现记账凭证中所记金额大于应记金额,但应借应贷的会计科目正确,并已过账。更正此账应采用的方法是( )。
   A. 补充登记法 B. 红字更正法
   C. 划线更正法 D. 抵减更正法
9. 下面所列凭证中,不能作为登记总账依据的是( )。
   A. 原始凭证 B. 记账凭证
   C. 科目汇总表 D. 汇总记账凭证
10. 为核算企业生产经营活动所规定的起讫日期,会计上称为( )。
    A. 会计主体 B. 一贯性原则
    C. 会计期间 D. 配比原则

11. 某企业3月末的资产总额为2 000 000元，4月份发生下列业务：①取得短期借款50 000元存入银行；②收回应收账款20 000元存入银行；③用银行存款偿还前欠货款20 000元。该企业4月末的资产总额应为(   )。
    A．2 030 000元   B．2 050 000元
    C．2 070 000元   D．2 090 000元
12. 总账和序时账一般应采用(   )。
    A．备查账簿   B．卡片式账簿
    C．订本式账簿   D．活页式账簿
13. 下列关于会计科目的表述中，正确的是(   )。
    A．会计科目是对会计对象进行分类核算的项目
    B．会计科目设置的依据是会计账户
    C．会计科目有一定的结构
    D．所有会计科目必须设置明细科目
14. 下列各项中，体现谨慎性原则要求的是(   )。
    A．存货采用历史成本计价   B．费用应与当期收入相配比
    C．固定资产采用加速折旧法 D．收入确认采用权责发生制
15. 汇总付款凭证的贷方科目是(   )。
    A．应付账款   B．银行存款
    C．实收资本   D．管理费用
16. "累计折旧"账户期初贷方余额80 000元，本期借方发生额20 000元，本期贷方发生额15 000元。则该账户期末余额是(   )。
    A．借方余额5 000元   B．借方余额60 000元
    C．贷方余额75 000元   D．贷方余额85 000元
17. 对银行存款进行清查时，应在查明未达账项的基础上编制(   )。
    A．银行存款实存账存对比表   B．银行存款盘点报告表
    C．银行存款余额调节表   D．银行存款试算平衡表
18. 下列各项中，账户之间可能存在对应关系的是(   )。
    A．"制造费用"与"利润分配"   B．"固定资产"与"实收资本"
    C．"财务费用"与"管理费用"   D．"预收账款"与"盈余公积"
19. 下列资产负债表项目的期末数，可以根据相关总账期末余额直接填列的是(   )。
    A．应收账款   B．预付账款
    C．实收资本   D．长期股权投资
20. 借贷记账法下，对账户记录进行试算平衡所涉及的账户是(   )。
    A．资产类账户   B．负债类账户
    C．损益类账户   D．全部账户

二、多项选择题(每小题2分，共20分)
1. 下列各项中，属于与会计确认计量要求有关的一般原则有(   )。
    A．可比性原则   B．权责发生制原则
    C．客观性原则   D．配比原则
    E．相关性原则

2. 与单式记账法相比，复式记账法的优点有( )。
   A. 记账方法简单
   B. 有便于记忆的记账规则
   C. 对经济业务进行双重记录，可了解每项业务的来龙去脉
   D. 可以进行试算平衡，从而检查账户记录的正确性
   E. 重点考虑货币资金及债权债务经济业务

3. 对总分类账与所属明细分类账进行平行登记的规则是( )。
   A. 两者记账期间相同   B. 两者记账依据相同
   C. 两者记账方向一致   D. 两者登记金额相等
   E. 两者记账人员相同

4. 下列各项中，属于期间费用的有( )。
   A. 生产车间使用机器的折旧费   B. 生产工人的工资
   C. 行政办公楼的折旧费   D. 行政管理人员的工资
   E. 销售产品的广告费

5. 正确组织会计凭证传递时应考虑的因素有( )。
   A. 企业经济业务的特点   B. 企业内部机构的设置
   C. 提高会计核算工作效率   D. 会计凭证的保管期限
   E. 会计人员的分工

6. 下列费用中，应计入产品生产成本的有( )。
   A. 产品销售费用   B. 直接材料费用
   C. 车间管理费用   D. 直接人工费用
   E. 短期借款利息

7. 年终决算后，下列账户可能存在余额的有( )。
   A. 本年利润   B. 利润分配
   C. 盈余公积   D. 生产成本
   E. 主营业务收入

8. 下列错账不能通过试算平衡发现的有( )。
   A. 某笔经济业务重复登记
   B. 某笔会计分录的借贷双方均多记相同金额
   C. 编制会计分录时，账户借贷方向互相颠倒
   D. 过账时，借方或贷方账户多记一定金额
   E. 某笔经济业务被漏记

9. 对下列项目的清查应采用函证核对法的有( )。
   A. 固定资产的清查   B. 库存现金的清查
   C. 银行存款的清查   D. 应付账款的清查
   E. 应收账款的清查

10. 按编报的会计主体不同,会计报表可分为( )。
　　A. 个别会计报表　　　　　　　　B. 合并会计报表
　　C. 单位会计报表　　　　　　　　D. 汇总会计报表
　　E. 对外会计报表

三、名词解释(每小题2分,共10分)

1. 调整账户
2. 流动资产
3. 累计凭证
4. 借贷记账法
5. 集中核算

四、简答题(每小题5分,共10分)

1. 企业进行会计核算,有了原始凭证为什么还要编制记账凭证?
2. 什么是会计核算形式?简述记账凭证核算形式的特点及适用范围。

五、业务计算题(每小题20分,共40分)

1. 光华公司 2015 年 3 月份发生以下经济业务:

(1) 5 日,从 A 公司购进甲材料 10 吨,每吨 1 600 元,增值税进项税额 2 720 元。材料尚在运输途中。发票已到,全部款项尚未支付。

(2) 7 日,上项甲材料验收入库,结转材料的采购成本。

(3) 10 日,收到某公司作为投资投入的新设备一台,确认价值为 20 000 元。

(4) 15 日,用银行存款偿还欠 A 公司货款 5 000 元。

(5) 20 日,购入设备价值 50 000 元,开出支票交给对方。

(6) 26 日,从银行取得二年期借款 200 000 元存入银行。

(7) 28 日,收到 B 公司销货发票,材料价款 38 000 元,增值税进项税额 6 460 元,代垫运费 140 元,共计 44 600 元。材料尚未验收入库,上月已经预付货款 40 000 元,其不足部分尚未支付。

(8) 31 日,盘盈材料一批,估计价值为 5 000 元,原因待查。

(9) 31 日,盘亏机器一台,原值 10 000 元,已提折旧 7 000 元,原因待查。

(10) 31 日,经查发现,上月购入设备一台,价款 40 000 元已用银行存款支付,记账凭证中应借应贷的会计科目正确,但将金额误记为 4 000 元,并已登记入账。现予以更正。

要求:逐笔编制上述经济业务的会计分录(只要求写出总账科目)。

2. 光华公司 2015 年 1 月至 11 月实现利润总额 400 000 元,累计已交所得税 100 000 元。2015 年 12 月份发生的经济业务如下:

(1) 销售乙产品 30 件,价款总额 90 000 元,增值税销项税额 15 300 元;以银行存款支付代垫运费 800 元。全部款项尚未收到。

(2) 以银行存款支付 12 月份短期借款利息 5 000 元(该企业未预提借款利息)。

(3) 结转本月已销产品的生产成本 40 000 元。

(4) 计提本月行政管理部门使用固定资产的折旧费 20 000 元。

(5) 12 月份，公司主营业务税金及附加 7 000 元，营业外收入 3 000 元，营业外支出 1 000 元，利润总额为 20 000 元，所得税税率 25%。除上述资料外，不考虑其他因素。

要求：

(1) 编制 12 月份上述经济业务(1)至业务(4)的会计分录(只要求写出总账科目)。

(2) 计算 2015 年光华公司的利润总额、应交所得税总额及净利润。

(3) 编制 12 月份应交所得税的会计分录。

(4) 根据上述资料，将正确数字填入利润表相关项目的括号内。

利润表

单位：元

项 目	本月数	本年累计数
一、营业收入	_____	(略)
减：营业成本	_____	
营业税金及附加	_____	
销售费用	—	
管理费用	_____	
财务费用	_____	
二、营业利润	_____	
加：营业外收入	_____	
减：营业外支出	_____	
三、利润总额	_____	
减：所得税费用	_____	
四、净利润	_____	

模拟试题三

一、名词解释

1. 核算职能　　2. 会计主体　　3. 流动资产　　4. 明细分类科目
5. 试算平衡　　6. 盘存账户　　7. 复式记账凭证　　8. 转账凭证
9. 特种日记账　　10. 总分类账簿　　11. 永续盘存制　　12. 财务报告
13. 会计核算组织程序　　14. 科目汇总表　　15. 会计机构

二、填空题

1. 会计的基本职能有_____。
2. "四柱清册"中的"实在"相当于现代会计的_____。
3. 负债按偿还期限分为_____。
4. 国内企业的记账本位币是_____。
5. 反映财务成果的会计要素是_____。
6. 账户按提供指标详细程度分为_____。
7. 发生额平衡的依据是_____；余额的平衡依据是_____。
8. 外购材料的成本包括_____。
9. 账户按用途结构分类，"生产成本"账户属于两个类别：_____。
10. 按原始凭证的来源分类，购货发票属于_____。
11. 购入设备，部分货款以银行存款支付，部分货款暂欠，应填制专用记账凭证是_____。
12. "管理费用"明细账按外表形式设置成_____；按表格形式设置成_____。
13. 财产清查按时间分类，出纳每天对库存现金的核对属于_____。
14. 填制资产负债表的资料来源是_____。
15. 大中型企业的会计核算组织程序采用_____。

三、单项选择题

1. 明确会计工作空间范围的基本前提是(　　)。
   A．会计主体　　B．持续经营　　C．会计分期　　D．货币计量
2. 复式记账法是对每项经济业务都以相等的金额在两个或两个以上账户中进行登记，其登记的账户一定是(　　)。
   A．资产类账户　　　　　　　　B．权益类账户
   C．相互关联的账户　　　　　　D．总分类账户和明细分类账户
3. 企业10月末负债总额1 500万元。11月份收回应收账款150万元存入银行，用银行存款偿还应付账款200万元，预付购货款100万元。企业11月末负债总额为(　　)。
   A．1 300万元　　B．1 350万元　　C．1 600万元　　D．1 850万元
4. 通过试算平衡能够发现的错误是(　　)。
   A．重记经济业务　　B．漏记经济业务　　C．借贷方向相反　　D．借贷金额不等

5. 下列项目中，不属于期间费用的是(   )。
   A. 制造费用   B. 管理费用   C. 财务费用   D. 营业费用
6. 在实地盘存制下，甲材料期初结存成本为2 000元，本期购进材料成本为5 000元，期末盘存材料成本为4 000元，本期发出材料成本为(   )。
   A. 2 000元   B. 3 000元   C. 4 000元   D. 6 000元
7. "本年利润"账户的期末贷方余额表示(   )。
   A. 本期实现的净利润   B. 本年累计实现的净利润
   C. 本期实现的利润总额   D. 本年累计实现的利润总额
8. 按照账户的用途和结构分类，"累计折旧"账户属于(   )。
   A. 调整账户   B. 盘存账户
   C. 集合分配账户   D. 计价对比账户
9. 下列会计凭证中，属于原始凭证的是(   )。
   A. 收款凭证   B. 科目汇总表
   C. 收料单   D. 银行存款余额调节表
10. 下列经济业务中，应编制转账凭证的是(   )。
    A. 预付保险费   B. 收回应收账款
    C. 支付借款利息   D. 应付投资者利润
11. 损益类账户期末结转后应(   )。
    A. 无余额   B. 有贷方余额
    C. 有借方余额   D. 借方、贷方均有余额
12. 现金日记账借方的登记依据可能是(   )。
    A. 转账凭证   B. 现金付款凭证
    C. 银行存款收款凭证   D. 银行存款付款凭证
13. "主营业务收入"明细分类账账页格式适于采用(   )。
    A. 三栏式   B. 贷方多栏式
    C. 借方多栏式   D. 数量金额式
14. 下列各项中，属于账实核对的是(   )。
    A. 银行存款日记账与银行对账单核对
    B. 银行存款日记账与银行存款总账核对
    C. 银行存款日记账与银行存款付款凭证核对
    D. 银行存款日记账与银行存款余额调节表核对
15. 下列报表中，属于静态报表的是(   )。
    A. 利润表   B. 资产负债表
    C. 现金流量表   D. 利润分配表
16. 大、中型企业采用的会计核算形式是(   )。
    A. 日记总账核算形式   B. 科目汇总表核算形式
    C. 记账凭证核算形式   D. 多栏式日记账核算形式

17. 反映会计基本要素之间数量关系的会计等式是( )。

  A．利润＝收入－费用

  B．资产＝负债＋所有者权益

  C．资产＝负债＋所有者权益＋利润(收入－费用)

  D．利润＝收入－成本

18. 下列资产负债表项目中，应根据总账科目期末余额直接填列的是( )。

  A．存货   B．实收资本   C．应收账款   D．固定资产

19. 下列各项中，体现谨慎原则要求的是( )。

  A．对应收账款计提坏账准备

  B．严格划分收益性支出与资本性支出

  C．发出存货成本的计算采用先进先出法

  D．当期销售收入与其相关成本费用配比

20. 某企业购入材料一批，买价为 40 000 元，增值税进项税额为 6 800 元，运杂费为 1 200 元，款项以银行存款付讫，材料尚未运达。其正确的会计分录是( )。

  A．借：在途物资   41 200

     应交税金——应交增值税(进项税额)   6 800

     贷：银行存款   48 000

  B．借：原材料   41 200

     应交税金——应交增值税(进项税额)   6 800

     贷：银行存款   48 000

  C．借：在途物资   40 000

     应交税金——应交增值税(进项税额)   6 800

     管理费用   1 200

     贷：银行存款   48 000

  D．借：原材料   48 000

     贷：银行存款   48 000

四、多项选择题

1. 关于会计要素的表述，下列正确的有( )。

  A．资产、负债、利润是反映财务状况的要素

  B．收入、费用、利润是反映财务状况的要素

  C．资产、负债、所有者权益是反映财务状况的要素

  D．收入、费用、所有者权益是反映经营成果的要素

  E．收入、费用、利润是反映经营成果的要素

2. 下列经济业务中，引起资产项目此增彼减的有( )。

  A．从银行提取现金   B．以银行存款购买材料

  C．收回应收账款存入银行   D．以银行存款购买设备

  E．以银行存款偿还前欠货款

3. 下列项目中，属于会计核算专门方法的有(   )。
   A．财产清查　　B．成本计算　　C．填制和审核凭证
   D．登记账簿　　E．设置会计科目和账户

4. 原始凭证必须具备的基本内容有(   )。
   A．凭证的名称　　　　　　　　B．填制凭证的日期
   C．接受凭证的单位名称　　　　D．单位会计主管人员的签字盖章
   E．经济业务的内容(含数量、单价和金额)

5. 下列账户的明细分类账应采用三栏式格式的有(   )。
   A．“材料采购”　B．“应收账款”　C．“应付账款”
   D．“预收账款”　E．“营业外支出”

6. 下列项目中，属于财产物资盘点方法的有(   )。
   A．实地盘点法　　　　　　　　B．永续盘存制
   C．核对账目　　　　　　　　　D．技术推算盘点法
   E．实地盘存制

7. 下列账户按经济内容分类，属于负债类账户的有(   )。
   A．“应付账款”　B．“预付账款”　C．“预收账款”
   D．“短期借款”　E．“长期应付款”

8. 下列属于与会计信息质量要求有关的原则有(   )。
   A．谨慎原则　　B．相关性原则　C．配比原则
   D．历史成本原则　E．清晰性原则

9. 下列账户中，与"主营业务收入"账户存在对应关系的有(   )。
   A．"库存现金"　B．"应收账款"　C．"预收账款"
   D．"本年利润"　E．"预付账款"

10. 下列各项中，应直接计入当期损益的有(   )。
    A．制造费用　　B．管理费用　　C．营业外收入
    D．财务费用　　E．主营业务收入

五、判断题(正确"√"表示，错误"×"表示)

1. 无形资产属于流动资产。(   )
2. 登记账簿是会计核算的起点。(   )
3. "预收账款"属于债权债务结算账户。(   )
4. "制造费用"账户按用途结构分类属于集合分配账户。(   )
5. 所有账户都是根据会计科目开设的。(   )
6. 生产成本账户月末无余额。(   )
7. 月末结转管理费用应编制转账凭证。(   )
8. 资产负债表的格式有单步式和多步式。(   )
9. 企业每年至少要进行一次全面清查。(   )
10. 汇总记账凭证核算程序适用于规模小的企业。(   )

六、简答

1．什么是权责发生制？在权责发生制下如何确定收入和费用？
2．什么是借贷记账法？借贷记账法的优点主要表现在哪些方面？
3．什么是调整账户？调整账户的特点有哪些？
4．简述财务报表的编制要求。
5．简述会计人员的主要职责。

七、综合业务题

(一) 编制会计分录

1．从银行取得季度借款 40 000 元存入企业银行账户。
2．购入甲材料费 3 000 元，增值税 510 元，款项以银行存款支付。
3．以现金支付购入甲材料运费 600 元。
4．上述甲材料验收入库，按实际成本转账。
5．结算应付厂部管理人员工资 40 000 元。
6．以银行存款支付生产车间水电费 5 600 元。
7．提取生产用固定资产折旧 4 000 元。
8．出售 B 产品 40 000 元，增值税 6 800 元，款项收到存入银行。
9．结算售出 B 产品生产成本 18 000 元。
10．以银行存款支付前欠光明工厂购货款 4 000 元。
11．收到明星公司前欠货款 5 000 元存入银行。
12．以银行存款交纳城建税 7 700 元。
13．月末结转主营业务成本 18 000 元。
14．月末结转主营业务收入 40 000 元。
15．研究决定向投资者分配利润 80 000 元。

(二) 企业本月发生下列经济业务，编制会计分录：

1．从仓库领用甲材料费 35 000 元，其中：生产 A 产品领用材料 18 000 元，生产 B 产品领用材料费 17 000 元。
2．结算本月应付生产工人工资 15 000 元，按生产工时比例在 A、B 产品之间进行分配。A、B 产品共耗用生产工时 500 小时，其中：A 产品生产工时 300 小时，B 产品生产工时 200 小时。
3．按应付工资的 14% 提取职工福利费。
4．本期发生制造费用 8 000 元，按 A、B 产品耗用生产工时比例分配。
5．A 产品 200 台全部完工，其生产成本总额为 33 060 元。结转已完工入库产品的实际生产成本。
6．本期销售 A 产品 180 台，开出增值税专用发票上注明的不含税单价为 210 元，该公司适用的增值税税率为 17%，价税款尚未收到。
7．结转本期已销售 A 产品 180 台的生产成本。
8．经批准，将现金溢余 500 元冲减管理费用。
9．用银行存款支付对外捐赠款 3 000 元。

10．按照规定计算出本期应负担的产品销售税金为1 200元。

11．经批准，将本月盘亏原材料1 000元的60%转作管理费用，其余部分计入营业外支出。

12．计算本期应交所得税(所得税税率25%)。

13．期末，将本期发生的主营业务收入、营业外收入结转至本年利润账户。

14．期末，将本期发生的主营业务成本、管理费用、营业外支出、主营业务税金及附加、所得税费用结转至本年利润账户。

15．期末，结转本期实现的净利润。

附录 2　中华人民共和国会计法

1985 年 1 月 21 日第六届全国人民代表大会常务委员会第九次会议通过，根据 1993 年 12 月 29 日第八届全国人民代表大会常务委员会第五次会议《关于修改〈中华人民共和国会计法〉的决定》修正，1999 年 10 月 31 日第九届全国人民代表大会常务委员会第十二次会议修订。

第一章　总　　则

第一条　为了规范会计行为，保证会计资料真实、完整，加强经济管理和财务管理，提高经济效益，维护社会主义市场经济秩序，制定本法。

第二条　国家机关、社会团体、公司、企业、事业单位和其他组织(以下统称单位)必须依照本法办理会计事务。

第三条　各单位必须依法设置会计账簿，并保证其真实、完整。

第四条　单位负责人对本单位的会计工作和会计资料的真实性、完整性负责。

第五条　会计机构、会计人员依照本法规定进行会计核算，实行会计监督。

任何单位或者个人不得以任何方式授意、指使、强令会计机构、会计人员伪造、变造会计凭证、会计账簿和其他会计资料，提供虚假财务会计报告。任何单位或者个人不得对依法履行职责、抵制违反本法规定行为的会计人员实行打击报复。

第六条　对认真执行本法，忠于职守，坚持原则，做出显著成绩的会计人员，给予精神的或者物质的奖励。

第七条　国务院财政部门主管全国的会计工作。县级以上地方各级人民政府财政部门管理本行政区域内的会计工作。

第八条　国家实行统一的会计制度。国家统一的会计制度由国务院财政部门根据本法制定并公布。国务院有关部门可以依照本法和国家统一的会计制度制定对会计核算和会计监督有特殊要求的行业实施国家统一的会计制度的具体办法或者补充规定，报国务院财政部门审核批准。中国人民解放军总后勤部可以依照本法和国家统一的会计制度制定军队实施国家统一的会计制度的具体办法，报国务院财政部门备案。

第二章　会　计　核　算

第九条　各单位必须根据实际发生的经济业务事项进行会计核算，填制会计凭证，登记会计账簿，编制财务会计报告。任何单位不得以虚假的经济业务事项或者资料进行会计核算。

第十条 下列经济业务事项,应当办理会计手续,进行会计核算:
(一) 款项和有价证券的收付;
(二) 财物的收发、增减和使用;
(三) 债权债务的发生和结算;
(四) 资本、基金的增减;
(五) 收入、支出、费用、成本的计算;
(六) 财务成果的计算和处理;
(七) 需要办理会计手续、进行会计核算的其他事项。

第十一条 会计年度自公历1月1日起至12月31日止。

第十二条 会计核算以人民币为记账本位币。业务收支以人民币以外的货币为主的单位,可以选定其中一种货币作为记账本位币,但是编报的财务会计报告应当折算为人民币。

第十三条 会计凭证、会计账簿、财务会计报告和其他会计资料,必须符合国家统一的会计制度的规定。使用电子计算机进行会计核算的,其软件及其生成的会计凭证、会计账簿、财务会计报告和其他会计资料,也必须符合国家统一的会计制度的规定。任何单位和个人不得伪造、变造会计凭证、会计账簿及其他会计资料,不得提供虚假的财务会计报告。

第十四条 会计凭证包括原始凭证和记账凭证。办理本法第十条所列的经济业务事项,必须填制或者取得原始凭证并及时送交会计机构。会计机构、会计人员必须按照国家统一的会计制度的规定对原始凭证进行审核,对不真实、不合法的原始凭证有权不予接受,并向单位负责人报告;对记载不准确、不完整的原始凭证予以退回,并要求按照国家统一的会计制度的规定更正、补充。原始凭证记载的各项内容均不得涂改;原始凭证有错误的,应当由出具单位重开或者更正,更正处应当加盖出具单位印章。原始凭证金额有错误的,应当由出具单位重开,不得在原始凭证上更正。记账凭证应当根据经过审核的原始凭证及有关资料编制。

第十五条 会计账簿登记,必须以经过审核的会计凭证为依据,并符合有关法律、行政法规和国家统一的会计制度的规定。会计账簿包括总账、明细账、日记账和其他辅助性账簿。会计账簿应当按照连续编号的页码顺序登记。会计账簿记录发生错误或者隔页、缺号、跳行的,应当按照国家统一的会计制度规定的方法更正,并由会计人员和会计机构负责人(会计主管人员)在更正处盖章。使用电子计算机进行会计核算的,其会计账簿的登记、更正,应当符合国家统一的会计制度的规定。

第十六条 各单位发生的各项经济业务事项应当在依法设置的会计账簿上统一登记、核算,不得违反本法和国家统一的会计制度的规定私设会计账簿登记、核算。

第十七条 各单位应当定期将会计账簿记录与实物、款项及有关资料相互核对,保证会计账簿记录与实物及款项的实有数额相符、会计账簿记录与会计凭证的有关内容相符、会计账簿之间相对应的记录相符、会计账簿记录与会计报表的有关内容相符。

第十八条 各单位采用的会计处理方法,前后各期应当一致,不得随意变更;确有必要变更的,应当按照国家统一的会计制度的规定变更,并将变更的原因、情况及影响在财务会计报告中说明。

第十九条 单位提供的担保、未决诉讼等或有事项,应当按照国家统一的会计制度的规定，在财务会计报告中予以说明。

第二十条　财务会计报告应当根据经过审核的会计账簿记录和有关资料编制，并符合本法和国家统一的会计制度关于财务会计报告的编制要求、提供对象和提供期限的规定；其他法律、行政法规另有规定的，从其规定。财务会计报告由会计报表、会计报表附注和财务情况说明书组成。向不同的会计资料使用者提供的财务会计报告，其编制依据应当一致。有关法律、行政法规规定会计报表、会计报表附注和财务情况说明书须经注册会计师审计的，注册会计师及其所在的会计师事务所出具的审计报告应当随同财务会计报告一并提供。

第二十一条　财务会计报告应当由单位负责人和主管会计工作的负责人、会计机构负责人(会计主管人员)签名并盖章；设置总会计师的单位，还须由总会计师签名并盖章。单位负责人应当保证财务会计报告真实、完整。

第二十二条　会计记录的文字应当使用中文。在民族自治地方，会计记录可以同时使用当地通用的一种民族文字。在中华人民共和国境内的外商投资企业、外国企业和其他外国组织的会计记录可以同时使用一种外国文字。

第二十三条　各单位对会计凭证、会计账簿、财务会计报告和其他会计资料应当建立档案，妥善保管。会计档案的保管期限和销毁办法，由国务院财政部门会同有关部门制定。

第三章　公司、企业会计核算的特别规定

第二十四条　公司、企业进行会计核算，除应当遵守本法第二章的规定外，还应当遵守本章规定。

第二十五条　公司、企业必须根据实际发生的经济业务事项，按照国家统一的会计制度的规定确认、计量和记录资产、负债、所有者权益、收入、费用、成本和利润。

第二十六条　公司、企业进行会计核算不得有下列行为：

(一) 随意改变资产、负债、所有者权益的确认标准或者计量方法，虚列、多列、不列或者少列资产、负债、所有者权益；

(二) 虚列或者隐瞒收入，推迟或者提前确认收入；

(三) 随意改变费用、成本的确认标准或者计量方法，虚列、多列、不列或者少列费用、成本；

(四) 随意调整利润的计算、分配方法，编造虚假利润或者隐瞒利润；

(五) 违反国家统一的会计制度规定的其他行为。

第四章　会　计　监　督

第二十七条　各单位应当建立健全本单位内部会计监督制度。单位内部会计督制度应当符合下列要求：

(一) 记账人员与经济业务事项和会计事项的审批人员、经办人员、财物保管人员的职责权限应当明确，并相互分离、相互制约；

(二) 重大对外投资、资产处置、资金调度和其他重要经济业务事项的决策和执行的相互监督、相互制约程序应当明确；

(三) 财产清查的范围、期限和组织程序应当明确；

(四) 对会计资料定期进行内部审计的办法和程序应当明确。

第二十八条　单位负责人应当保证会计机构、会计人员依法履行职责，不得授意、指

使、强令会计机构、会计人员违法办理会计事项。会计机构、会计人员对违反本法和国家统一的会计制度规定的会计事项，有权拒绝办理或者按照职权予以纠正。

第二十九条　会计机构、会计人员发现会计账簿记录与实物、款项及有关资料不相符的，按照国家统一的会计制度的规定有权自行处理的，应当及时处理；无权处理的，应当立即向单位负责人报告，请求查明原因，作出处理。

第三十条　任何单位和个人对违反本法和国家统一的会计制度规定的行为，有权检举。收到检举的部门有权处理的，应当依法按照职权分工及时处理；无权处理的，应当及时移送有权处理的部门处理。收到检举的部门、负责处理的部门应当为检举人保密，不得将检举人姓名和检举材料转给被检举单位和被检举人个人。

第三十一条　有关法律、行政法规规定，须经注册会计师进行审计的单位，应当向受委托的会计师事务所如实提供会计凭证、会计账簿、财务会计报告和其他会计资料以及有关情况。任何单位或者个人不得以任何方式要求或者示意注册会计师及其所在的会计师事务所出具不实或者不当的审计报告。财政部门有权对会计师事务所出具审计报告的程序和内容进行监督。

第三十二条　财政部门对各单位的下列情况实施监督：

(一) 是否依法设置会计账簿；

(二) 会计凭证、会计账簿、财务会计报告和其他会计资料是否真实、完整；

(三) 会计核算是否符合本法和国家统一的会计制度的规定；

(四) 从事会计工作的人员是否具备从业资格。

在对前款第(二)项所列事项实施监督，发现重大违法嫌疑时，国务院财政部门及其派出机构可以向与被监督单位有经济业务往来的单位和被监督单位开立账户的金融机构查询有关情况，有关单位和金融机构应当给予支持。

第三十三条　财政、审计、税务、人民银行、证券监管、保险监管等部门应当依照有关法律、行政法规规定的职责，对有关单位的会计资料实施监督检查。前款所列监督检查部门对有关单位的会计资料依法实施监督检查后，应当出具检查结论。有关监督检查部门已经作出的检查结论能够满足其他监督检查部门履行本部门职责需要的，其他监督检查部门应当加以利用，避免重复查账。

第三十四条　依法对有关单位的会计资料实施监督检查的部门及其工作人员对在监督检查中知悉的国家秘密和商业秘密负有保密义务。

第三十五条　各单位必须依照有关法律、行政法规的规定，接受有关监督检查部门依法实施的监督检查，如实提供会计凭证、会计账簿、财务会计报告和其他会计资料以及有关情况，不得拒绝、隐匿、谎报。

第五章　会计机构和会计人员

第三十六条　各单位应当根据会计业务的需要，设置会计机构，或者在有关机构中设置会计人员并指定会计主管人员；不具备设置条件的，应当委托经批准设立从事会计代理记账业务的中介机构代理记账。国有的和国有资产占控股地位或者主导地位的大中型企业必须设置总会计师。总会计师的任职资格、任免程序、职责权限由国务院规定。

第三十七条　会计机构内部应当建立稽核制度。出纳人员不得兼任稽核、会计档案保管和收入、支出、费用、债权债务账目的登记工作。

第三十八条 从事会计工作的人员，必须取得会计从业资格证书。担任单位会计机构负责人(会计主管人员)的，除取得会计从业资格证书外，还应当具备会计师以上专业技术职务资格或者从事会计工作三年以上经历。会计人员从业资格管理办法由国务院财政部门规定。

第三十九条 会计人员应当遵守职业道德，提高业务素质。对会计人员的教育和培训工作应当加强。

第四十条 因有提供虚假财务会计报告，做假账，隐匿或者故意销毁会计凭证、会计账簿、财务会计报告，贪污，挪用公款，职务侵占等与会计职务有关的违法行为被依法追究刑事责任的人员，不得取得或者重新取得会计从业资格证书。除前款规定的人员外，因违法违纪行为被吊销会计从业资格证书的人员，自被吊销会计从业资格证书之日起五年内，不得重新取得会计从业资格证书。

第四十一条 会计人员调动工作或者离职，必须与接管人员办清交接手续。一般会计人员办理交接手续，由会计机构负责人(会计主管人员)监交；会计机构负责人(会计主管人员)办理交接手续，由单位负责人监交，必要时主管单位可以派人会同监交。

第六章 法律责任

第四十二条 违反本法规定，有下列行为之一的，由县级以上人民政府财政部门责令限期改正，可以对单位并处三千元以上五万元以下的罚款；对其直接负责的主管人员和其他直接责任人员，可以处二千元以上二万元以下的罚款；属于国家工作人员的，还应当由其所在单位或者有关单位依法给予行政处分：

(一) 不依法设置会计账簿的；
(二) 私设会计账簿的；
(三) 未按照规定填制、取得原始凭证或者填制、取得的原始凭证不符合规定的；
(四) 以未经审核的会计凭证为依据登记会计账簿或者登记会计账簿不符合规定的；
(五) 随意变更会计处理方法的；
(六) 向不同的会计资料使用者提供的财务会计报告编制依据不一致的；
(七) 未按照规定使用会计记录文字或者记账本位币的；
(八) 未按照规定保管会计资料，致使会计资料毁损、灭失的；
(九) 未按照规定建立并实施单位内部会计监督制度或者拒绝依法实施的监督或者不如实提供有关会计资料及有关情况的；
(十) 任用会计人员不符合本法规定的。

有前款所列行为之一，构成犯罪的，依法追究刑事责任。

会计人员有第一款所列行为之一，情节严重的，由县级以上人民政府财政部门吊销会计从业资格证书。有关法律对第一款所列行为的处罚另有规定的，依照有关法律的规定办理。

第四十三条 伪造、变造会计凭证、会计账簿，编制虚假财务会计报告，构成犯罪的，依法追究刑事责任。有前款行为，尚不构成犯罪的，由县级以上人民政府财政部门予以通报，可以对单位并处五千元以上十万元以下的罚款；对其直接负责的主管人员和其他直接责任人员,可以处三千元以上五万元以下的罚款;属于国家工作人员的,还应当由其所在单位或者有关单位依法给予撤职直至开除的行政处分;对其中的会计人员,并由县级以上人民政府财政部门吊销会计从业资格证书。

第四十四条 隐匿或者故意销毁依法应当保存的会计凭证、会计账簿、财务会计报告,构成犯罪的,依法追究刑事责任。有前款行为,尚不构成犯罪的,由县级以上人民政府财政部门予以通报,可以对单位并处五千元以上十万元以下的罚款;对其直接负责的主管人员和其他直接责任人员,可以处三千元以上五万元以下的罚款;属于国家工作人员的,还应当由其所在单位或者有关单位依法给予撤职直至开除的行政处分;对其中的会计人员,并由县级以上人民政府财政部门吊销会计从业资格证书。

第四十五条 授意、指使、强令会计机构、会计人员及其他人员伪造、变造会计凭证、会计账簿,编制虚假财务会计报告或者隐匿、故意销毁依法应当保存的会计凭证、会计账簿、财务会计报告,构成犯罪的,依法追究刑事责任;尚不构成犯罪的,可以处五千元以上五万元以下的罚款;属于国家工作人员的,还应当由其所在单位或者有关单位依法给予降级、撤职、开除的行政处分。

第四十六条 单位负责人对依法履行职责、抵制违反本法规定行为的会计人员以降级、撤职、调离工作岗位、解聘或者开除等方式实行打击报复,构成犯罪的,依法追究刑事责任;尚不构成犯罪的,由其所在单位或者有关单位依法给予行政处分。对受打击报复的会计人员,应当恢复其名誉和原有职务、级别。

第四十七条 财政部门及有关行政部门的工作人员在实施监督管理中滥用职权、玩忽职守、徇私舞弊或者泄露国家秘密、商业秘密,构成犯罪的,依法追究刑事责任;尚不构成犯罪的,依法给予行政处分。

第四十八条 违反本法第三十条规定,将检举人姓名和检举材料转给被检举单位和被检举人个人的,由所在单位或者有关单位依法给予行政处分。

第四十九条 违反本法规定,同时违反其他法律规定的,由有关部门在各自职权范围内依法进行处罚。

第七章 附 则

第五十条 本法下列用语的含义:单位负责人,是指单位法定代表人或者法律、行政法规规定代表单位行使职权的主要负责人。国家统一的会计制度,是指国务院财政部门根据本法制定的关于会计核算、会计监督、会计机构和会计人员以及会计工作管理的制度。

第五十一条 个体工商户会计管理的具体办法,由国务院财政部门根据本法的原则另行规定。

第五十二条 本法自2000年7月1日起施行。

附录 3 企业会计准则——基本准则

(中华人民共和国财政部令第33号 2006年2月15日)

第一章 总 则

第一条 为了规范企业会计确认、计量和报告行为，保证会计信息质量，根据《中华人民共和国会计法》和其他有关法律、行政法规，制定本准则。

第二条 本准则适用于在中华人民共和国境内设立的企业(包括公司，下同)。

第三条 企业会计准则包括基本准则和具体准则，具体准则的制定应当遵循本准则。

第四条 企业应当编制财务会计报告(又称财务报告，下同)。财务会计报告的目标是向财务会计报告使用者提供与企业财务状况、经营成果和现金流量等有关的会计信息，反映企业管理层受托责任履行情况，有助于财务会计报告使用者作出经济决策，财务会计报告使用者包括投资者、债权人、政府及其有关部门和社会公众等。

第五条 企业应当对其本身发生的交易或者事项进行会计确认、计量和报告。

第六条 企业会计确认、计量和报告应当以持续经营为前提。

第七条 企业应当划分会计期间，分期结算账目和编制财务会计报告。

会计期间分为年度和中期。中期是指短于一个完整的会计年度的报告期间。

第八条 企业会计应当以货币计量。

第九条 企业应当以权责发生制为基础进行会计确认、计量和报告。

第十条 企业应当按照交易或者事项的经济特征确定会计要素。会计要素包括资产、负债、所有者权益、收入、费用和利润。

第十一条 企业应当采用借贷记账法记账。

第二章 会计信息质量要求

第十二条 企业应当以实际发生的交易或者事项为依据进行会计确认、计量和报告，如实反映符合确认和计量要求的各项会计要素及其他相关信息，保证会计信息真实可靠、内容完整。

第十三条 企业提供的会计信息应当与财务会计报告使用者的经济决策需要相关，有助于财务会计报告使用者对企业过去、现在或者未来的情况作出评价或者预测。

第十四条 企业提供的会计信息应当清晰明了，便于财务会计报告使用者理解和使用。

第十五条 企业提供的会计信息应当具有可比性。

同一企业不同时期发生的相同或者相似的交易或者事项，应当采用一致的会计政策，不得随意变更。确需变更的，应当在附注中说明。

不同企业发生的相同或者相似的交易或者事项，应当采用规定的会计政策，确保会计信息口径一致、相互可比。

第十六条　企业应当按照交易或者事项的经济实质进行会计确认、计量和报告，不应仅以交易或者事项的法律形式为依据。

第十七条　企业提供的会计信息应当反映与企业财务状况、经营成果和现金流量等有关的所有重要交易或者事项。

第十八条　企业对交易或者事项进行会计确认、计量和报告应当保持应有的谨慎，不应高估资产或者收益、低估负债或者费用。

第十九条　企业对于已经发生的交易或者事项，应当及时进行会计确认、计量和报告，不得提前或者延后。

第三章　资　　产

第二十条　资产是指企业过去的交易或者事项形成的、由企业拥有或者控制的、预期会给企业带来经济利益的资源。

前款所指的企业过去的交易或者事项包括购买、生产、建造行为或其他交易或者事项。预期在未来发生的交易或者事项不形成资产。

由企业拥有或者控制，是指企业享有某项资源的所有权，或者虽然不享有某项资源的所有权，但该资源能被企业所控制。

预期会给企业带来经济利益，是指直接或者间接导致现金和现金等价物流入企业的潜力。

第二十一条　符合本准则第二十条规定的资产定义的资源，在同时满足以下条件时，确认为资产：

（一）与该资源有关的经济利益很可能流入企业；

（二）该资源的成本或者价值能够可靠地计量。

第二十二条　符合资产定义和资产确认条件的项目，应当列入资产负债表；符合资产定义、但不符合资产确认条件的项目，不应当列入资产负债表。

第四章　负　　债

第二十三条　负债是指企业过去的交易或者事项形成的、预期会导致经济利益流出企业的现时义务。

现时义务是指企业在现行条件下已承担的义务。未来发生的交易或者事项形成的义务，不属于现时义务，不应当确认为负债。

第二十四条　符合本准则第二十三条规定的负债定义的义务，在同时满足以下条件时，确认为负债：

（一）与该义务有关的经济利益很可能流出企业；

（二）未来流出的经济利益的金额能够可靠地计量。

第二十五条　符合负债定义和负债确认条件的项目，应当列入资产负债表；符合负债定义，但不符合负债确认条件的项目，不应当列入资产负债表。

第五章　所有者权益

第二十六条　所有者权益是指企业资产扣除负债后由所有者享有的剩余权益。

公司的所有者权益又称为股东权益。

第二十七条　所有者权益的来源包括所有者投入的资本、直接计入所有者权益的利得和损失、留存收益等。

直接计入所有者权益的利得和损失，是指不应计入当期损益、会导致所有者权益发生增减变动的、与所有者投入资本或者向所有者分配利润无关的利得或者损失。

利得是指由企业非日常活动所形成的、会导致所有者权益增加的、与所有者投入资本无关的经济利益的流入。

损失是指由企业非日常活动所发生的、会导致所有者权益减少的、与向所有者分配利润无关的经济利益的流出。

第二十八条　所有者权益金额取决于资产和负债的计量。

第二十九条　所有者权益项目应当列入资产负债表。

第六章　收　入

第三十条　收入是指企业在日常活动中形成的、会导致所有者权益增加的、与所有者投入资本无关的经济利益的总流入。

第三十一条　收入只有在经济利益很可能流入从而导致企业资产增加或者负债减少、且经济利益的流入额能够可靠计量时才能予以确认。

第三十二条　符合收入定义和收入确认条件的项目，应当列入利润表。

第七章　费　用

第三十三条　费用是指企业在日常活动中发生的、会导致所有者权益减少的、与向所有者分配利润无关的经济利益的总流出。

第三十四条　费用只有在经济利益很可能流出从而导致企业资产减少或者负债增加、且经济利益的流出额能够可靠计量时才能予以确认。

第三十五条　企业为生产产品、提供劳务等发生的可归属于产品成本、劳务成本等的费用，应当在确认产品销售收入、劳务收入等时，将已销售产品、已提供劳务的成本等计入当期损益。

企业发生的支出不产生经济利益的，或者即使能够产生经济利益但不符合或者不再符合资产确认条件的，应当在发生时确认为费用，计入当期损益。

企业发生的交易或者事项导致其承担了一项负债而又不确认为一项资产的，应当在发生时确认为费用，计入当期损益。

第三十六条　符合费用定义和费用确认条件的项目，应当列入利润表。

第八章　利　润

第三十七条　利润是指企业在一定会计期间的经营成果，利润包括收入减去费用后的净额、直接计入当期利润的利得和损失等。

第三十八条　直接计入当期利润的利得和损失，是指应当计入当期损益、会导致所有者权益发生增减变动的、与所有者投入资本或者向所有者分配利润无关的利得或者损失。

第三十九条 利润金额取决于收入和费用、直接计入当期利润的利得和损失金额的计量。

第四十条 利润项目应当列入利润表。

第九章 会 计 计 量

第四十一条 企业在将符合确认条件的会计要素登记入账并列报于会计报表及其附注(又称财务报表，下同)时，应当按照规定的会计计量属性进行计量，确定其金额。

第四十二条 会计计量属性主要包括：

(一) 历史成本。在历史成本计量下，资产按照购置时支付的现金或者现金等价物的金额，或者按照购置资产时所付出的对价的公允价值计量。负债按照因承担现时义务而实际收到的款项或者资产的金额，或者承担现时义务的合同金额，或者按照日常活动中为偿还负债

预期需要支付的现金或者现金等价物的金额计量。

(二) 重置成本。在重置成本计量下，资产按照现在购买相同或者相似资产所需支付的现金或者现金等价物的金额计量。负债按照现在偿付该项债务所需支付的现金或者现金等价物的金额计量。

(三) 可变现净值。在可变现净值计量下，资产按照其正常对外销售所能收到现金或者现金等价物的金额扣减该资产至完工时估计将要发生的成本、估计的销售费用以及相关税费后的金额计量。

(四) 现值。在现值计量下，资产按照预计从其持续使用和最终处置中所产生的未来净现金流入量的折现金额计量。负债按照预计期限内需要偿还的未来现金流出量的折现金额计量。

(五) 公允价值。在公允价值计量下，资产和负债按照在公平交易中，熟悉情况的交易双方自愿进行资产交换或者债务清偿的金额计量。

第四十三条 企业在对会计要素进行计量时，一般应当采用历史成本，采用重置成本、可变现净值、现值、公允价值计量的，应当保证所确定的会计要素金额能够取得并可靠计量。

第十章 财务会计报告

第四十四条 财务会计报告是指企业对外提供的反映企业某一特定日期的财务状况和某一会计期间的经营成果、现金流量等会计信息的文件。

财务会计报告包括会计报表及其附注和其他应当在财务会计报告中披露的相关信息和资料。会计报表至少应当包括资产负债表、利润表、现金流量表等报表。

小企业编制的会计报表可以不包括现金流量表。

第四十五条 资产负债表是指反映企业在某一特定日期的财务状况的会计报表。

第四十六条 利润表是指反映企业在一定会计期间的经营成果的会计报表。

第四十七条 现金流量表是指反映企业在一定会计期间的现金和现金等价物流入和流出的会计报表。

第四十八条 附注是指对在会计报表中列示项目所作的进一步说明,以及对未能在这些报表中列示项目的说明等。

第十一章 附　　则

第四十九条 本准则由财政部负责解释

第五十条 本准则自 2007 年 1 月 1 起施行。

参 考 文 献

[1] 李相志. 基础会计[M]. 北京：中国财政经济出版社，2009.
[2] 陈国辉，迟旭升. 基础会计[M]. 大连：东北财经大学出版社，2009.
[3] 朱小平，徐弘. 初级会计学[M]. 北京：中国人民大学出版社，2009.
[4] 刘永泽. 会计学[M]. 大连：东北财经大学出版社，2009.
[5] 崔彤，张世荣. 基础会计学[M]. 天津：南开大学出版社，2010.
[6] 张捷. 基础会计[M]. 北京：中国人民大学出版社，2010.
[7] 栾甫贵，尚洪涛. 基础会计[M]. 北京：机械工业出版社，2011.
[8] 吴国平. 基础会计学[M]. 上海：上海财经大学出版社，2011.
[9] 中华人民共和国财政部. 企业会计准则[M]. 上海：立信会计出版社，2006.